AF237378

Das Buch enthält die Abschrift der persönlichen Aufzeichnungen und Briefe von Katharina Felker aus den Jahren 1938 bis 1965.

Im Anhang befinden sich beigelegte Fotos und Zeitungsausschnitte, sowie einige Anmerkungen, die mir zum Nachvollziehen der geschilderten Erfahrungen nützlich oder notwendig waren.

Ich habe mich bemüht, alles so originalgetreu wie möglich zu übertragen.

Birgitta Kieserling

Katharina Felker

Die Chronik

Bibliografische Informationen der deutschen
Nationalbibliothek
Die deutsche Nationalbibliothek verzeichnet diese Publikation
in der deutschen Nationalbibliografie, detaillierte
bibliografische
Daten sind im Internet über http://dnb.dnb.de abrufbar

© 2018 Birgitta Kieserling
Herstellung und Verlag
BoD – Books on Demand, Norderstedt

ISBN: 9783752854541

Die Chronik

10 Uhr abends! Es ist so heimlich hier im Zimmer, warm und freundlich- und so still. Nur der Regen klatscht gegen die Scheiben und das erhöht mir das Gefühl des Geborgenseins. Viel Blumen sind um mich, letzte Rosen, Gladiolen, Nelken, Sonnenblumen, Astern und Goldwedel - all´ die farbigen Gaben des Herbstes. Ich bin allein heute Abend und da reizt es mich nun, dies Buch zu beginnen. Eine Chronik sollt´ es werden - die Geschichte der Familie Felker. In 3 Tagen ist unser zweiter Jahrestag unserer Hochzeit. Ich halte Rückschau und erzähle, wie es mir in die Feder fließt.

Am 8. September 1936, dem Feste Mariä Geburt, einem Dienstag, feierten wir in meinem Elternhause in Balve unseren Hochzeitstag. Es war derselbe Tag, an dem vor 68 Jahren meine Großeltern, Vaters Eltern, ihren Hochzeitstag gefeiert hatten. Großmutter war meine Patin, und das hatte uns auch mitbestimmt, denselben Tag zu wählen. (Unsere standesamtliche Trauung hatte bereits am 13. Juni stattgefunden.) Schon früh am Morgen wachte ich auf und alle Hoffnungen auf einen sonnigen, strahlenden Septembertag mußten bei diesen dichten und endlosen Regengüssen gerinnen. Aber das konnte die innere Hochstimmung und Freude nicht trüben. Ganz feierlich war mir´s zumute, als ich das weiße Brautkleid, Kranz und Schleier anlegte. Dann ging ich herunter, wo die Eltern und Berni in der

"Herrenstube" warteten. Berni und ich knieten nieder und wurden von den Eltern gesegnet. Wir waren uns des Ernstes und der hohen Bedeutung dieses Tages wohl bewußt, den wir in 5 Jahren des Wartens ersehnt hatten.- Um 9 Uhr war das Trauungshochamt. Wir glaubten schon, zur Kirche fahren zu müssen, doch gerade im letzten Moment ließ der starke Regen nach, sodaß wir doch, wenn auch mit Schirmen bewaffnet, zu Fuß gehen konnten. Vater führte mich am Arme zur Kirche, dann folgte Berni mit seiner Schwester, darauf Franz-Josef und Adalbert mit Mutter, denen sich die anderen Geschwister, Verwandten und Freunde anschlossen. Bernis Mutter war schon vorher zur Kirche gefahren, da sie wegen Ihrer Gicht den Weg nicht machen konnte. - Mächtig brauste die Orgel, als wir durch die von den Nachbarn so festlich geschmückte Kirche zum Altare gingen. Die Trauung nahm mein Jugendgespiel und Nachbarsohn Josef Gerken , jetzt Pater Marcellus, vor. Er hielt eine herrliche Ansprache, in der er über die Bedeutung der kath. Ehe gerade in heutiger Zeit, sprach. Nach der Trauung war die hl. Messe. Berni und ich knieten nebeneinander am Hochaltar. Das Hochamt war sehr feierlich. Es wurden, nach unserem Wunsche folgende Lieder gesungen: " Hier liegt vor Deiner Majestät" - zum Gloria "Hochpreiset meine Seele", das Pröpper[1] so herrlich modulierte mit brausenden Akkorden aus dem Magnificat, daß auch mein Herz mitjubelte. Ich vergesse wohl nie die

Hochstimmung, die mich da ergriff. Dann folgte " Sei gegrüßt, o Born der Gnade",- (das hatte Großmutter immer so gerne gesungen)- und zur Opferung beide Strophen des schönen Liedes aus der Pfingstmesse "Herr, was sollen wir für Gaben, Dir zum Dankesopfer weihen." Zum Sanctus wurde gesungen "Singt heilig, heilig, heilig ist unser Herr und Gott", nach der hl. Wandlung " Ihr Engel allzumal" und zum Schluß der hl. Messe alle 4 Strophen des Liedes "Du mein Schutzgeist, Gottes Engel". Während wir in feierlichem Zuge, ich meinen Mann am Arme, durch die Kirche herausgingen, modulierte Pröpper ganz wundervoll das Lied "Unserem Herzen soll die Stunde ewig unvergänglich sein------ dieses Tages, diese Pflicht, wollen wir vergessen nicht!"

Als wir aus der Kirche herauskamen, hatte der Regen aufgehört und ein wenig kam sogar die Sonne durch. Wir mußten durch viele Seile hindurch, die die Kinder, wie es Brauch ist, gespannt hatten und bei denen man sich durch Geld loskaufen muß. Dann waren wir zu Hause und ließen uns beglückwünschen. Das Haus war so festlich geschmückt mit Blumen, Tannen und Kränzen. Auf dem "kleinen Saale" tranken wir Kaffee,--es war so sehr gemütlich und festlich, diese Morgenfeier im Familienkreise. Nach dem Kaffee erhob sich Tante Elisabeth und sprach frei, sehr herzlich und fein folgendes Gedicht, das sie selbst verfaßt hatte.

Zum 8. September 1936.

Glückwunsch zum Hochzeitstag

im Anschluß an den kirchlichen Festgedanken

Mariä Geburt! Es war der gleiche Tag, den Du gewählt, dein Hochzeitsfest zu feiern,
da auch die Mutter deines Vaters zum Altare schritt.
Noch hast du sie gekannt, wie sie im Garten entlang den Beeten ging.
Der Garten war ihr lieb, die Blume nahm sie mit tiefer Freude aus des Schöpfers
Hand.
Auch du bist der Natur verbunden. Erinnere Dich, was diesen Sommer war.
Wir suchten Kräuter, ihr schönes Dasein zu verstehen, ihre mannigfache Wirkung,
und hatten manch Gespräch. Nun verläßt du all die trauten Stellen.
zwar wirst du wiederkehren, doch im Vorübergehen nur.
Du willst, was Jugendgeist und reifere Jahre in Elternhaus und Schule,
in Gotteshaus und Hörsaal in dir gebildet, zu neuem Wirken nun gestalten.
Im morgendlichen Amt da ihr Euch zum Bund die Hände reichtet,
galt unser Gruß der Hehren auch, der Mutter Kirche heute festlich dienet.
Ihr Fest ist deines, war das der Mutter deines Vaters am gleichen Tage in denselben
Räumen.
Ist auch der Weg der Enkelin wohl anders, hast du dir vorgesetzt, der Menschen
Weh zu lindern und zu heilen,
so willst du doch wie deine Ahne vor allem treu dem Gatten leben,
dem Hause, das du dir erschaffst und gewiß einmal den Kindern dein wie sie.

Mariä Geburt! Es ist so schöne Zeit. Leise kündet schon der Herbst sich an,
die Zeit der Fülle und der Gaben. Doch auch der Sommer ist noch auf dem Gipfel
und bereit, in vollem, sattem Glanze sich zu spenden.

9

Auch du schreitest zum Sommer deines Lebens.

Ein schaffensreicher Sommer wird er euch beiden werden,

der ein gerüttelt Mass von Sorgen und eine volle Bürde mit sich bringt.

So leicht ist ja das Leben nicht, und jedem Tage schon ist seine Last beschieden.

Doch läßt sich alles tragen, wenn nur die Sonne des Wohlgefallens Gottes hoch an

unsrem Himmel steht.

Und wie nach einem Tage lichten Glanzes die Sonne in langer Glutenbahn sich neigt,

so mög auch euer Sommer sich in Kraft verzehren, damit dann auch der Herbst in

Fülle steht.

Ein gabenreicher Herbst, der Früchte zeitigt voller Wert und Dauer,

wie sie noch lang dem Enkel Segen bringen werden,

Früchte geistigen Schaffens, lautern Strebens, liebevollen Wirkens,

ehrfurchtsvollen Dienens gegen Gott und Menschen.

Das war mir eine liebe Festesgabe.- Bald fanden sich auch die Gratulanten ein, Freundinnen aus der Jugend und nahe Bekannte, und viel Telegramme, Glückwünsche und Blumen flatterten herein. Nach der würdigen Feier lebte jetzt Frohsinn auf mit Lachen und Scherzen. es war ein schöner Hochzeitsmorgen. Das Mittagessen nahmen wir auf dem großen Saale, der mit Tannenbäumen und vielen Blumen sehr festlich geschmückt und behaglich hergerichtet war. Und wie schön war die Tafel gedeckt! Herr Vikar Tampier sprach das Tischgebet. Nach der Suppe hielt zunächst Herr Vikar Tampier eine feine, gute Rede, deren Inhalt ich aber leider nicht mehr weiß. Er überreichte uns dabei meinen

Ahnenpaß und ein Bild, das uns Herr Pastor als Geschenk sandte, der wegen eines Trauerfalls selbst nicht mehr kommen konnte. Gleich anschließend sprach Bruder Adalbert - er hat mir seine Rede ungefähr aufgeschrieben, sodaß ich sie in etwa hier wiedergeben kann.

6. September 1938.

Soweit war ich gestern, da war's fast 12 Uhr, und da kam auch Berni zurück. Er war erfreut, mich an der "Chronik" schreiben zu sehen, hat aber herzlich gelacht, weil ich geschrieben hatte, "ich meinem Mann am Arme" als wir aus der Kirche gingen. Er meint, da hätte stehen müssen "ich jetzt am Arme meines Mannes" Hast recht, Lieber! Jetzt sitzen wir hier und hören am Radio die Übertragung vom Reichsparteitag "Großdeutschland". - Ich will aber versuchen, nebenbei auch etwas zu schreiben, also Adalberts Rede, die ja in groben Zügen im Konzept hier ist.

'Liebes Brautpaar, verehrte Festgäste! Wir sind hier in festlichem Kreise versammelt, das Haus ist geschmückt, um die Tafel reihen sich frohe Gesichter. Das alles geht ein junges Menschenpaar in unserer Mitte an, das sich heute vor Gott die Hände für's Leben gereicht hat.- Der Tag ist also ein Tag der Freude, er hat die Erfüllung jahrelanger Sehnsucht gebracht, die Krönung der Liebe zweier junger Menschen. Ihre Freude und unsere Mitfreude ist daher berechtigt. Die Brautleute haben sich in

11

längeren Jahren kennengelernt und gefunden, daß ihre Charaktere gut zueinander passen. Ernstes Studium sowie das Streben nach einer Lebensstellung hat sie miteinander vereint, aber auch oft harmlos fröhliche Geselligkeit. Sie haben gefunden, daß sie von gleichen Grundsätzen und gesunden Aussichten beseelt waren. Ihre Lebensgewohnheiten sind nicht zu sehr verschieden, abgesehen von Kleinigkeiten, die sich in der Ehe mit Liebe u. Beispiel leicht beseitigen lassen. Alles in allem kann man wohl sagen, daß die Grundlagen für eine gute Lebensharmonie gegeben sind – beide sind von beständiger Sinnesart, ihre Weltanschauung ist die gleiche, Abstammung, Erbanlagen und Umwelt bieten Gewähr für gute Ehe und glückliches Familienleben. Darum wünschen wir alle dem jungen Paare Glück u. freuen uns mit ihm.

Lieber Bernhard! Du hast bei Deinen Besuchen in Balve Einblick in unsere Familie gewonnen u. wirst gesehen u. empfunden haben, daß eine tiefe Liebe unsere Familie miteinander verbindet, sowohl Eltern mit Kindern, wie auch uns Geschwister untereinander. Du bist nun zu uns in die Familie gekommen, wir haben Dich lieb gewonnen und heißen Dich herzlich willkommen. In Deiner Persönlichkeit sehen wir die Gewähr für eine gute Zukunft unserer Schwester. Karin trägt eine innige Liebe für ihre Familie, für ihr Elternhaus und für ihr Balve in ihrem Herzen. Du weißt, daß es ihr nicht leicht wird, Abschied zu nehmen. Auch uns wird das Herz schwer. Wir denken zurück an all die frohen u. glücklichen Stunden, die wir hier im Elternhause miteinander verlebt haben. Betrachtet doch beide unser Haus und unsere Familie neben der engeren Heimat in der eigenen Familie als Eure alte, weitere Heimat u. kommt oft zu uns zurück.–Wir wünschen Euch viel Freude für den heutigen Tag und viel Sonne und Glück auf Eurem weiteren Lebenswege. Die verehrten Festgäste bitte ich die Gläser zu erheben und auf das Wohl des jungen Paares zu trinken – es lebe hoch- hoch – hoch.' Und nun singen wir das Lied 'Freude schöner Götterfunken'.

Lisel saß am Klavier und dann schallte das schöne Lied kräftig u. begeistert gesungen durch die "Halle",- 5 Strophen. Die Stimmung war prächtig - bei Liedersang und Becherklang. Eines der Lieder, das eigens gedichtet war u. mir ein paar Tränen entlockte, will ich hier noch aufzeichnen. Es wurde gesungen nach der Melodie " Am Brunnen vor dem Tore" u. lautete:

Der Kastanienbaum

In Balve an der Straße, steht ein Kastanienbaum,
es leuchten seine Kerzen, zu Pfingsten wie ein Traum.
Der alte Baum beschirmet ein weit noch ältres Haus
ein jeder Wandrer kennt dies Bild landein, landaus.

Im alten Haus erwachsen, ist eine junge Maid.
Sie sah in jedem Frühling den Baum ein Brautgeschmeid.
Sie liess die Blüten rieseln – auf Haare und Gewand,
und bald die Tage kamen – da selbst als Braut sie stand.

Der Baum hat ausgeblühet – die Braut von dannen zieht.
Das Bild vom Vaterhause – ihr stets im Sinne steht.
Den Baum, sie hört ihn rauschen – wohl oft in Traumesnacht.
Und wenn das Herz ihr brennet, – ist sie dran aufgewacht.[2]

Während des Mittagessens brach die Sonne strahlend durch. Es gab viel Lachen u. Frohsinn. Zwischendurch hielt auch noch Oheim, der Wortgewandte, eine sehr schöne Rede auf die Eltern. Am Nachmittag fanden sich noch 2 liebe Gäste ein, Heinz u. Ida Reploh, die auf einer Radtour in Balve haltmachten. Hochzeitsgäste waren: meine Eltern u. Geschwister, Bernis Mutter, Schwester, Schwager und die kleinen Rolf und Dorli Seier, Tante Maria u. Onkel Franz Stüecken, Tante Elisabeth, Oheim Aloys, Herr Vikar Tampier, Pater Marcellus Gercken, Dr. Erich Baumeister u. Dr. Grete Klaus, Roswitha van Bömmel, die den Schleier trug. Abends kamen noch die Balver Vettern und Cousinen Stüecken, van Bömmels, Gercken u. Happe's. Gegen Abend eröffneten Berni u. ich den Tanz nach den Klängen des Liedes "Wir winden die den Jungfernkranz". Dann aber wurde es Zeit, zur Abreise zu rüsten. Mir war es recht wehmütig, als ich Kranz u. Schleier ablegte. Der Tag war so schön gewesen - nur einmal im Leben, einen kurzen Tag, stehst du da so bräutlich geschmückt - dann nie mehr. Aber es ging ja dem Glück entgegen! Kurz nach 7 Uhr brachen wir auf, nach kurzem, bewegtem Abschied, fuhren wir im Auto nach Köln, wo wir in der ewigen Lampe Zimmer bestellt hatten. - - Wie wir uns später berichten liessen, soll dann nach "kurzer Trauer" die Hochzeit noch sehr, sehr fidel verlaufen sein. Alle waren restlos begeistert und die Unentwegten haben bis morgens 7 Uhr gefeiert, darunter auch mein lieber Vater.- -

Wir waren am nächsten Morgen im Kölner Wallraf-Richartz-Museum, wo eine sehr gute u. feine Ausstellung sämtlicher Stefan Lochner[3] Bilder war. Mit schnellem Entschluß nahmen wir dann Karten für einen Flug nach München. Meine Angst war bald überwunden, als wir uns erst in den Lüften wiegten. Die Fahrt, in 3 Stunden von Köln bis München, war ein ganz einzigartiges Erlebnis. Bei strahlendem Sonnenschein fuhren wir hoch über die Berge des Rheines, sahen Frankfurt, wo die erste Landung war, den Zeppelin im Flughafen, diesen Giganten deutschen Geistes und deutscher Technik. Weiter ging´s über die Maingaue nach Nürnberg. Dort im Flughafen, wo wir wieder landeten, waren hunderte von Flugzeugen, die zum Reichsparteitag dorthingekommen waren. Kurz vor München gerieten wir in Dunkelheit und starken Sturm, und erlebten dann eine interessante Nachtlandung. 2 Tage lang hielten wir uns in München auf, besuchten die Stätten der Kunst und bummelten, in Erinnerungen schwelgend und alles wieder neu und anders erlebend, durch Straßen u. Lokale. Wir hatten ja beide mal ein Studiensemester in München erlebt.

8. September 1938

Heute feiern wir den 2. Jahrestag unserer Hochzeit. Der Tag brachte viel Arbeit - aber jetzt, am Abend feiern wir ein Fest. Den Tisch mit Rosen u. Kerzen geschmückt, haben wir zu Abend gegessen, und nun trinken wir eine

Flasche Sekt. Berni hat mir ein reizendes Alpenveilchen geschenkt, das hat mich sehr erfreut.- Diese 2 Jahre unsere Ehe sind, was äußeres Geschehen angeht, sehr wechselreich, aber immer im gleichen Rhythmus des Glückes verlaufen. Wir schauen dankbar zurück und wünschen, es möge doch stets so bleiben.

30. September 1938.

Lange hat die Feder geruht, aber heute muß ich doch meiner Freude Ausdruck geben. Sudetendeutschland kommt ohne Krieg zum Reich zurück! Bange Wochen voller Spannung und Sorge liegen hinter uns, es sah so bitterböse aus in der Politik, und in den letzten Tagen glaubte man jede Stunde an die Mobilmachung. Sehr viele Männer waren bereits eingezogen, so auch Berni, der am Montag früh abfuhr. Er mußte binnen 2 Tagen fort. Seitdem führe ich die Praxis. Mechthild ist in Balve, da ich mich ihr hier nicht hätte widmen können. So war ich hier allein; bei all´ der Sorge und Angst war mir das nicht leicht. Da kam vorgestern abend die hoffnungsfreudige Nachricht, Hitler habe Mussolini, Chamberlain u. Daladier zu einer Besprechung nach München eingeladen. Gestern waren die 4 Staatsmänner beisammen, u. dann kam nachts um 2 Uhr die frohe Nachricht, daß alles friedlich gelöst sei. Ich habe vor Freude geweint. - Morgen fahre ich nach Balve, um das Wochenende mit meinem Mäuschen zu verleben. Ich freue mich so! Berni wird wohl 6 Wochen fortbleiben müssen, aber nun, da die Angst gebannt ist, läßt sich alles tragen. Überall herrscht ein unbeschreiblicher Jubel.

20. Okt. 38

Am 10. Okt. kam plötzlich "mein Held" aus dem "Kriege" zurück. Das war eine Freude, wie sich die Tür auftat, und Berni darin erschien, ganz unerwartet. Er war als Unterarzt in Quakenbrück bei der Luftwaffe, im Fliegerhorst. An Mechthild hat er nach Balve eine Karte geschickt, darauf groß geschrieben stand: Papa kehrt heim![4] - Vater erzählte uns, diese Karte habe Mechthild überall herumgezeigt u. gesagt "von Papa."- Wie froh bin ich doch, daß der Krieg gebannt ist u. wir alle wieder beisammen sind.

21. Juni 1939.

Nun ist wieder ein Jahr dahin, seit ich zuletzt geschrieben habe, und wie Vieles hat es uns gebracht! Vor 14 Tagen, am 6. Juni, wurde unsere Gertrud geboren, sie ist ein ganz reizendes kleines Mädchen. Mechthild ist seit 5 Wochen in Balve, Sonntag fährt der Papa hin und holt sie zurück. Wir freuen uns so, den kleinen Sonnenschein bald wieder bei uns zu haben.- Doch nun muß ich erst wieder zurück zur Hochzeitsreise!

Von München aus fuhren wir nach Rottach am Tegernsee, wo wir uns in einem schönen, direkt am See gelegenen Hotel einquartierten. Wir blieben 8-10 Tg. dort u. machten herrliche Wanderungen am See entlang auf den Wallberg u. andere Höhen, waren im Valepp-Tal, in Tegernsee u. Wiessee u. am Schliersee. Es waren wunderschöne u. sonnige Herbsttage. Dann fuhren wir mit dem Autobus nach Kufstein und von dort durch das Inntal nach Innsbruck. Leider konnten wir uns dort nur einen Tag aufhalten, da wir ja nur 20 Mk. mit nach Österreich hereinnehmen durften. Aber wir haben die schöne Stadt doch recht genossen, waren bei Sonnenuntergang auf dem Iselberg[5], unter uns die Stadt und vor uns die herrliche Kette der hohen Berge. Abends bummelten wir bei Mondenschein durch die alten Straßen und am Inn entlang und kehrten dann in eine der gemütlichen Weinkneipen ein, wo es sehr fidel war. Am nächsten Tage, einem Sonntag, hatten wir eine herrliche Fahrt durch den Vorarlberg über Bregenz nach Lindau, wo wir am Abend einen gewaltigen Sturm auf dem Bodensee erlebten. Wir trafen dort auch Bekannte, Dr. Raebel u. Frau aus Finsterwalde, in deren Praxis ich 1935 mal für 5 Wochen vertreten hatte, und verbrachten mit ihnen und noch einem Ehepaar einen netten Abend. Am nächsten Tage fuhren wir über den Bodensee nach Meersburg, wanderten durch die malerischen Winkel und Gassen des reizenden Städtchens, besuchten das Schloß, das Häuschen der Droste[6] und waren auch am Grabe der Droste auf dem Meersburger Friedhof. Hier wurden viel liebe Erinnerungen lebendig, da ich ja im 1. Semester von Freiburg aus eine 14 tägige Pfingstwanderung rund um den Bodensee gemacht hatte, im Sommer 1926.- Abends trafen wir in Konstanz im Inselhotel wieder mit den Finsterwalder Bekannten zusammen. Wir blieben noch einen Tag in Konstanz, fuhren zur schönen Insel Mainau und dann am nächsten Tage nach Frankfurt, vorbei am Hohentwiel, den ich 10 Jahre vorher erstiegen hatte. Dort waren wir an einem Sonntagnachmittag heraufgeklettert und hatten ein wunderschönes Erlebnis. Es wurde gerade der 100. Todestag von Scheffel[7] gefeiert mit einer sehr stimmungsvollen Rede, aus dem "Ekkehard" wurde vorgelesen u. Männerchöre sangen Scheffellieder. Wir lagen im Grase und sahen in die Ferne

über den blauen See und die weißen Kuppen der Berge. Das war damals der Abschluß unserer Pfingstreise gewesen.- Der Abschluß der Hochzeitsreise in Frankfurt war nicht minder schön, und am nächsten Abend landeten wir wieder in Balve, wo wir feierlich empfangen wurden.

Am 1. Oktober siedelten wir nach Welver über, wo wir für 1 Jahr die Praxis des verstorbenen Dr. Mertens übernommen hatten, da dessen Sohn mit seiner Ausbildung noch nicht fertig war. Dort haben wir dann das erste glückliche Jahr unserer Ehe verbracht. Wir hatten eine sehr gemütliche Wohnung, ein kleinen Wohnzimmer, Schlafzimmer und Küche.

Sonntag, 27. August 1939

Wir stehen in ernsten, sehr ernsten Tagen. Wieder droht der Krieg u. diesmal sieht's noch schlimmer aus als im vorigen Jahr. In den letzten Tagen sind Tausende eingezogen, Tag u. Nacht werden Stellungsbefehle ausgetragen. Die Leute sind alle so sehr bedrückt. eben komme ich vom Bahnhof zurück u. konnte die Adolf Hitlerstr. nicht durchfahren. Die ganze Straße, der Markt, die Kastanienallee - alles voll von Pferden, die gemustert werden, ein endloser Zug. Die Kirche war heute Morgen so voll von andächtigen Menschen u. sangen " Wende ab von unseren Hütten Krankheit, Krieg und Hungersnot, gib uns unser täglich Brot!" Hoffentlich geht diese Krise noch einmal gut vorüber!

Berni liegt seit dem 26. 7. im Krankenhause wegen eines Kniescheibenbruches. Da kann er nun vorläufig nicht fort, aber im Ernstfalle möchte er doch lieber mit, als dort im Bette liegen. Mechthild ist schon fast den ganzen Sommer in Balve, hat jetzt Stickhusten, das arme Ding. Ich spreche ab u. zu mit ihr am Telefon, da kann es so reizend plaudern: "Tag Mama, is Papa noch in Krankenhaus? Was macht Gertrud?" Vor 14 Tg. war Mechthild mal hier, meinte aber "ich muß doch wieder zu Balve" - Seit 6 Wochen führe ich nun schon die Praxis, das macht mir Spaß. Gertrud gedeiht so prächtig, es lacht nun schon laut u. ist so lieb. In meiner Einsamkeit ist es mir ein richtiger Trost u. meine Freude. Es liegt jetzt im Bettchen u. schwingt das Räppelchen u. lacht dabei, ein reizender Anblick. Es ist was Rührendes, das kleine Ding zu betrachten in seiner Ahnungslosigkeit und in seinem seligen, sorglosen Kinderschlaf. es freut sich seines jungen Lebens u. weiß nichts von schweren Zeiten. Ernst ist als Unterarzt bei der Luftwaffe in Quedlinburg, Heini wartet auf seinen Stellungsbefehl. Er schrieb heute - ganz vertrauensselig "Cäsar stirbt nicht und sein Glück ist verläßlich sicher". - Was mögen uns die nächsten Tage bringen? Krieg oder Frieden? Lieber Gott, erhalte uns den Frieden!

Sonntag abend. Die Spannung wächst uns Unermeßliche. Dauernd weitere Einberufungen und immer wieder Sondermeldungen durch's Radio, die die polit. Lage bekanntgeben. Heute wurden auch die Lebensmittelkarten verausgabt; Kartoffeln, Brot, Mehl, Eier und Gemüse sind frei, alles andere rationiert, auch Kohle und Seife. Schwül, wie diese heißen Augusttage ist auch die Stimmung. Soeben erfuhr ich auch die Namen der Ärzte, die im Ernstfall für die Betreuung der Civilbevölkerung hier blieben. Es sind 5 für den ganzen

Kreis, und zwar Dr. Hagemeier,75 J. alt, Dr. Schürmeyer, Augenarzt, Dr. Köster, erblindet und seit Jahren ohne Praxis, Dr. Böhmer, in Geseke und ich. Da wird´s viel Arbeit geben. Gestern wurde ich zu einem Pat. gerufen, der um 11 Uhr getraut war und um 3 Uhr fortmußte. Die Hochzeitstafel war gedeckt, und da lag der Arme in Ohnmacht auf der Chaiselongue. Er erholte sich aber und ist auch pünktlich abgereist.

4. Sept. 39

Der Krieg ist da! Man kann die furchtbare Wahrheit noch garnicht begreifen. Gegen Polen kämpfen unsere Truppen ja schon seit Tagen, aber wir hatten doch immer noch gehofft, England u. Frankreich würden sich aus dem Konflikt heraushalten. Ich war gestern, Sonntag Morgen um 1/2 6 Uhr nach Balve gefahren, um mal nach Mechthild zu sehen. 7 Uhr war ich dort, Mechthild lag mit Vater im Fenster u. kam gleich angelaufen. Es sah ein bischen angegriffen aus vom vielen Husten, war aber ganz munter. Ich hatte ein paar nette Stunden mit meinem Töchterlein verlebt, es plauderte so reizend u. wollte immer bei der Mama sein. Mittags wurde dann im Radio durchgegeben, daß wir uns seit 11 Uhr mit England im Kriegszustand befänden. Wir waren vor Entsetzen wie gelähmt. Alle gingen zur Andacht, Mechthild sollte beim "Opa" bleiben, aber da rief es weinend "Nein, ich will bei der Mama bleiben." Wir beiden sind dann zum Segen noch in die Andacht gegangen u. da kniete sich das Kleine hin u. faltete ganz andächtig die Händchen. Es meinte: "Mechtild hat immer gebetet: "lieber Gott, mach kein Krieg", nun hat er's doch getan. Jetzt machen alle bum bum. Mechthild auch." Ich sagte: "Mechthild kann das aber noch nicht", aber da meinte es: "doch, an Tür." Nach der Andacht haben wir Kaffee getrunken, ein paar Aufnahmen gemacht, u. dann bin ich sofort wieder abgefahren, schweren Herzens. Aber ich hatte keine Ruhe mehr. Es war schmerzlich, mich von Mechthild zu trennen, es ist jetzt so niedlich, aber in Balve ist es doch besser aufgehoben als hier, da ich ja Praxis mache u. mich so wenig um die Kinder kümmern kann.- Die Nacht war unruhig. Um 1 Uhr rief Frau Brunnberg an, ob denn wohl jetzt die Gefahr vorbei sei? Es war Fliegeralarm gewesen u. sie hatte mit ihren Kindern 1 1/2 Std. im Keller gesessen. Ich hatte nichts davon gehört. Da ich vorher die ganze Nacht bei einer Geburt in Waldliesborn gewesen war u. dann morgens gleich nach Balve gefahren, hatte ich fest geschlafen. Aber nach dem Anruf war ich doch recht aufgeregt. Heute war in der Praxis enorm viel Arbeit, da ja die meisten Ärzte fort sind. Eben um 6 Uhr kam ich von Lipperode, da war wieder Fliegeralarm. Ich mußte das Auto hinstellen u. mich in den nächsten Keller begeben. Dort waren fast 50 Leute, eine Frau wurde ohnmächtig vor Aufregung. Es ist jetzt abends so unheimlich, seit Tagen alles verdunkelt, kein Lichtstrahl auf der Straße.- Heute erfuhren wir nun, daß auch Frankreich uns den Krieg erklärt hat. Wir furchtbar ist das alles!

22. Januar 1940

Wie lange hat nun die "Chronik" im Schranke gelegen und wie vieles hat sich ereignet seit jenen Septembertagen, da uns der Krieg erklärt wurde. Ein Buch hätte man damit füllen können, aber ich hatte ja zu wenig Zeit. Der "Papa" ist zwar seit Ende Oktober wieder im Hause u. das Töchterchen aus Balve auch. Berni macht jetzt Sprechstunden, ich versorge noch die Außenpraxis, die sehr lebhaft ist. 20-25 Besuche fast täglich! Da bin ich täglich viele Stunden unterwegs, aber gegen Abend mache ich mir die Zeit frei für die Kinder. Gertrud lacht den ganzen Tag, ist immer so artig, ruft schon "Mama" u. "Teita". Die beiden Schwesterchen lieben sich so sehr u. spielen ganz reizend miteinander. Mechthild spielt eifrig Lotto und kennt fast sämtliche Tiere: "Büffel, Pinguine" Zebra, Strauß, Nashorn, Wolf, Elefant, Kamel, Krokodil u.s.w. ... alle kennt es beim Namen. Und jedes Mal fragt es dann: Bist Du bange vor Büffel?..."bist Du bange vor Elefant? .. so geht es endlos. Jeden Abend die Frage: Wolln wer setz en bischen Lotto spielen?... Heute Abend meinte es: "Darf ich noch aufbleiben bis Dein Mann kommt?" Ich frage, wer das denn sei, u. da meint es "Herr Doktor". Als es aber Berni draußen auf dem Flur hörte, rief es: "Mein lieber Vater".

--

Die Weihnachtstage haben wir ganz herrlich verlebt. Ernst war einige Monate vom Militär frei u. als Assistent hier in Lippstadt, er war Weihnachten ganz bei uns. Mechthild hat das Fest schon recht bewußt miterlebt. Als Heiligabend das Glöckchen läutete, stürmte es ins Zimmer und da nahm der Jubel kein Ende. Solch´ lautes Entzücken und freudiges Huuuu-rufen habe ich noch nie gehört. Der Lichterbaum mit all´ den schönen Sachen, Puppen, Schaukelpferd, Bilderbücher u. Baukasten - es konnte sich an allem nicht satt sehen. Gertrudlein konnte sich ja noch nicht äußern, aber die Gummitierchen und Räppelchen haben ihm auch gewiß Spaß gemacht. Mechthild konnte auch mehrere Weihnachtslieder mitsingen, "Stille Nacht", "Alle Jahre wieder" u. "Ihr Kinderlein kommet". Wir hatten es immer so schön gemütlich, der "Papa" spielte Klavier u. "Onkel Ernst" Geige. Sylvester u. Neujahr waren wir in Balve u. haben dort schöne Tage verlebt. Den letzten Tag des alten Jahres haben wir im Familienkreise verlebt, still u. würdig, angepaßt den ernsten Tagen in denen wir stehen. Und alle hatten wohl den Gedanken "was bringt uns das neue Jahr? Möge es uns doch Sieg u. Frieden bringen!" In Balve war Einquartierung, Panzertruppen, die den Polenfeldzug miterlebt hatten. Bei uns im Hause 4 Mann, die ganz mit zur Familie gehörten u. die Weihnachts- u. Neujahrstage auch ganz mit dabei waren. Sie sangen tüchtig mit, all die Weihnachts- u. Neujahrslieder. In dichtem Schneegestöber fuhren wir am Neujahrstage zurück, mit dem Auto. Wir hatten eigens die Genehmigung zur Autofahrt vom Herrn Landrat bekommen. Wegen des Benzinmangels sind nur noch ganz wenige Wagen frei, sie haben einen roten Winkel. Unser Wagen hat ihn auch, aber er darf nur für Praxisfahrten benutzt werden. Deshalb kommen wir auch jetzt so selten nach Balve, 2x in einem halben Jahr, während wir früher fast an jedem freien Sonntag hinfuhren.- Und wie ist's nun in der Politik? Der Polenfeldzug war nach 3 Wochen siegreich beendet, nach schweren und heftigen Kämpfen. Seitdem ist Ruhe,- aber eine Ruhe, die jeden Tag ins Furchtbare verändert sein kann. Seit Neujahr liegt tiefer, tiefer Schnee, wie seit Jahren nicht mehr. Man glaubt allgemein, daß man im Frühjahr losschlagen wird. Im Westen liegen die Truppen seit Monaten sich gegenüber, ohne daß es zu ernsten Kämpfen gekommen ist. Unsere Seestreitkräfte haben schon manch' schönen Erfolg gehabt, und unsere Flieger manchen Engländer u. Franzosen abgeschossen, an einem Tage 37 feindliche Bomber. Aber das Wetter ist jetzt für Flotte u. Luftwaffe ungeeignet. Was mögen uns nun die nächsten Wochen bringen? Die Stimmung ist ernst aber doch voller Hoffnung und Vertrauen, und das ganze Volk beseelt von einem Willen: England muß unterliegen. In den letzten Tagen wurden viele Männer zum Militär einberufen.

Berni hatte seinen Stellungsbefehl schon am 1. September, konnte aber wegen seines Bruches noch nicht fort. Franz-Josef ist schon seit November fort, Ernst seit einigen Tagen. Heini hat sich auch jetzt wieder freiwillig gemeldet u. Berni möchte fort, sobald er kann. In allen steckt echte Begeisterung und froher Mut,- kein ängstlich´ Bangen und Zagen. Das überläßt man uns Frauen, die Sorge u. Angst, ob wohl alle wohlbehalten wiederkommen.--

Mechthild kennt die Landkarte genau. "Das ist Deutschland, das Polen, da Italien, da Lowakei u.s.w." - Hoffentlich erleben unsere kleinen lieben Dötze später ruhige, friedvolle Zeiten in einem gesicherten u. gefestigten großdeutschen Reich.

23. Januar 1940

Draußen ist´s eisig kalt, doch wir sitzen hier wohlig geborgen im warmen Zimmer. Berni macht die Jahresbilanz und ich muß mich wieder der Chronik widmen. Ich hatte früher schon immer kleine Eintragungen in ein Notizbuch gemacht, die will ich jetzt hier niederschreiben.

Welver, 15. Nov. 1936.

Heute haben Berni u. ich gemeinsam im Krankenhause eine Blinddarmoperation bei einem älteren Manne ausgeführt. Mitten während der Operation wurde der Pat. blau u. atmete kaum noch. Wir hatten rechte Sorge u. mußten die Operation unterbrechen, spritzen sofort Coramin u. Lobelin[8] u. machten Atemübungen. Zu unserer Freude war auch bald alles wieder in Ordnung u. wir konnten die Operation gut zu Ende bringen.

26. Nov. 36

Gestern Abend haben wir meinen Namenstag in unserem winzigen Wohnzimmerchen sehr fidel gefeiert mit Familie Mertens u. Dr. Dringenberg u. Frau. Es sind alle recht nette, liebe Menschen, und wir sind froh, in diesem kleinen Nest einen Kreis gefunden zu haben, in dem man gerne ein paar Abendstunden verlebt. Gelegentlich spielen wir bei Dringenbergs einen Doppelkopp mit viel Eifer und Gelächter, oder wir sitzen unten bei Mertens um den runden Tisch u. klönen ganz behaglich. Aber dann sind wir auch wieder froh, ein paar Abende so ganz für uns zu haben, zu lesen, ein Gläschen Wein zu trinken und zwischendurch mal debattieren zu können.

Die Weihnachtstage waren sehr schön. Wir hatten ein kleines Bäumchen, aus Balve geschickt, in unserem "Räumchen" aufgestellt u. schön geputzt. Heiligabend mußten wir aber mit Familie Mertens verleben. Frau Mertens war schon den ganzen Tag hindurch in den Gemächern eingeschlossen u. geheimnisvoll am Werke. Vor der Bescheerung versammelte sich alles bei uns, alle in großer Toilette. Dann öffnete sich das Weihnachtszimmer u. alle nahmen Platz um den herrlich geschmückten großen Baum. Es wurden Lieder gesungen, das Weihnachtsevangelium verlesen, Gedichte vorgetragen u. Kurt u. Marianne Mertens sangen Lieder an der Krippe. Dann war die Bescheerung u. hernach gemeinsames Abendessen. Am nächsten Morgen waren wir in der Christmette, tranken beim Kerzenschein unseres Bäumchens gemütlich Kaffee u. fuhren dann nach Balve. Dort war die ganze Familie versammelt u. die Feiertage verliefen in alter Tradition, sehr stimmungsvoll u. gemütlich.- Sylvester feierten wir bei Dringenbergs mit Familie Mertens, mal so ganz anders als früher stets in Balve, aber auch mal schön in sehr fideler, lustiger Stimmung. Ich dachte wohl oft an die schöne würdige Feier im Elternhause, wo wir Sylvester immer alle auf dem kleinen Saal versammelt waren, Mutter im Sofa mit den beiden Jüngsten, Vater im Sessel u. wir alle um den runden Tisch. Da war´s so ganz besonders behaglich beim brennenden Weihnachtsbaum, Kerzen auf dem Tisch. Und um 12 läuteten die Glocken, dann wünschten wir alle einander ein frohes Neujahr, sangen "Lobpreiset all´ zu dieser Zeit" u. danach stürmten die Jungens heraus, um am althergebrachten Neujahrssingen teilzunehmen, das sie allerdings in den letzten Jahren mit nur wenigen anderen fast allein bestreiten mußten. Schade, daß die schönen, alten Sitten so verschwinden.-

10. April 37

Samstag Abend! Ich habe eben noch einen Spaziergang zum Krankenhause gemacht u. Berni, der bis 9 Uhr draußen war, abgeholt. Unterwegs hab´ ich blühenden Weißdorn gepflückt und die alt Oma Piper im Krankenhause schenkte Berni ein dickes Veilchensträußchen. Nun ist hier im Zimmer der rechte Frühling, Schlüsselblumen, Weißdorn u. Veilchen. Berni wurde eben noch zu einem kranken Kinde in Nateln gerufen, da füllte ich die Zeit mit Schreiben.- Die Osterfeiertage haben wir hier in Welver verlebt. Karsamstag besuchte uns uns. alter Freund u. Studiengenosse Heine Kramann. In fröhlicher Unterhaltung liessen wir alte Zeiten wieder heraufsteigen u. verlebten ein paar schöne erinnerungsreiche Stunden. Ostermorgen waren wir in der Auferstehungsfeier, machten die Prozession um die Kirche mit.

eine leere Seite

3. Mai 37.

Samstag u. Sonntag waren wir in Balve. Das Wetter hat es gut mit uns gemeint, strahlende, warme Sonne, Himmelsbläue und erstes Maiengrün! Wir lagen im Wachloh[9] in der Sonne u. ließen uns braten, nachmittags waren wir an der Sorpetalsperre und abends gab's zu Hause eine feine Maibowle.

6. Mai, Christi Himmelfahrt.

Der graue, regenreiche Tag hat uns doch die Feststimmung nicht getrübt. Wir haben heute ewige Anbetung, die abends um 8 Uhr begann. Es war eine feierliche Stunde, an der wir beide teilnahmen. Jetzt wollen wir bei Dringenbergs noch ein Maiböwlchen trinken.

7. Mai, abends

Wir sind ganz erschüttert u. stehen unter dem Eindruck der furchtbaren Nachricht, die heute früh die Zeitung brachte: "Luftschiff Hindenburg durch Explosion vernichtet. Furchtbare Katastrophe bei der Landung in Lakehurst." --

(Man kann heute, 1940, wohl mit Sicherheit behaupten, daß es sich damals um ein Attentat gehandelt hat, zumal ja auch in der letzten Zeit mehrere Attentate gerade in Amerika auf deutsche Schiffe verübt worden sind.)

8. Juli 1937

Am 16. Juni, einem Mittwoch, mittags um 12:05h, wurde unsere Mechthild im Krankenhause in Welver geboren. Das kleine Mädchen wurde zunächst, während die Mutter versorgt wurde, mal auf die Chaiselongue gelegt und sah gleich mit großen, dunklen Augen sich die Welt an, ein Händchen am Munde, das andere am Öhrchen. Das ganze Persönchen war so reizend und lieblich, alle Gliedchen so hübsch entwickelt und man meinte auch gleich schon ein Lächeln auf seinem Gesichtchen zu entdecken. Die gute Schwester Altfrieda hat dann, nachdem es gewaschen, gewickelt, der Mutter im Arm gelegen u. von ihr gesegnet worden war, in die Kapelle gebracht und es dort auf den Altar gelegt und des lb.

Gottes und seiner hl Mutter Schutz empfohlen. Am nächsten Morgen wurde das Kleinchen zum ersten Male angelegt und trank gleich in kräftigen Zügen. "Die ist aber nicht dumm", meinte die Hebamme. Tagsüber stand es im großen Kinderwagen, der mit Mull behängt und mit rosa und grünen Stoffen ausgeschlagen war, (von den Schwestern eigens hergerichtet) bei der Mutter im Zimmer. Morgens vor der Sprechstunde oder auch mittags kam der stolze Vater, nachmittags die Tante Maria, und abends waren wir alle drei beisammen. Am Tage nach der Geburt kamen nachmittags unerwartet die Großeltern aus Balve, Tante Elisabeth u. Adalbert, um das 1. Enkelkindchen u. Nichtchen zu sehen. Das war eine Freude! Das kleine Paketchen in Windeln wurde von einem Arm zum anderen gereicht, und alle waren sehr entzückt.- Am Sonntag, den 20.6., war Taufe, für uns ein hoher Fest- und Ehrentag. Wir haben beide am Morgen die hl. Kommunion empfangen und recht innig für unser Töchterlein gebetet. In der heutigen Zeit, wo so Viele schwanken u. abfallen, wird einem die Bedeutung des Tauftages ja erst recht bewußt. Mögest doch Du, kleine Mechthild , Deinem hl. Glauben stets treu bleiben!! Dem Taufzuge, wie er vom Krankenhause zur Kirche ging, habe ich vom Bett aus zugesehen. Voran die Hebamme mit dem Täufling, dann die Paten und der junge Vater, meine Mutter, Tante Elisabeth, Bernd Seier, Franz-Josef und Maria mit der behängten Taufkerze, die aus Balve mitgebracht war. Dieselbe wird nun aufbewahrt für den Tag der 1. Hl. Kommunion. Die Tauffeier in der Kirche soll sehr würdig gewesen sein, nur über eines haben Tante Elisabeth u. Maria so lachen müssen. Als der Priester gesagt "Nimm hin das weiße Kleid" habe der Küster aus einem Schuhkartönchen ein sehr schmutziges Hemdchen (eine einseitiges Läppchen in Hemdenform) gezogen u. dem Täufling aufgelegt.- Die Schwestern hatten im großen Zimmer den Tisch sehr festlich gedeckt, und da haben alle Gäste und der Pastor bei Kaffee, Kuchen, Wein u. Schnittchen gemütlich beisammen gesessen, während ich mit dem Kleinchen allein war u. recht mein Glück genoß. Nach der Taufe lag klein-Mechthild im Taufkleidchen bei mir im Bett u. hatte die Augen wieder weit offen. Abends, als die Gäste wieder fort waren, saßen Berni, Maria u. ich noch ein Stündchen bei einem Glase Sekt beisammen. Am Dienstag, 22. Juni, zogen wir Mechthild ein reizendes Cape an, das Großmutter Felker geschenkt hatte. Maria trug das Kleine durch´s Krankenhaus und stelle es überall vor. Mit einem Röschen in der Hand kam klein-Mechthild wieder in´s Zimmer u. sah damit ganz lieblich und entzückend aus. Am 30. Juni holten uns der "Papa" und Maria aus dem Krankenhause ab. "Tante Maria" hatte das Kleinchen auf dem Schoß, aber als wir in´s Haus gingen, ließ doch der "Papa" es sich nicht nehmen, sein Töchti selbst hereinzutragen. Mechthild trug eine Nelke in der Hand, die es der Frau Mertens zum Empfange mitbrachte. Zum Willkommen war unsere kleine Wohnung so hübsch geschmückt und ganz entzückt war ich über die Schlafecke für Mechthild, - ein reizenden Bettchen, gleich neben dem meinen, darüber ein Madonnenbild, auf dem Nachttisch ein paar Röschen in hübscher Vase. So lieb war das alles gemacht.- Dann haben wir glückliche Tage verlebt im kleinen Heim mit unserem Kinni, das so prächtig gedieh.

1 leere Seite

Pfingstsonntag, 12. Mai 1940.

"Pfingsten, das liebliche Fest ist gekommen!" Aber wie traurig sieht´s dieses Jahr aus. Die Pfingsttage des Jahres 1940 sind für alle Zeiten gekennzeichnet durch die ersten schweren Entladungen des Kampfes, der im Westen entbrannt ist, und der zu einer Entscheidung führen muß für die Zukunft der deutschen Nation. Vorgestern, am 10. Mai, erfuhren wir plötzlich, daß deutsche Truppen in Belgien, Luxemburg und Holland eingedrungen sind, den Engländern u. Franzosen zuvorkommend, die durch diese Länder hindurch wollten um uns anzugreifen. Der Kampf wird schwer und hart sein. Unsere Truppen, die in Polen u. Norwegen gezeigt haben was sie können, stehen vor neuen, wohl noch schwereren Aufgaben. Wir sind traurig u. bedrückt, aber auch voller Hoffnung u. Vertrauen auf den glücklichen Endsieg des deutschen Volkes. Ich bin in Sorge um die Brüder. Franz-Josef, der in Wesel lag, wird wohl auch mit in Holland sein. Hoffentlich kommen alle heil u. gesund zurück.- Um acht Uhr wollte ich zur Kirche, doch da waren die Kirchen wegen Fliegergefahr geschlossen. Ich bin dann noch zum Krankenhause gelaufen, wo gerade hl. Messe war. Dort waren alle Fluren u. Treppen unten voll von Leuten, die dort auch die hl. Messe hören wollten. So habe ich doch noch die lieben Pfingstlieder singen können, aber ich mußte weinen, so drückend lagen der Ernst u. die Schwere der Zeit auf mir -- Berni u. Mechthild sind gestern nach Balve gefahren. Mechthild soll vorerst dort bleiben u. Gertrud will ich auch nächste Woche hinbringen. Man weiß ja nicht, was alles kommen mag, dort sind die Kleinen in Sicherheit. Gestern abend soll ein feindl. Flieger hiergewesen sein. In Freiburg haben die Franzosen am hellen Tage, am 10. Mai, einen Kinderspielplatz bombardiert, wobei 13 kleine Kinder um's Leben gekommen sind. Bestialisch! Vergangene Nacht sind mehrere Städte des Ruhrgebiets bombardiert worden. Unsere Flieger haben strenge Order, keine offenen Städte anzugreifen, sondern nur kriegswichtige Ziele, aber wenn die Feinde unsere offenen Städte bombardieren, werden wir mit denselben Maßnahmen antworten.

Sonntag, 18. Mai 1941

Schon wieder ist ein Jahr dahin, so reich an Erlebnissen, an Sorgen und Freuden u. reichem Segen. Ein Sohn ist uns geboren! Am 14. Januar abends um 6 Uhr wurde uns unser kleiner Bernd geschenkt, ein prächtiger Junge, 8 1/2 Pfd. schwer u. 54 cm lang. Unsere Freude war unermeßlich. Sogleich ging der stolze Vater ans Telefon um den Verwandten u. nächsten Bekannten die freudige Botschaft zu übermitteln. "Hallo, hallo, wichtige Sondermeldung" Dem Großvater in Balve rief ich selbst zu "wir haben einen kleinen Jungen" u. das hat ihn besonders gefreut. Am nächsten Sonntag hat er dann in Balve im Wunschkonzert ein Lied für seinen ersten Enkel spielen lassen. Gertrud u. Mechthild waren ganz verzaubert, als sie an das Bettchen geführt wurden. Am Sonntag, den 26. Januar, war Taufe. Daran nahmen teil die Großmutter Felker, die schon den ganzen Winter bei uns verlebt hatte, der Großvater Allhoff aus Balve, Onkel Adalbert, Tante Lisel, Tante Maria u. Tante Maria geb. Cordes (Onkel Heinis Frau), Tante Addi u. Onkel Bernd aus Wattenscheid u. Pastor Steinbrück. Paten waren Tante Addi u. Onkel Adalbert. Mechthild trug die Taufkerze. Alle waren bei der kirchlichen Feier zugegen, die sehr schön u. würdig gewesen sei. Dann haben wir hier bis nachts um 2 Uhr sehr gemütlich gefeiert. Nun ist unser Söhnchen schon 4 Monate alt, ein strammer Kerl, so lieb u. artig. Er lacht den ganzen Tag, weint kaum u. hat uns bisher noch keine Nacht gestört. Er wiegt jetzt fast 14 Pfd. Heute, am Muttertag, hat er mir die ersten Blümchen geschenkt. Mechthild u. Gertrud hatten jedes eine Geranie im Arm u. kamen auf mich zugelaufen, Klein-Berndchen saß mit den Blümchen auf Papas Schoß. dann haben wir alle zusammen Kaffee getrunken u. Bernd in seinem Bettchen war auch dabei. Er sieht schon ganz interessiert in die Welt.- Gertrud macht gute Fortschritte im Sprechen, sie setzt die Worte aber so drollig; "bov" ist der Schoß, "popp" Knopf und Kopf, "Mani" ist der kleine Bernd, "Peppi" ist Mechthild, u. sich selbst nennt sie Dorte Peper. Mechthild ist schon ein verständiges, unser "großes" Mädchen, u. hat die beiden Geschwisterchen so lieb. Im Herbst war sie oft noch recht trotzig u. wollte oft nicht beten. Da sagte ich mal "wer nicht am Morgen betet, ist arm den ganzen Tag, Schutzengel bleibt zurück, u. ruft ihm traurig nach, "ich darf dich nicht beschützen, du wankst, wo du nur stehst, o komm, o komm zurück u. bete eh´ Du gehst". Darauf meinte sie "ich will aber nicht den ganzen Tag den Schutzengel bei mir haben." Jetzt ist Gertrud das Trotzköpfchen, will immer alles haben u. Mechthild gibt´s ihr dann u. sagt "es ist ja noch so klein." Die beiden tollen im Hause u. im Garten herum, daß es eine wahre Freude ist. Wir sind im vollen Glück mit unseren drei frischen u. gesunden Kindern! Wenn nur der Krieg nicht wäre, der so auf uns lastet. Aber bevor ich von den äußeren Geschehnissen berichte, will ich erst noch einiges aus dem letzten Jahr erzählen, was uns persönlich angeht. Im Juni setzten auch hier in Lippstadt die feindlichen Fliegerangriffe ein. Fast jede Nacht war Alarm u. tolles Flakschießen, u. dann hasteten wir in den Luftschutzraum. Es sind Bomben genug gefallen, sie haben aber kaum Schaden angerichtet. Da haben wir Mechthild u. Gertrud (Mechthild war inzwischen wieder hier) nach Balve gebracht u. sie erst im Oktober wieder nach hier geholt. Am 1. Oktober haben wir unsere neue Wohnung, Wilhelmstr. 17 bezogen. Wir kamen uns vor wie im Himmel, als wir aus der alten engen u. kleinen Wohnung in diese schönen sonnigen Räume zogen. Hier haben wir ein gemütliches Heim u. für die Kinder Platz genug zum Tollen u. Spielen. Im Gärtchen blühen schon die ersten selbst gepflanzten Blumen. Hier ist auch unser Junge geboren. -An meinem Namenstage sagte Mechthild ein Gedichtchen auf, das der Papa selbst verfaßt hatte. *Zum Namenstag, lieb Mütterlein, da gratulier'n wir zwei,- und hoffen, daß im nächsten Jahr ein Brüderchen dabei. Und ist dann noch ein Jahr vorbei, dann werdens viere sein, und wenn das dann so weiter geht, sind wir bald ein Verein.'* -- Am 6. Dez. war der hl. Nikolaus höchst persönlich hier. Gertrud u. Mechthild waren aber nicht bange, sie gaben schön Händchen u. waren über die Gaben sehr erfreut. So leben die Kinder in glücklicher Ahnungslosigkeit u. wissen nichts von schweren Zeiten.

Gut, daß es so ist. Nur in ihre Spiele mischt sich ab u. zu eine kleine Begebenheit, die zeigt, daß sie hie u. da mal etwas aufschnappen. Heute nachmittag spielten sie Kaufladen, da meint Mechthild, bei ihr könne man auch Schuhe "ohne Bezugschein" haben, worauf der Papa gleich 1 Paar Nr. 43 bestellte, die er so dringend braucht. Eines ihrer häufigsten Spiele ist "Fliegeralarm". Mechthild ahmt die Sirene nach, dann ruft Gertud "Larm" u. dann rennen sie mit Puppe u. Puppenwagen in eine Ecke u. nach einer knappen Minute ist Entwarnung. Das hat Mechthild aus der Zeit her behalten, wo wir noch jede Nacht in d. Keller liefen. Jetzt sind wir ruhiger u. bleiben schön oben. Dann kommt´s öfter vor, daß, wenn man noch zu den Kindern in´s Schlafzimmer geht, Mechthild sagt: " Es ist Alarm, Entwarnung ist aber noch nicht gewesen. Die Flak hat aber kräftig geschossen." Wenn Gertrud einen Flieger hört, sagt sie "Tuka" (Stuka).

22. Mai, Christi Himmelfahrt. 1941

Es ist fast 12 Uhr, aber Berni ist noch bei einer Geburt u. da will ich noch ein bischen erzählen. Es war ein so arbeitsreicher Tag heute. Wegen des Kriegseinsatzes mußte gearbeitet werden. Wir waren um 8 Uhr in der hl. Messe u. dann hat´s den ganzen Tag hindurch viel Arbeit gegeben viel Patienten in d Sprechstunde, viel Besuche, Berni hatte dazu noch 2 Geburten u. ich war bei Frau

Duborg im Krankenhause bei der Geburt ihres ersten Kindes, des kleinen Henning. Der Vater, Dr. Duborg, ist in Afrika. - Ich bin jetzt auch ärztlich tätig. Schon ab Juni 1940 war ich dienstverpflichtet u. habe abends hier im Hause Sprechstunden gemacht. Ab 3. März 1941 wurde ich für die Praxis von Dr. Brunnberg verpflichtet, wo ich jetzt volle Praxis ausübe. Ich fungiere dort als Hilfskassenärztin, arbeite auf Rechnung der kassenärztl. Vereinig. u. erhalte dafür ein Gehalt von 9 Mk. pro Tag, dazu Vergütung für Nachtbesuche u. Geburten u. 15% des Privateinkommens. Für die Kinder u. zur Oberaufsicht im Haushalt haben wir eine gute Kraft, die "Tante Nina", die die Kinder sehr gerne haben.

1. März 1942

Sonntagabend! Allein u. einsam sitze ich im Herrenzimmer, und nachdem ich den Feldpostbrief an den "Papa" besorgt habe, muß ich mich mal wieder der Chronik widmen. Fast ein Jahr ist seit der letzten Eintragung vergangen, ein Jahr voller Ereignisse, voll bitterer u. schwerer Sorgen und dennoch auch wieder voller Glück u. Freude. Am 22. Juni, einem Sonntag, begann der Krieg im Osten, dieser grausigste u. blutigste aller Kriege, die wohl je die Welt erlebt hat. Den geschichtlichen Verlauf dieses furchtbaren Ringens wird man ja später nachlesen können, aber die Sorgen, die Ängste u. Nöte, das tiefe Leid, das wir miterleben, werdet Ihr, meine lieben Kinder, wohl nicht mit- u- nachfühlen können. Möge doch Euer Lebensweg ruhig, friedlich u. sonnig sein! - Meine Brüder Ernst u. Heini rückten gleich am ersten Tage mit in Rußland ein, Heini als Truppenarzt bei der Infanterie, ernst als Chirurg in einem Feldlazarett. Schreckliches haben beide erlebt u. mitgemacht, ganz besonders Heini, der immer mit in vorderster Front war u. auch heute noch ist, er hat das E.K.1 bekommen. Ernst wurde im Dez. aus Rußland herausgezogen, aber gerade heute sind sie wieder ausgerückt zu neuem Einsatz. Franz-Josef liegt auf der Insel Jersey. Die Sorge um die Brüder hat mir manche schlaflose Nacht gebracht, zumal die Nachrichten oft 6 Wochen u. länger ausblieben u. so viele Todesnachrichten von Bekannten eintrafen. Aber als wir in der Sylvesternacht Rückschau hielten über das vergangene Jahr, konnten wir doch dem l. Gott danken, daß er uns all´ unsere Lieben gnädig behütet u. beschützt hatte. Zu 6 saßen wir zusammen am Sylvesterabend, Heinz Reploh u. Frau, Ernst u. seine Braut, Berni u. ich. Im Austausch der Erinnerungen an frohe vergangene Jahre in Jugendlust u. Freude haben wir ein paar schöne Stunden verlebt, aber als das neue Jahr heraufzog, waren wir ernst u. nachdenklich. Was mag uns nun das Jahr 1942 bringen? Als erstes brachte es mir Kummer, dann tiefes Glück. Am 26. Januar bekam Berni seinen Stellungsbefehl u. mußte zum 1. Februar, einem Sonntag, fort, gerade heute vor 4 Wochen. Im

September war er auch schon mal für 14 Tage eingezogen, kam aber auf Reklamation des Kreisarztes u. der Regierung wieder frei, da hier ja kaum noch Ärzte sind. 7 prakt. Ärzte sind nun eingezogen, nur 2 noch hier. Die Arbeit war oft kaum zu bewältigen, Tag u. Nacht hatte Berni zu tun. Bis zum 1. Dez. habe auch ich praktiziert. Aber Bernis Einberufung war mir doch sehr bitter, da wir ja gerade in jenen Tagen unser 4. Kindchen erwarteten. Aber das half nun alles nichts, solcherlei Rücksichten gibt´s im Kriege nicht. Am 5. Februar, einem Donnerstag, nachmittags um 4:05 Uhr wurde unsere kleine Karin-Elisabeth geboren. Die Geburt habe ich selbst geleitet mit Hilfe der Hebamme. Wie glücklich u. dankbar war ich doch für den Segen, der uns zuteil geworden, als ich das kleine gesunde Wesen in meine Arme schloß. Die Geschwister waren ganz stolz auf das Schwesterchen u. umstanden staunend das Bettchen. Gertrud hüpfte vor Freude von einem Fuß auf den anderen, und Berndchen hob sich immer wieder auf die Zehen u. sagte "Kika". Dem Vater konnten wir die freudige Nachricht erst nachts gegen 11 Uhr geben, da er gerade an dem Tage versetzt war, u. zwar zur Flak nach Neuß. Am 15. Februar feierten wir Taufe, sehr schön u. würdig. Daran konnte der "Papa" leider nicht teilnehmen, er bekam keinen Urlaub. Taufgäste waren meine Schwestern Maria u. Lisel, mein Bruder Adalbert, Bernis Vetter Alfons Ermann u. dessen Frau. Berndchen erfreute uns am Tauftage durch seine ersten selbständigen Schritte. Im Ställchen ging er schon seit einiger Zeit allein herum, aber am Tauftage der kleinen Karin lief er stolz im Zimmer umher, stolz wie ein König, und sang dabei. Vorigen Sonntag hatte Berni seinen ersten Urlaub und sah da auch das kleine Töchterchen zum ersten Male. Der Urlaub war nur kurz, von Samstag Nachmittag bis Sonntag Abend. Aber wie haben wir diese Stunden genossen! Die Trennung ist doch so schwer. Aber ich will nicht klagen. Wir sind ja so gesegnet mit unseren vier gesunden Kindern, die soviel Glück um sich verbreiten. Wenn uns nur all' unsere Lieben gesund aus dem Kriege zurückkehren, will ich froh u. dankbar sein.

2. Februar 1943.

Wir stehen in ernsten, sehr ernsten und sorgenvollen Tagen und Wochen. Im Osten tobt der erbittertste Kampf, den wohl je die Welt erlebt hat. Ganz Asiens Horden türmen sich gegen unsere Fronten, jeden Tag meldet der Wehrmachtbericht von anhaltenden heftigen Kämpfen, von Verstärkungen des Feindes, von Vernichtung und Tod u. Eis u. Schnee. Was aber alle Gemüter am stärksten bedrückt, sie mit Kummer u. Leid erfüllt, ist die Tragödie, die sich in diesen Tagen in Stalingrad abspielt. Seit etwa 2 Monaten ist dort die 6. Armee eingeschlossen, und in den letzten 14 Tagen hat sich dort ein Heldenepos von unvergleichlicher Größe abgespielt. Schon am 22. u. 23. Januar konnte ich die erschütternden Berichte nicht ohne Weinen lesen, am 25. Januar hieß es dann: "Die 6. Armee in Stalingrad heftet unsterblichen Ruhm an ihre Fahnen." Täglich schloß sich der Ring der Feinde enger u. enger, eine überwältigende Übermacht, der jedoch unsere Tapferen trotzen bis zur letzten Granate, "mit schmalen, ernsten Gesichtern", gezeichnet von Hunger u. Entbehrung, schutzlos preisgegeben den eisigen Schneestürmen u. dem Bombenhagel der feindlichen Flieger, die unaufhörlich über ihnen kreisten, umringt vom Feuerhagel der feindlichen Geschosse. Aber sie haben standgehalten, Tag um Tag, Nacht um Nacht, bis dann gestern die Nachricht kam, daß die Südgruppe unter Führung des Generalfeldmarschalls Paulus nach mehr als 2 Monaten heldenhafter Verteidigung von der Übermacht des Feindes im Kampf überwältigt worden sei. Die Nordgruppe behauptet sich noch immer.- Diese eine 6. Armee hat dort in Stalingrad mehrere Armeen des Feindes gebunden und durch ihr Opfer nur ist es möglich geworden, daß wir an anderen Fronten halten konnten. Aber große Trauer erfüllt alle Herzen. Es sind vorwiegend Westfalen u. Rheinländer, die dort gekämpft haben, und ein jeder hier hat Bekannte darunter. Aus Lippstadt sollen über 100 Soldaten dabei sein, aus meiner kleinen Heimat Balve sind 15 Mann darunter. Wie furchtbar ist doch deren Geschick, wie schrecklich die Sorgen der Angehörigen. Werden sie je wieder von ihren Lieben hören? Ein junger Arzt, Dr. Böckeler,- vor einem Jahr verlebte er noch einen fröhlichen Abend mit uns hier in der Wohnung - ist dabei, im April eingezogen. Die arme, junge Frau erwartet das zweite Kindchen, ich muß immerfort an sie denken. Mein Bruder Ernst lag den ganzen Sommer hindurch auf einem Hauptverbandsplatz vor Stalingrad, im Sept. bekam er eine Hirnhautentzündung u. ist dadurch dem Kessel entkommen.-- Gestern, am 1 Februar, war es nun ein Jahr her, seit der "Papa" uns verlassen hat. In diesem bitteren Ringen um Deutschlands Sein oder Nichtsein, darf ja kein Opfer zu groß sein, und wir wollen das Opfer der Trennung gerne ertragen. Aber es ist doch oft so bitter und schwer. Ein Jahr, das uns hätte gehören sollen in gemeinsamem Glück, in der Freude an den heranwachsenden Kindern, in gemeinsamer Arbeit, in frohem Schaffen an der Zukunft, ein Jahr, das eines unserer schönsten hätte sein sollen. Und wie wenige Tage des Beisammenseins hat es uns doch nur vergönnt. Wie manche sorgenvolle Stunde hat es mir gebracht. Die Engländer greifen ja fast täglich die Städte des Westens mit ihren Bomben an, die Luftangriffe des letzten Jahres sind so fürchterlich gewesen und haben so viele Opfer gefordert, weite Stadtteile der einheimischen Städte sind vollkommen zerstört. Noch in der letzten Woche sind auf Neuß, wo Berni bei der Flak ist, 5 Luftminen, über 20 Sprengbomben u. über 400 Brandbomben gefallen. Da ist ein jeder gefährdet, jeden Tag u. jede

Nacht, u. jede Nacht gibt´s auch Tote u. Schwerverletzte, oft mehrere Hundert. Und doch - und trotz allem - wir müssen siegen! Dieser eine Wille beseelt das ganze Volk, u. in diesem Willen bringt ein jeder das letzte Opfer. Aber daß meine Lieben gesund u. wohlbehalten aus dem Kriege zurückkehren, daß der "Papa" uns erhalten bleibt, das ist mein und der Kinder innigstes Gebet an jedem Tage. Gott gebe es!

3. Februar 1943

"Der Kampf um Stalingrad ist zu Ende", diese erschütternde Botschaft wurde heute nachmittag im Radio gemeldet. Furchtbares hat sich dort in den letzten Tagen abgespielt, Mannschaften, Offiziere u. Generäle haben Seite an Seite gekämpft bis zur letzten Granate. "Sie starben, damit wir leben können." Tiefe Trauer, tiefstes Leid erfüllt alle Herzen.

Mittwoch, 2. Juni 1943

Te deum laudamus! Danket den Herrn, denn er ist gut, und seine Güte währet ewiglich. Am 23. Mai, einem Sonntag, nachmittags um 4:15 Uhr ist unser kleiner Ulrich geboren. Ein prächtiger Junge, 7 1/2 Pfund schwer, 52cm lang. Wie froh, wir glücklich, wie dankbar bin ich doch, daß alles so gut überstanden ist. Heute, nach 10 Tagen, bin ich aufgestanden und sitze zum ersten Mal wieder im Herrenzimmer, da will ich das freudige Ereignis gleich der Chronik anvertrauen, Ein gesunder, kleiner Sohn - welch kostbares Geschenk in dieser Zeit des Leides und der Zerstörung. In schwerer, bitterer Zeit bist Du zur Welt gekommen, mein kleiner Junge. Mögest Du in eine hellere, lichtere Zukunft hineinwachsen. Der Vater ist in Rußland am Ilmensee[10]. Ob er wohl jetzt schon Kunde hat von unserem Glück? Ich konnte ihm die frohe Nachricht nur durch Luftfeldpost übermitteln, bis sie ihn erreicht, vergehen wohl 8-10 Tage. Er wartet gewiß in banger Sorge. Ja, das war schwer, als am 23. März abends der telef. Anruf kam, daß Berni nach Rußland mit ausrücken mußte. Wir haben uns dann am anderen Tage in Wattenscheid getroffen, verlebten dort zusammen einen Nachmittag und eine Nacht und nahmen am nächsten Vormittag Abschied. Da jedoch die Waggone für den Transport noch nicht da waren, konnte Berni am nächsten Tag noch für einige Stunden nach Balve kommen, wo ich mit den Kindern war. Er kam morgens 10 Uhr an, wir alle, die 4 Kinder und ich, holten ihn am Bahnhof ab. Dann haben wir im schönen Sonnenschein einen Spaziergang zur 2. Kapelle gemacht u. dort im Grase gelegen. Der Vater hat die Kinder noch recht genossen, hat Karins erste selbständigen Schritte erlebt, Berndchens kindliche Gebete gehört, u. Mechthild u. Gertrud sangen Osterlieder, "Wahrer Gott, wir glauben dir", beide

Strophen. Glückliche Stunden waren es, die wir da mit unseren Kindern verlebt haben, aber so kurz u. überschattet vom Abschiedsweh. Um 1/2 4 fuhren wir dann nach Fröndenberg, Mechthild, Gertrud u. ich begleiteten den Vater bis auf den Bahnsteig, dann kam der Zug - ein letzter Kuß, ein letzter Segenswunsch, ein letztes Winken - und wir waren allein. Am nächsten Morgen sind sie dann ausgerückt, am 27. März. Aus Königsberg erhielt ich einen Kartengruß, und dann am 12. April den langersehnten ersten Brief aus Rußland. Da habe ich vor Freude geweint. Nun verlebe ich meine Tage in Sorgen und Bangen oder auch in Vertrauen u. froher Zuversicht, je nachdem ob die Briefe kommen oder ausbleiben. Berni schreibt ja alle 2 Tage, aber die Feldpost kann ja nicht so regelmäßig befördert werden, da gibt's dann häufig Verzögerungen. Aber mein Gottvertrauen ist unerschüttert, und ich hoffe und bete, daß er mir all' meine Lieben gnädig beschützt und uns den Vater nach dem Kriege gesund zurück gibt.

3. Juni 1943.

Christi Himmelfahrt! Die Abendsonne scheint so schön zum Fenster herein, draußen singen und jubilieren die Vögel, von der Jakobikirche dringt leiser Orgelklang herüber. Um mich sind viele Blumen, Rosen, Nelken, Pfingstrosen und Margeriten, all' die blühende Pracht des Sommers. Ein unendlicher Friede hier und in der

Natur, daß man fast das Leid und Elend des Krieges vergessen möchte. Und doch sind alle Herzen so kummerschwer und beladen. Der Krieg hat ja so grausame Ausmaße angenommen, die Heimat bangt um ihre Lieben an der Front, die Soldaten sorgen sich um ihre Lieben in der Heimat. Die Terrorangriffe der feindlichen Bomber bedrohen fast Nacht für Nacht die Städte und Landgemeinden des Westens. Ein Greuel der Zerstörung sind all' die blühenden Städte geworden, Köln, Düsseldorf, Duisburg, Essen, Dortmund, Wuppertal u. viele andere mehr. Tausende von Obdachlosen, die all' ihre Habe u. ihr Gut verloren haben, sind auf dem Lande untergebracht. Das grausigste aber war wohl die Bombardierung der Möhne- u. Edertalsperre in der Nacht vom 16. zum 17. Mai. Haushohe Wasserfluten, wie im Sturm daherrollend, haben alles unter sich begraben, Häuser, Menschen und Vieh. Furchtbare Tragödien haben sich in jener Nacht abgespielt im Möhnetal, in Neheim, Wickede u. bis herunter nach Fröndenberg. Die Leute sind oben auf die Hausdächer geklettert u. haben gellend um Hilfe gerufen und konnten doch nicht gerettet werden. Die Opfer betragen nach amtlichen Erhebungen bis jetzt etwas über 1700 außer Kriegsgefangenen, doch sind längst noch nicht alle Toten geborgen. Meine Geschwister Maria, Lisel u. Heini wurden gleich am nächsten Morgen vom roten Kreuz aus mit nach Neheim gebracht zur Hilfeleistung u. haben dort den ganzen Tag und die nächste Nacht geholfen. Sie erzählten ganz erschütternde Einzelheiten. Von nah u. fern, sogar von Köln u. Aachen, ist das rote Kreuz, die technische Nothilfe, Wehrmacht u. Arbeitsdienst zur Hilfe herbeigeeilt. Der ganze Verkehr im Ruhrtal stockt noch heute, da die Macht der Fluten auch die Eisenbahnbrücken zerstört hat.

15. Juni

Jetzt sind wieder die hellen Nächte, u. da haben wir seit 5-6 Tagen Nacht für Nacht Alarm. Düsseldorf, Bochum, Bremen, Kiel, Oberhausen sind wieder stark angegriffen. In der Nacht zu Pfingsten war das Geballer so stark, daß hin und wieder alle Fenster u. Türen klirrten u. klapperten. Als dann auch Flugzeuge kamen, sind wir alle in den Luftschutzkeller geeilt, Ulrich wurde im Bettchen heruntergetragen u. schlief ruhig weiter. Karin u. Bernd wurden in Decken verpackt u. unten auf's Sofa gesetzt. Sie waren beide hellwach, Bernd hat die ganze Zeit so drollig geplaudert, daß wir alle lachen mußten. Ihm war das sehr interessant u. als gestern Frau Wemhoff herunterkam, meinte er: "Gehn wir jez wieder in Keller ?" Er weiß schon ganz genau Bescheid. Hört er die Sirene tagsüber, kommt er angelaufen. "Fiegeralarm?" "Nein, Voralarm" Dann geht er ganz beruhigt wieder in d. Garten u. spielt im Sand, aber bei Alarm bleibt er im Hause. Wir haben 2 große Koffer mit Leinen u. Wäsche,

Silber etc. nach Balve geschickt, ein Koffer mit Wäsche u. Kleidungsstücken steht gepackt bereit u. wird nachts mit in den Keller genommen. Es gibt ja soviele Leute, die im Nachthemd heruntergelaufen sind u. nachher nichts anderes mehr hatten. Seit einiger Zeit schütten die Engl. Phosphor aus, da brennen die Kleider am Leibe. In Barmen sind die Menschen brennend in d. Wupper gesprungen. Grausiges Elend u. Leid kommt so über Nacht, und morgens geht dann majestätisch u. strahlend d. Sonne auf über Trümmern u. Greueln der Verwüstung.

16. Juni 1943.

Heute, an Mechthilds Geburtstag, greife ich wieder zur Feder und will mich ein Weilchen der Chronik widmen. 6 Jahre wird sie nun alt, unsere älteste Tochter. Wie die Jahre dahineilen! Fast 4 Jahre tobt nun schon der grausige Weltenbrand, so vergehen unsere besten Jahre in Sorgen und Ängsten. Mechthild u. Gertrud sind zur Zeit in Balve. Vom Papa aus Rußland ist ein Päckchen mit Bonbons gekommen, seine Zuteilung, die er nun seinem Töchterlein zum Geburtstag gesandt hat. Das ist ja auch hier ein seltener Artikel, nur mal zu Weihnachten u. Ostern gibt's eine kleine Zuteilung für Kinder. - Am 6. Juni, Gertruds Geburtstag, haben wir Ulrichs Taufe gefeiert. Das war ein schönes, würdiges Fest. Tante Addi u. Dorli aus Wattenscheid, meine Schwestern Maria u.

Lisel, meine Brüder Adalbert u. Heini, und Tante Grete, Bruder Ernsten´s Frau, nahmen daran teil. Paten waren Onkel Heini u. Tante Grete, u. so mag sich wohl erfüllen, wie es in einem Glückwunschbriefe hieß, daß unser Ulrich-Hathumar ein tüchtiger Medizinmann o. Pastor werden möge, da seine Eltern u. beide Paten Mediziner sind, seine Namenspatrone große Bischöfe waren.

3. Oktober 1943.

Sonntagabend. Erntedankfest. Eine reiche Ernte hat das Jahr gebracht, und alles ist gut geborgen. Dem Himmel sei Dank. So krisenreich und schwer dieses Jahr 1943 war und noch ist, die Ernte war gut, u. so ist die Ernährung gesichert, ein wichtiger Faktor für des Ausgang des Krieges. Die politische Lage ist ernst, sehr schwere und erbitterte Kämpfe toben in Italien und Rußland, unsere Truppen kämpfen heldenhaft an allen Fronten. Zu all dem kam noch der Verrat Stalins, ein so scheußlicher Betrug, wie ihn die Weltgeschichte wohl noch nie erlebt hat. Und der Luftterror nimmt immer furchtbarere Ausmaße an. Aber wir sind doch zuversichtlich, trotz allem. Das Volk weiß, daß es diesmal um Sein oder Nichtsein geht und will durchhalten um jeden Preis.- Gestern war Bernis Geburtstag, 38 Jahre wurde er alt. Wie hatten wir uns in unseren Träumen dieses Jahrzehnt zwischen 30 und 40 doch so ganz anders vorgestellt! Der Sommer unseres Lebens! Ein arbeitsreicher Sommer sollt´ er uns Beiden werden in frohem, gemeinsamem Schaffen, im Bauen an der Zukunft für unsere Kinder. Wie anders ist das Leben für uns geworden! Aber leisten wir nicht mehr und Größeres? Unserer Generation ist es ja bestimmt, durch unseren Einsatz, durch zähes Durchhalten, durch Kampf und Leid und Opfer unseren Kindern eine glückliche Zukunft zu sichern, ihnen ihr Vaterland zu erhalten, und so bauen wir nicht nur den Kindern, sondern auch den Enkeln Häuser. Gott gebe es!

Den ganzen Sommer hindurch waren wir in meinem Elternhause in Balve, wo wir auch voriges Jahr von April bis Dezember verlebt haben. Die Kinder verbringen dort auf dem Lande, in der herrlichen Freiheit, der schönen Natur und mit all´ dem Getier eine schöne Jugendzeit und spüren nichts vom Ernst der Zeit.[11] Da nun aber Bernis Urlaub bevorsteht, haben wir jetzt schon hier Winterquartier bezogen und warten nur auf den "Papa", der wahrscheinlich Mitte Okt. kommt. Wir sind voller Freude in dieser frohen Erwartung, Mechthild sagte: "Ich lasse den Papa garnicht los im Urlaub." Die drei Großen erinnern sich des Papas sehr gut, Karin weiß gewiß nichts von ihm, und den kleinen Ulrich, der schon vier Monate alt ist, hat der Papa noch gar nicht gesehen. Der kleine Mann entwickelt sich so prächtig, er lacht immerzu, ein richtiger Sonntagsjunge. Die Kinder sind meine ganze Freude und mein Glück, Sonnenstrahlen und Freudenbringer in dieser bitteren Zeit. Es ist mir nur so traurig, daß der Vater sie gar nicht sieht und erlebt, gerade in diesen Jahren, die doch unsere schönsten sein würden. 3 Wochen des Beisammenseins werden uns nun vergönnt sein, die müssen uns Mut und Auftrieb geben und uns entschädigen für lange Monate der Trennung. Am 13. Juni, am Tage vor Pfingsten, kam eine Luftfeldpostkarte hier an, die erste Nachricht, daß der Vater um die Geburt unseres kleinen Ulrich wußte. Da erst konnt ich mich ganz dem Glück und der Freude um unser Söhnchen hingeben. Am Pfingstmorgen erhielt ich dann einen dicken, lieben Brief, in dem Berni seiner großen Freude Ausdruck gab, und ein Briefchen an Ulrich lag auch dabei. Berni hat die Nachricht von der Geburt am 5. Juni abends spät erhalten, am Vorabend des Tauftages. Er lag in der Zeit gerade vorne in der Front, nahe bei Staraja-Rusja[12], einem vielumkämpften, häufig im Wehrmachtsbericht genannten Ort. Einiges aus dem Brief: "Meine Karin! Ich bin voll Glück und Freude. Endlich ist die beruhigende Nachricht da.................... Zuerst las ich den Luftpostbrief vom 27. 5. "Las" ist natürlich übertrieben, will lieber sagen, ich flog in den Inhalt. Da las ich dann: "Nun ist unser kleiner Ulrich schon 4 Tage alt." Du kannst Dir vielleicht vorstellen, wie es mich heiß durchlief. Dann hetzte ich durch die anderen Briefe.----...Ich konnte mich auf das Lesen überhaupt nicht konzentrieren. Nachdem ich eine ganze Weile so dagesessen und die Nachricht erst mal verdaut hatte, habe ich dann alles nochmal gelesen........

Vorher habe ich die Sorgen um Dein Ergehen immer zurückgewiesen und gedacht, es wird und kann nichts passieren. Als ich aber die Nachricht bekam, überfiel mich die Angst erst ganz mächtig. .... Ich hoffe, daß dieser Sohn, den Du unter so ungünstigen Verhältnissen in unserer schwersten Zeit allein hast zur Welt bringen müssen, Dir immer ganz besonders Freude machen und Dein Stolz sein wird. Ein Sonntagsjunge, und dazu im Mai geboren, das sind doch günstige Vorzeichen. .... Ja, da wünsche ich, daß er ähnlich geartet sein möge wie sein Pate, durchaus anständig und sauber in seiner Gesinnung, gerade und ehrlich, mitfühlend und menschlich wie kaum einer, einsatzfreudig und pflichtbewußt, heimat- und naturverbunden, dabei von sprühender Heiterkeit und Lebensfreude. .... Heute, an Gertruds Geburtstag, feiert ihr die Taufe. Schöner kann für mich der Tauftag nicht sein, als daß ich gerade heute von der glücklichen Geburt dieses Täuflings höre und ihn als meinen Sohn aufnehme. Mit meinem ganzen Herzen bin ich heute bei Euch, bei Dir, meine liebste, beste Frau, bei meinem kleinen Sohn und bei der festlichen Runde. Seid froh und laßt die Gläser nicht leer werden. Wenn Familie Felker einen Glückstag hat, sollen sich alle mitfreuen ...." Berni schildert dann noch, wie er mit 2 Offizieren im Bunker mit 1/2 Flasche Schnaps gefeiert hat u. wie herzlichen Anteil all´ die Kameraden an seiner Freude nahmen.- Und nun wird er bald seinen jüngsten Sproß begrüßen und mit uns allen 3 glückliche Wochen verleben. Seit kurzer Weile höre ich das Brummen von Flugzeugen, ich frage mich gerade, "sind´s die Engländer oder deutsche Jäger?", da ertönt schon die Sirene. Alarm! Also feindliche Bomber. Das geht nun so Abend für Abend. Man ist längst daran gewöhnt u. wartet erst ab, ob sie nur vorüberfliegen oder hier kreisen, bevor man den Luftschutzkeller aufsucht. Vor 2 Abenden war das Gebrumm ganz toll, da wurde Hagen angegriffen. Hoffentlich bleibt unser Lippstädtchen verschont.

Am 1. September kam Mechthild in Balve zur Schule. Ein ereignisreicher und wichtiger Tag. An meiner Hand tat es diesen Schritt in´s Leben und in die Pflicht. Stolz und glücklich, den Tornister auf dem Rücken, zog es mit mir dir Straße herauf, der Opa und die Tanten in Balve sahen uns nach u. Onkel Adalbert hat es geknipst. Die kleinen Bänkchen u. Tischchen machten ihr großen Eindruck, ganz selig saß sie da an ihrem Platz, unsere große Tochter. Kurz vor 10 wurden sie wieder freigelassen, wir Mütter warteten draußen und zogen dann mit den Kindern zur Kirche, wo um 10 Uhr hl. Messe war, da nachts Fliegeralarm gewesen war. Nach der Messe gingen wir mit den Kindern zur Kommunionbank, wo jedes Kind vom Herrn Pastor den Segen bekam mit etwa folg. Worten: "Gott segne Deinen Schulanfang und schütze Deine ganze Jugendzeit." Der Papa sandte Mechthild zum Schulbeginn ein Päckchen und einen lieben Brief.

Heute, am 11. Okt., erinnere ich mich auch dieses Tages vor einem Jahre. Da war es gerade 50 Jahre seit dem Todestag meines Großvaters, Franz Allhoff, u. somit mein lieber Vater seit 50 Jahren Herr auf Allhoffs Hof. Wieviel hat er geleistet in seinem arbeitsreichen und von Erfolg gekrönten Leben. Im Familienkreise hatten wir eine schlichte Feier und sprachen Vater den Dank aus für seine Arbeit u. Mühe, seine Liebe und sein großes Verständnis, das er uns Kindern immer und in allen Lagen gezeigt hat. Mechthild sagte ein kleines Gedichtchen auf, das ich verfaßt hatte:

> Großvater, fünfzig Jahre bist Du nun hier der Herr.
> Hast gestrebt und gearbeitet für und für.
> Hast Dein Erbe vermehrt mit eiserner Kraft
> Deine Kinder zu brauchbaren Menschen gemacht.
> Dein Beispiel wird sie durch's Leben geleiten,
> Wird ihnen Halt und Kraft und Stütze bedeuten.
> Mit ihnen woll'n auch wie Enkel dir danken,
> Gott möge Dich uns noch lange erhalten!"

Balve, den 1. Januar 1944

Neujahrsabend. Ich sitze hier in Balve auf dem "kleinen Saal" Still und behaglich ist es hier, der riesengroße Christbaum erfüllt den Raum mit weihnachtlichem Zauber, Tannen- und Kerzenduft. So ist's im ganzen

Hause, so traulich und weihnachtlich. Überall kleine Tannenbäume, Kiefernsträuße und bekränzte Kerzenleuchter. Seit ich mich erinnere, war es hier im Hause immer so besonders schön zur Weihnachtszeit, und der weihnachtliche Jubel klang früher den ganzen Tag durch's Haus, Klavierspiel und Liedersang. das ist nun in diesem Jahr etwas anders geworden. Unsere fünf lieben Kleinen bringen ja Leben in's alte Haus, und die Kinder erfreuen sich auch an der Weihnachtszeit. Aber wir Großen sind bedrückt und ernst, zu schwer lastet diese furchtbare Zeit auf uns allen. Berni ist in Rußland, Franz-Josef an der Kanalküste in Cherbourg, (5 Jahre war er schon Weihnachten nicht zu Hause), Ernst in einem Flakturm in Berlin als Chirurg. Doch gestern Abend sind Oheim und Tante Marjo gekommen um Sylvester mit uns zu verleben, und auch Bruder Heini ist in Urlaub. Wir saßen alle so gemütlich um den großen runden Tisch beim brennenden Lichterbaum und hielten Rückschau auf das verflossene Jahr, das schwere, ernste, krisenreiche Jahr 1943. Aber Gott hat uns doch alle gnädig beschützt und uns, Berni und mir, noch ein großes Glück beschert, unseren lieben, kleinen Sohn. - Vater, der seit dem 2. Weihnachtstage kränkelt, ging um 11 Uhr zu Bett. Um 12 Uhr dann ging mein herzliches Gedenken durch die stille Nacht zu meinem lieben Manne, in Rußlands weite Ferne, und mit ihm viel gute und heiße Wünsche. Dann wünschten wir alle uns gegenseitig ein "glückliches neues Jahr" und gingen mit gefüllten Gläsern an Vaters Bett, Oheim mit einem Kerzenleuchter mit 5 brennenden Kerzen, voran. Wir stießen mit Vater an auf Glück und Gesundheit, bewegten Herzens, aber doch voller Zuversicht und Hoffnung. Dann, wieder auf dem kl. Saal, sangen wir, wie alljährlich, das Lied "Lobpreiset all zu dieser Zeit" und brannten 5 Kerzen ab für unsere Soldaten, für Berni, Franz-Josef, Ernst, Wolfgang u. Hermann Schulte-Vennbur - was mag uns nun das neue Jahr bringen? Es wird schwer und hart sein in Kampf und Not. Aber wir müssen ja durchhalten, es geht ja um Sein oder Nichtsein, um Leben und Zukunft für uns und unsere Kinder.

Lippstadt, d. 17. Februar 1944

Seit Montag Abend, den 14. Februar, bin ich wieder hier im eigenen Heim mit meinen drei Kleinen. Mechthild und Gertrud sind in Balve geblieben, da wir, der größeren Sicherheit wegen, auch vor Ostern wieder dorthin fahren. Schwere Wochen liegen hinter uns. Am 5. Januar abends 10:20 Uhr, ist mein lieber, lieber Vater nach einem "glücklichen, arbeitsreichen und gottesfürchtigen Leben", wie es im Todesbriefe heißt, sanft entschlafen. Es ging ihm so gut vor Weihnachten, und wir hatten so schöne Tage im Elternhause bei den Vorbereitungen und der Vorfreude auf Weihnachten, das ich seit 1937 zum ersten Mal wieder in Balve verlebte. Vater hatte so reizende Geschenke für unsere Kinder besorgt und erfreute sich sehr daran. Als wir 8 Tg. vor Weihnachten in Balve ankamen, stand er, wie immer, unten vor dem Hause und sah uns entgegen und von weitem schon lief klein-Karin ihm entgegen und stürzte sich in Opas Arme, lachend und jauchzend. Am 1. Weihnachtstage war Vater in der Christmette u. Hirtenmesse u. ging auch zur hl. Kommunion. Danach gingen wir Geschwister mit einem Tannenbäumchen zu Mutters Grab, und dann war auf dem kl. Saal die Bescheerung. Vater saß im Sessel am Ofen und freute sich am Jubel der Kinder, unserer Fünf und Heinis beiden Töchterchen. Auch die Oma Felker war dabei, die seit Juni 1943 wegen der Bombardierung der Städte in meinem Elternhause Aufnahme gefunden hat mit Dorli Seier. (Addi mit d. 3 Jungens lebt auf dem Oberhofe bei Küntrop in Pension) - Nach der Bescheerung tranken wir alle unten in der "Herrenstube" zusammen Kaffee am festlich mit Kerzen und Tannen geschmückten Tisch. (Die Kerzen stammten noch aus dem Vorjahre, sonst gab es dieses Jahr ja keine mehr.) Gemütlich und festlich wie immer war diese Morgenstunde am Kaffeetisch, nur unsere lieben Soldaten fehlten uns sehr. Wir lasen Bernis, Franz-Josefs u. Ernstens Weihnachtsbriefe vor und gedachten ihrer herzlich. Dann ging Vater auch noch ins Hochamt, das für Mutter gelesen wurde, und verlebte froh mit uns den Weihnachtstag. Am 2. Tage bekam er eine leichte Grippe, und so nach und nach erkrankten wir alle, aber nicht ernstlich. Vater stand jeden Tag ein paar Stunden auf, wurde aber schwächer und schwächer, doch nahm er noch an allem Geschehen lebhaften Anteil. Immer saß einer von uns bei ihm, oft auch unsere Mechthild, die ihm aus ihrem Lesebuche vorlas. Wir dachten doch nicht ans Sterben, oder wollten wir es nicht glauben und sehen? Am letzten Abend, einem Mittwoch saß Vater noch bis gegen 9:00 Uhr bei uns auf dem kl. Saal, sehr elend aber und schwach und sprach gar nicht. Ich machte ihm eine Strophantin-Spritze, und dann brachte Lisel ihn zu Bett. Vater schlief gleich ein, wir saßen nebenan auf dem kl. Saal, und von Zeit zu Zeit ging immer mal jemand herein in Vaters Zimmer. Vater schlief tief und fest. Um 1/4 nach 10 ging Maria herein, faßt Vaters Puls und zählt 70 ruhige, kräftige Schläge. Vater schlägt ein Auge auf, Maria sagt "Vater, der Puls ist gut", Vater "Hm" und schläft weiter. Dann holt Maria eine Flasche Wein herauf, geht 3 Min später wieder an Vaters Bett - und fühlt keinen Puls mehr. Sie ruft "Vater, Vater" und zu und "Kommt doch mal schnell". Wir stürzten herein und einige Minuten später ist der letzte Atemzug verhaucht. So sanft und ruhig war dieses Sterben, ohne Kampf und Not. Ein paar Minuten später war auch der Herr Pastor da, der Vater die letzte Ölung gab. Dies war am Vorabend des Dreikönigstages. Ergreifend passen auf dieses Sterben die Worte aus der Tagesmesse, die wir auf Vaters Totenzettel gesetzt haben:

"Als das All im tiefsten Schweigen lag, und die Nacht in ihrem Laufe des Weges Mitte erreichte, da kam Dein allmächtiges Wort o Herr, vom Himmel, vom königlichen Throne herab."

6. März 1944

Mein Geburtstag! Abend ist's, gleich 10 Uhr. Ich sitze allein hier im Herrenzimmer bei einem Glase Wein, gehe ab und zu mal in's Schlafzimmer und sehe nach meinen drei Kleinen, die friedlich schlafen. Nachdem ich eben den Feldpostbrief an Bernhard, meine tägliche Plauderstunde mit ihm, beendet hatte, saß ich lange sinnend hier, da geht die Sirene "Fliegeralarm", der dritte am heutigen Tage. So geht das nun Tag für Tag. Bisher ist ja Lippstadt verschont geblieben, - wie lange noch? Über Balve sind vor einiger Zeit eine Sprengbombe und ungefähr 200 Brandbomben abgeworfen worden, die aber glücklicherweise in's Feld gefallen sind und außer fast sämtl. zertrümmerten Fensterscheiben u. einigen abgehobenen Hausdächern weiter keinen Schaden angerichtet haben.

Meine Gedanken gehen ins russische Land, voll Sorgen u. Bangen. Bernhard lag seit langer Zeit in Pleskau, da wird nun täglich von schweren Kämpfen im Raum v. Pleskau[13] berichtet. Ich hoffe ja, daß die Einheit zurückverlegt ist, habe aber seit dem 22. Februar keine Nachricht mehr, auf die ich täglich so schmerzlich warte.

Doch was hilft alles Grübeln und Sinnieren? Ich will an vergangene, glückliche Tage denken und davon berichten.

Am 10. Oktober 43, einem Sonntag, als ich gerade nach Tisch mit den Kindern mich hingelegt hatte, schellt es heftig an der Tür. Ich laufe hin,- und da steht mein Bernhard da, aus Rußland in Urlaub gekommen, nach 7 Monaten der Trennung. Unsere Freude kann ich gar nicht schildern. Bernd u. Gertrud stürzten auch gleich herbei und sprangen dem Vater in die Arme, lachend und jubelnd. Mechthild war in Balve, wurde aber gleich am nächsten Tage nach hier gebracht. Was war das eine Seligkeit, dieses Wiedersehen nach so langer Zeit. Als wir endlich an Karins Bettchen kamen, hatte es sich inzwischen vollgemacht und stand ganz unglücklich da im Pölterchen. Und den Ulli machte ich erst fein, bevor ich ihn dem Vater präsentierte, diesen 5 Monate alten Sohn, den ich dann voll Glück und Stolz herantrug und ihn dem Vater in den Arm legte, der ihn ja zum ersten Mal sah.--

Hernach sagten dann die Kinder ihre Gedichtchen auf, die wir in Erwartung des Urlaubers gerade vorher eingeübt hatten.

Bernd, strahlend u. lachend:

> *'Papa, Papa, Du bist widder da, wie feut (freut) sich Deine (g)lückliche*
>
> *Kinderschar.'*

Dörti: *'Ich breite meine Ärmchen aus, will Papa Dich liebend empfangen.*

> *Mein Herz ist voll Freude, es jubelt u. lacht, am Himmel die Geigen*
>
> *hangen.'*

Am nächsten Tage dann Mechthild:

> *'Ich geh nun in die Schule, kann schreiben i und u,*
>
> *Doch das ist nun das Neuste, –Klein Ulrich kam dazu.*
>
> *Wir sind nun nicht mehr Viere, ein Fünftes kam in's Nest.*
>
> *Dem Vater wir es schenken, das ist das Allerbest.'*

und noch eines, dessen erste Strophe etwas hinckt:

> *'Papa, Du bist heimgekommen, endlich bist Du wieder da.*
>
> *Wie sind wir doch so glücklich–heiter, daß uns diese Freud geschah.*
>
> *Mama dachte oft voll Sorgen, wie's Dir wohl in Rußland geh'?*
>
> *In dem öden, schlimmen Lande, an dem bösen Ilmensee?*
>
> *Doch wir Kinder mußten's sicher. Papa kehret wieder heim.*
>
> *O, wie wollen wir nun kosen, o, wir werden glücklich sein.'*

Dann haben wir 3 strahlende, glückliche Wochen mit den Kindern in unserem schönen Heim verlebt. Ein paar Tage waren wir auch in Balve mit allen Lieben zusammen, mit der Oma Felker, die dort in meinem Elternhause lebt, mit Addi u. Bernd, die vom Oberhofe kamen, mit Vater u. meinen Geschwistern. An einem dieser Abende lebte der alte Frohsinn wieder auf wie in alten Zeiten, da haben wir gelacht und aus Herzenslust gesungen, begeistert u. mit jugendlichem Schwung, all´ die lieben, alten Lieder, und Vater u. Oma Felker sangen begeistert mit.

"Weißt Du, wieviel Sternlein stehen...", das sangen wir zweimal, und nach der Strophe:

"Weißt Du, wieviel Mücklein spielen, in der hellen Sonnenflut,

wieviel Fischlein sich auch kühlen in der klaren Wasserflut?

Gott der Herr rief sie mit Namen, daß sie all´ ins Leben kamen,

daß sie nun so fröhlich sind",

da standen Vater die Tränen in d. Augen, und ich rief aus: " Gott der Herr rief sie mit Namen, daß sie all´ ins Leben kamen. Ja, wenn Gott die Mücklein u. die Fische mit Namen ruft, sie kennt u. liebt, dann ist er doch ein guter Vater, der auch uns kennt, - dann können wir uns doch ihm ganz anvertrauen, er wird alles gut machen."

Und dann kam die letzte schöne Strophe, da nickten wir uns zu, Bernhard u. ich, u. dachten an unsere Kleinen.

" Weißt Du, wieviel Kindlein frühe steh´n aus ihren Bettchen auf,

daß sie ohne Sorg´ u. Mühe, fröhlich sind im Tageslauf?

Gott im Himmel hat an allen, seine Lust, sein Wohlgefallen.

Kennt auch Dich, und hat Dich lieb."

Mein Bruder Heini sagte, bei dieser Strophe müsse er immer an unsere kleine Karin denken.

Wie schön waren dann all´ die Tage hier in Lippstadt, das frohe Beisammensein mit unseren Kindern und die langen Abende, wenn wir Beide hier plaudernd u. trinkend in unserem Eckchen saßen. Und dann auch hier so ein sangesfroher Abend mit Bruder Heini, da sangen wir "Freude schöner Götterfunken" und lasen aus dem Faust das Vorspiel im Himmel:

"Die Sonne tönt nach alter Weise"... und waren begeistert und berauscht von allem Hohen und Schönen.

Am 1. November kam dann der Abschied. Mechthild, Gertrud, Bernd und ich brachten den Vater zur Bahn. Berndchen weinte laut, als der Zug abfuhr, er wollte doch mit nach Rußland und die Russen totschießen. Er gab sich erst zufrieden, als ich im sagte, wir müßten erst sein Schießgewehr aus Balve holen, dann könne er zum Papa fahren.

Nun sind schon wieder 4 Monate dahingegangen seit jenen glücklichen Tagen, Monate des Alleinseins, des Sorgens, Tage der tiefsten Trauer um unseren lb. Vater, Tage des Hoffens und der Zuversicht auf bessere Zeiten.

Und heute bin ich 38 Jahre alt geworden. Noch ist Sommer, Sonne des Lebens. Werden wir wieder vereint sein, ehe der Herbst beginnt? Gott gebe es, und er schütze und behüte uns alle in dieser gefahrvollen Zeit!

Lippstadt, d. 15. März 44.

Mittwoch Abend, 11 Uhr ist´s gleich und eigentlich Schlafenszeit. Da wir aber wieder Alarm haben, kann ich doch nicht zu Bett gehen und will mich noch ein Weilchen der Chronik widmen. Der Feldpostbrief an meinen Bernhard liegt fertig da. Am Tage nach meinem Geburtstag kam mit dem Geburtstagsbrief auch noch ein kurzer Luftfeldpostbrief mit der beruhigenden Nachricht, daß die Einheit endlich aus dem gefährdeten Pleskau nach Riga zurückverlegt ist. Wie glücklich bin ich darüber.

Nun muß ich aber doch sehen, daß ich so von Zeit zu Zeit kleine Dinge aus unserem Familienleben nachtrage. Da will ich heute mal die Gedichtchen hineinschreiben, die Mechthild u. Gertrud an meinem Namenstage im Jahre 1941 aufsagten, vom Papa verfaßt. Gertruds Gedicht bezieht sich auf das von Mechthild im Jahre vorher, das ich unter dem Datum v. 18. Mai 41 in die "Chronik" geschrieben habe. Inzwischen war dann Bernd geboren, u. Karins Geburt stand vor der Tür. Also Dorte:

Weißt Du noch, Mama, in voriges Jahr?	´Weißt Du noch, Mama, im vorigen Jahr,
da tonnten wir tut pofizein	da konnten wir gut prophezei´n.
Das dürfen wir aber nimmer widder tun,	Das dürfen wir aber nicht wieder tun,
sons wird unsre Wonung zu klein´	sonst wird unsre Wohnung zu klein.´

und Mechtild:

Wenn Du, liebe Mutter, Namenstag hast,

dann freut sich das ganze Haus.

Wir Kinder zieh'n uns festlich an,

und Papa geht abends nicht aus.

Nun steh'n wir heute wieder da, u. bringen Festgrüße dar.

Wir wünschen Dir Gesundheit u. Glück, und Frieden im nächsten Jahr.

Balve, d. 4.4.44.

Nur, um das Datum festzuhalten, will ich heute ein wenig der Chronik erzählen. Es gibt ja genug zu berichten, Ernstes und Frohes.

Vor 4 Tagen, am 1. April, ist hier im alten Hause nach 30 Jahren wieder ein Kindchen geboren, Margarethe Allhoff, Ernstens und Gretes Töchterlein. Ich habe die Geburt geleitet, es ging alles sehr gut. Bei dichtem Schneegestöber kam das Kindchen zur Welt, ein rechter Aprilgeck. Am Nachmittag aber lachte die Sonne vom blauen Himmel und der Frühling sah zum Fenster herein. So wollen wir es auch dem Allhöffchen wünschen, daß sein Lebensweg, der in ernster und dunkler Zeit beginnt, in helle und frohe Zukunft führen möge.

In meines Vaters Hause sind viele Wohnungen. Davon muß ich nun auch einmal erzählen, wer alles während des Krieges hier Obdach gefunden hat. Zunächst einmal sind wir alle nun schon den dritten Sommer hier, meine Trabanten, mein Mädchen und ich. Die Kinder sind glücklich in Opas Hause, sie genießen das freie Leben in dem großen Hause, im Garten, Feld u. Wald u. verleben hier eine frohe, unbeschwerte Jugendzeit. Dafür kann man nicht dankbar genug sein, daß wir hier dieses gesicherte und schöne Heim haben. Seit Juni 1943 ist auch die Oma Felker hier, Bernis Mutter, und Dorli Seier, da sie wegen des Bombenterrors in Wattenscheid nicht mehr bleiben konnten. Oben im 3. Stock haust Maria, Heinis Frau, mit ihren beiden Töchterlein. Sie haben da eine reizende, kleine Wohnung. Ernstens Frau, Grete, wohnt auch mit dem Kindchen da oben. Aber demnächst ist das "Türmchen" als Wohnung fertig, dahin zieht sie dann mit ihrer Mutter, die auch in Essen ihr Heim verloren hat. So ist der ganze Allhoffsche Stamm mit Kind u. Kegel im lieben, alten Hause untergebracht, und wir wollen hoffen, daß Gott das Haus und alle, die darin wohnen, gnädig beschütze und behüte in dieser gefahrvollen Zeit.

Samstag vor 8 Tagen, am 25.März, erhielten wir eine sehr traurige Nachricht, die auch die "Chronik" mitangeht. Paula Hentschel, meine treue Hilfe, die 4 Jahre lang bei uns war, die liebevolle Betreuerin meiner Kinder, war gerade seit 8 Tagen aus ihrem Heiratsurlaub zurück, den sie mit ihrem Manne, Ritterkreuzträger Hentschel, in St. Anton verlebt hatte. Da brachten die

Zeitungen die Nachricht, daß ihr Mann, Bordfunker des bewährtesten Kampffliegers Major Rudel, mit dem er über 1500 Fronteinsätze geflogen war, auf der Flucht vor den Sowjets im Dnjestr[14] ertrunken war. Meine Paula war im vollen Glück, da geschah dieses Furchtbare. Ich habe es ihr unter Weinen erzählt u. in meinen Armen hat sie sich ausgeweint. Das traurige Geschehen, wie es sich abgespielt hat, hefte ich im Druck der "Chronik" ein[15].

Paula habe ich nun erst in den Urlaub geschickt, sie wird dann noch für kurze Zeit zurückkommen, uns aber bald verlassen, da sie ein Kindchen erwartet. Die arme, junge Frau! Vor 5 Wochen, als ihr Bräutigam sie in Lippstadt zur Hochzeit abholte, haben wir Drei bei festlichem Mittagsmahle uns so nett unterhalten. Als aber Paula dann aus dem Hause ging, mußte ich weinen. Ich wünschte ihr so aus vollem Herzen alles Glück für´s Leben, es war mir aber so eigen zumute. Nun hat der grausige Krieg nach so kurzer Dauer auch dieses Glück zerstört. - 18. Sept. 44 hat Paula eine kleine Tochter, Gudrun, bekommen.

Balve, d. 9. April 1944

Ostersonntag Abend! Wie schön und festlich war dieser Tag, so wie Ostern eben nur hier in Balve sein kann, und wie es hier in alter Tradition Jahr für Jahr begangen wird. Seit langen Jahren ereignete es sich zufällig, daß wir 7 Geschwister heute alle beisammen sind, und Ernstens und Heinis Frauen sind auch da. Da fehlt uns mein lieber Mann, den ich nun besonders vermisse. Mein Gedenken geht in den fernen Osten, aber ich tröste mich in der festen Zuversicht, daß bald auch für unser Volk Auferstehung und Erlösung werde aus Qual und Not, und hoffe, daß Bernhard im nächsten Jahre wieder bei uns sein wird.- Das ist nun auch das erste Osterfest, das wir ohne unseren lieben Vater begehen. Das war uns sehr schmerzlich. Wir waren alle sehr ergriffen, als heute zum ersten Male bei Tisch Franz-Josef, unser ältester Bruder, Vaters Platz einnahm u. das Essen segnete, und dann nachher er beim Pälmen der Prozession durch´s Haus voranschritt und das Haus segnete, wie Vater es immer tat. da muß ich nun mal erzählen, wie wir hier von jeher Ostern feierten, in schönem, alten Brauchtum.

Am 9. November 2003
[Gertrud] Beim Lesen in der Chronik finde ich soeben diese leeren Seiten, die Mutter vorgesehen hatte für ihre Erinnerungen an die Feiern der Osterfesttage in Balve und bes. im Hause Allhoff. Schade, daß sie nicht dazu kam. So will ich erzählen, wie mir die Festtage in Erinnerung geblieben sind. Nach der Mitfeier aller

Gottesdienste der Karwoche, Palmsonntag mit Palmweihe und - Prozession, Gründonnerstag, Karfreitag mit Kreuzweg um den Husenberg nach der ausgedehnten Feier in der Kirche, Karsamstag früh um 6 Uhr Weihen und Messe mit erstem anklingendem Jubel, dann um 12:00 Mittag kamen "die Glocken zurück", die in den Kartagen durch "Rätteln" ersetzt waren, und wir versammelten uns mit unseren in der Fastenzeit gesparten Süßigkeiten, die Onkels mit Zigaretten, vorm Haus auf der Treppe. "Der Faste wurde der Hals abgeläutet", Fastennzeit vorbei, wir durften Süßes essen. - Der Ostermorgen begann wunderbar. Wir wurden in aller Frühe geweckt von Osterliedern, die die Onkels im Treppenhaus sangen, von Geige und Akkordeon begleitet. Ein Jubel erfüllte das Haus und voll Freude, ja wirklich voll großer Freude, gingen wir zur Kirche, wo uns durch Herrn Pröppers Orgelspiel und kräftigen Gesang des Halleluja und der herrlichen Osterlieder die Feier der hl. Messe etwas ahnen ließ von Himmel und Auferstehung. Ja das war so herrlich, daß wir gern, nach einem festlichen Frühstück im geschmückten Haus, wieder ins Hochamt gingen. Nach dem Mittagessen segnete Onkel Franz-Josef (früher der Opa) mit dem frisch geweihten Wasser den Tisch und alle Anwesenden, und dann zogen wir, die große Schar, singend durch das ganze Haus. "Singt dem König Freudenpsalmen, kommet alle Völker her..." Jedes Zimmer wurde gesegnet und mit einem Kreuzchen aus den geweihten Palmzweigen geschmückt. Anschließend ging unsere Prozession durch die Ställe, den Hof hinauf zum Garten und über die Bleiche, großen Saal zurück. Am 2. Ostertag ging O. Franz-Jos. mit Weihwasser und Palmzweigen an allen Wiesen und Feldern vorbei. Dieser sinnvolle, schöne Brauch hat sich uns tief eingeprägt, auch zur Nachahmung. Nach der Ostervesper ging es dann zum Wachlohtor, mit Taschen oder Körbchen, wir warteten auf das Startzeichen zum Eiersuchen. Der ganze Wald lag voll davon, so schien es uns. Das übliche rote Ei hoch in der Astgabel eines nahen Baumes am Weg lockte zu einem Wettlauf der Kleinen, die noch nicht wußten, daß sie an etlichen Eiern vorbeiliefen. Durch den Wald hallte dann von hier und da ein Jubeln, Lachen und Rufen bis sich alle hinterm Wachloh trafen zu herrlichem Fest mit Zählen, Eierkönig, mit Singen, Spielen, Feuerchen u. Waldmeister- Sammeln. Hörten wir dann das "Pfannekuchenläuten", gings heim, wo wir mit Pf-Kuchen + Heidelbeeren empfangen wurden. Dann Osterfeuer u. froher Abend auf dem kleinen Saal mit Singen und frohem Zusammensein.

Balve, d. 3. Sept.1944

5 Jahre Krieg! Ein Sonntag ist´s heute, genau wie vor 5 Jahren, als die erschreckende Nachricht kam, daß England u. Frankreich uns den Krieg erklärt hatten. 5

Jahre..und jedes neue stand härter und unerbittlicher vor uns als das vergangene. Einer Prüfung haben wir standgehalten in diesen Jahren, wie sie wohl selten einem Volke auferlegt worden ist. Unvergleichliches hat der deutsche Soldat kämpfend und stürmend geleistet auf seinem Marsch über alle Weiten des Kontinents und heute steht der Feind an den Grenzen des Reiches, das konnte ihm nur gelingen durch seine erdrückende Übermacht an Menschen u. Material. Aber heldenhaft kämpfen an allen Fronten unsere tapferen Soldaten, und auch die Heimat ist zum letzten Einsatz u. Opfer angetreten. Gott schütze unser liebes, treues, aus allen Wunden blutendes Vaterland, lasse uns nicht untergehen! Einmal muß doch nach diesem furchtbaren Leid die Wendung zum Guten kommen. "Wann wirst Du Dich erbarmen, Gott, und trocknen unsere Tränen, wann hilfst Du uns aus aller Not, wann stillst Du unser Sehnen?" Die Sorge, die Angst, das Leid in dieser Zeit lassen sich nicht in Worten ausdrücken, aber auch nicht die Opferbereitschaft, das Heldentum an der Front u. im Lande, die Zuversicht trotz aller Not.-

Mein Bernhard liegt in Baltischport[16], wohin er vor 3 Wochen von Riga aus verlegt wurde. Bange Wochen liegen hinter mir, seitdem der Russe im Sturm gegen Mitau[17] und dann gegen Tuchum, bis an die Rigaer Bucht vordrang, und dann zunächst jede Nachricht ausblieb. 4 Wochen lang war die Heeresgruppe in Lettland abgeschnitten, seit 8 Tg. ist wieder eine Landverbindung da, die Verkehrswege sind allerdings noch in russ. Hand. Aber die Post kommt per Schiff, man hört wenigstens wieder voneinander. Aber die Sorge bleibt und die bange Frage, wie die Truppen da oben aus d. Abschnitt wieder herauskommen sollen? Doch mein Vertrauen auf Gott ist fest und unerschütterlich, er muß uns helfen und uns alle wieder zusammenführen. Im Juni sollte Bernh. in Urlaub kommen, ich wartete jeden Tag auf seine Ankunft. Da kam, gerade 1 Tag vor seiner Abreise, die Urlaubssperre. Nun wird es bald ein Jahr, seit wir uns zuletzt gesehen haben. Die Trennung ist hart und schwer. Die Kinder wachsen heran, und der Vater sieht und erlebt sie nicht, gerade in ihren schönsten Jahren. Aber wenn uns nur später ein Wiederbeisammensein vergönnt ist, wollen wir dieses Opfer gerne tragen. Heini ist auf dem Balkan seit Mitte Juli, Truppenarzt bei einem Batl. zur Bandenbekämpfung, Ernst in Ostpreußen, Franz-Jos. im Sudetenland. Nun wird Adalbert auch noch fortmüssen. Hugo van Bömmel, unser Vetter, ist in Lublin vermißt. Nach 4 Wochen des Wartens auf Nachricht kam vor 2 Tg. die Vermißtenmeldung. Das ist furchtbar, ein Mann von 53 Jahren, Vater von 4 Kindern, in russische Hände gefallen, ob lebend oder tot, wer weiß es? Es ist erschütternd, Maria v. Bömmels leidgezeichnetes Gesicht zu sehen. Heute Abend kniete sie in der Andacht auf dem Fußboden, kniete da die ganze Zeit. Nach der Andacht nahmen wir Beide uns an d. Arm und gingen weinend, ohne ein Wort zu sprechen,

die Kirchstraße herunter. Leid und Tränen und Not....
und Heldentum, Kampf bis zum letzten Tropfen Blut,
immer noch Zuversicht.... das ist unsere Zeit. Und die
Welt ist so schön! Glutende Herbsttage, Sonne u. Blüten
und zauberhaft Mondnächte. Aber man kann sich nicht
mehr daran erfreuen. Wird uns mal wieder die Sonne
lachen?

Balve, d. 6. Okt.44

Es ist schon spät, gleich 11 Uhr. Soeben kamen wir aus
dem Luftschutzkeller, worin wir nach 1/4 nach 8 saßen.
Jetzt liegen die Kinder alle wieder in ihren warmen
Bettchen. Sie wissen noch nichts von der Schwere der
Zeit, von dem furchtbaren Geschehen, das menschliches
Fassungsvermögen fast übersteigt. Nur Mechthild hatte
etwas Angst, betete aber sehr andächtig zum hl.
Schutzengel. Dörte meinte in ihrem Eifer, sie wolle jetzt
den ganzen Rosenkranz beten, als ich ihr sagte, ein
Vaterunser zum hl. Schutzengel sei jetzt genug, sagt sie:
"Ja, und der hl. Michael, der hilft uns" 10 kleine Kinder
hatten wir unten im Keller, unsere Fünf, Heinis beide
Töchterlein, Ernstens Margaretchen, der kleine Jörg
Buschmann und ein Kind aus der Nachbarschaft. Es war
ein wüstes Gebrumm von Flugzeugen, von weiter her
hörte man auch Bombenabwürfe. Als Gertud einmal
meint: "Gut, daß der Papa wieder in Deutschland ist",

zwitscherte Jörg Buschmanns Stimmchen (der Kleine ist 4 Monate jünger als unser Bernd): "Mein Papa ist tot. Aussem Flugzeug abgestürzt." Das war ergreifend zum Weinen, wie der kleine, herzige Junge diese traurige Wahrheit, die er ja in seiner Schwere noch nicht erfaßt, herausplapperte.

Es ist so eine herrliche Mondnacht. Hell und strahlend steht der Mond über den Bergen, wieviel Leid und Not bescheint er doch. Wo mögen heute wieder die Bomben gehaust haben? Gestern waren sie in Münster, Köln, Rheine, Koblenz, Dortmund, Saarbrücken. So geht das nun Tag für Tag. Münster, die schöne, alte, vertraute Stadt ist fast ganz hin, all die alten Bauten, das ehrwürdige Rathaus, der Dom, der Prinzipalmarkt, alles zerstört. Und so überall das gleiche - die europäische Kultur versinkt unter Trümmern. Was ist denn eigentlich der Sinn dieser Zeit? Auch der Fliegerhorst in Lippstadt hat gestern wieder 200 Bomben bekommen, die Stadt selbst ist bis jetzt verschont geblieben. Was mag alles noch über uns kommen? An allen Fronten steht unsern Soldaten eine riesige Übermacht von Feinden entgegen, und der Bombenterror hat furchtbare Ausmaße angenommen. Und doch, und doch - und doch! Wir müssen und wollen und werden aushalten bis zum Siege! Es geht um Sein oder Nichtsein. Gott hilf uns und rette unser armes, liebes, geprüftes Vaterland!

Mein Bernhard ist wieder im Lande. Nach Tagen schwerer Sorgen und Ängste kam am 26.9. das erlösende Telegramm aus Gotenhafen: "Gut gelandet. Kein Urlaub. Bernhard"[18]

Ich habe vor Freude gelacht und geweint. Seit dem 14 September waren im Baltikum sehr schwere Kämpfe, in 10facher Übermacht rannten die Sowjets gegen unsere Stellungen an. In Sorge und Spannung verfolgten wir jeden Tag die Berichte am Radio. Nach dem Abfall Finnlands, Anf. Sept., hatten ja nun auch die Russen den Westen und Süden Finnlands als Angriffsbasis. Dann erfuhren wir, daß Reval aufgegeben war, am nächsten Tage, daß Pernau besetzt sei. Somit waren die Truppen oben in Estland, bei denen auch Bernh. war, abgeschnitten, nur der Seeweg noch frei. Wie innig habe ich doch gebetet, und ich hatte auch solches Vertrauen und ein so sicheres Gefühl, daß B. doch gut da heraus kommen würde. Aber die Sorgen ließen sich natürlich nicht verdrängen. Russische Gefangenschaft, das ist ja das Furchtbarste, was einen treffen kann, schlimmer als der Tod. Nie wieder bekommt man Nachricht von den in Rußland Gefangenen oder Vermißten, und ihr Los muß furchtbar sein. Und diese ewige Ungewißheit ist ja für die Angehörigen so traurig und bedrückend. Wie glücklich war ich doch, als ich nach langen Tagen dann die befreiende Nachricht erhielt, daß B. glücklich im Lande war. Der liebe Gott hat sichtbarlich geholfen, hat B. aus großen Gefahren errettet. Ich lege den Brief ein, den ich vor 2 Tg. erhielt und der den Abtransport u. die Seefahrt schildert.

Gotenhafen, d. 26.9.44

Meine liebste Karin!
Nun wirst Du lange keine Post bekommen haben, bis auf den kurzen Brief von unserer Ankunft. Den habe ich auf dem Dampfer noch im Anlegen schnell geschrieben und sofort einwerfen lassen. Da wir mit dem Platz sehr beschränkt waren, konnte ich Dir an Bord keinen Brief schreiben. Gestern wollte ich nun telephonieren, aber ich konnte nicht durchkommen. Es hieß, Telegramme dürften nicht geschickt werden. Heute Mittag bin ich aber selber zur Post gegangen, und da ging es doch. Du wirst nach kurzem Angstschock sehr froh gewesen sein, zu hören, daß ich heil rausgekommen bin. Wir haben aber auch viel Glück gehabt. Am 17. bekamen wir die erste Ankündigung unseres Stellungswechsels. Ich schrieb Dir davon schon von Baltisch-Port aus. Aber ich glaube nicht, daß der Brief ankam. Wo nun wohl Deine Post geblieben ist? Du wolltest mir noch ein Bild von Klein-Karin schicken, das ist nun auch wohl fort. Na, nun will ich erstmal weiter erzählen. Wir hatten keine Ahnung von der Lage. Die Befehle zum Abtransport wechselten. Erst dachten wir, wir kämen per Schiff fort.

Dann hieß es, Landmarsch nach Pernau. Einen Teil der Geräte haben wir dann Richtung Pernau geschickt. Am Mittwochmorgen hieß es: Abtransport per Schiff. Ein Schiff für uns lag im Hafen. Wenn die Geräte nicht mehr verladen werden könnten, dann sollten nur die Mannschaften fortgeschafft werden. Den ganzen Mittwoch haben wir verladen. Abends schliefen nur noch einige wenige im Schloß. Donnerstagmorgen zogen wir alle auf's Schiff. Die Verladung ging den ganzen Tag weiter. Es war ein etwa 1600 BT-Dampfer. Da geht ja ungeheuer viel rein. Während der Verladung kamen schon Meldungen, daß estnische SS unsere Leute, wenn sie rankonnten, entwaffneten. Soldaten wurden beschossen. Einen Schwerverwundeten brachte ich noch auf einen Zerstörer, da wir kein Lazarett mehr hatten. Dann gingen die Häuser von Baltisch-Port in Flammen auf. Ein grandioser, furchtbarer Anblick. Nachher stellte sich heraus, daß die Esten selbst Feuer angelegt hatten. plötzlich mußten Soldaten abgestellt werden zum Löschen, denn am Hafen stand ein großer Munitionsschuppen. Dazu lagen am Kai hunderte von Minen. Wenn das Feuer an den Schuppen kam, war alles hin. Dann hätte man von ganz B.P. samt Schiffen nichts mehr gesehen. Bis in die Nacht hinein wurde verladen. Wir brauchten noch etwa 2 Stunden, da kam der Iwan, der mittags schon aufgeklärt hatte. Das war eine sehr ungemütliche Situation. Ein Teil von uns sauste vom Schiff an den Strand. Da das aber doch keinen Sinn hatte, blieb ich mit anderen an Bord. Der Russe hat schlecht geworfen. Da die Stadt, das heißt, die Ansammlung von einigen Holzhäusern und wenigen Steinbauten lichterloh brannte, konnte er gut sehen. Dazu setzte er grelle Leuchtbomben. Aber er hat nichts getroffen. Viel ging ins Wasser, viel in die unbebaute Gegend. Aber schön wars doch nicht, so nahe bei gestapelten Sprengmitteln zu liegen. Als der Iwan fort war, haben wir die Verladung abgebrochen. Unsere Leute waren zu erschöpft. Morgens ging es dann in aller Frühe weiter. Da noch ein Schiff kam, wurde ein Teil dorthin abgeschoben, und wir fuhren gegen 8 Uhr aus. Nun begannen auch schon unsere planmäßigen Sprengungen. Mittags um 15 Uhr ging der ganze Hafen in die Luft. Zwei Stunden später zog Iwan ein. Nach dem Nachtangriff warteten wir mit Spannung auf den ersten Tagesangriff. Bei unserem Auslaufen war wieder ein Aufklärer da. Da wußten wir ja, daß es was geben würde. Es wurden alle Maschinenwaffen aufgestellt, die wir an Bord hatten. 6 2cm-Kanonen und 16 Maschinengewehre. Dazu wurde befohlen, daß bei einem Angriff alle Leute auf Deck sein sollten, mit Karabiner. Sonst ist es üblich gewesen, die Leute unter Deck zu schicken. Aber bei uns hat es sich so bewährt. Wir trafen auf einen Geleitzug von 3 Truppentransportern und 3 Torpedobooten, die aber schneller waren, als wir, dann auf 4 Frachter, die dann mit uns liefen. Um 11 Uhr ging dann der Zauber los. Wir fuhren gestaffelt. Rechts vorn ein kleiner Pott, dicht *daneben wir, dann weiter zurück 2 andere Schiffe. Da gab es Alarm. Tiefflieger. Sie kamen von Osten her, flogen dann in weitem Bogen um uns herum und setzten aus der Sonne heraus zum Angriff an. Unser Kapitän machte geschickte Abwehrbewegungen. Dazu setzte ein ganz irrsinniges Feuer ein. Zwar waren noch nicht alle Maschinengewehre aufgestellt, aber es schossen auch etwa 400 Karabiner, ein ganz toller Feuerzauber. Der Russe hat darum nicht richtig zielen können. Er bog direkt vor uns ab auf den ersten Dampfer und legte ihm 2 Torpedos vor, die aber nicht trafen, da er noch im Schwenken war. 2 Bomben gingen ins Wasser. Mit seinen Bordwaffen schoß er, traf aber nichts, nur ein Seil von unserem Takelwerk war durchgeschossen, ein anderes angekratzt. Sonst ist nichts passiert. Einen kleinen Vorgeschmack von dem, was uns hätte passieren können, sahen wir kurz vorher. Da schwammen einige Rettungsringe und ein paar leere Rettungsboote herum. es hatte also vorher einen erwischt. Der Dampfer, der den Rest unserer Leute mitnahm, war an der gleichen Stelle nachmittags gegen 17 Uhr erwischt worden. Er ist mit Schlagseite kurz nach uns hier eingelaufen. 2 Tage haben die Leute nur Wasser geschöpft. Sie hatten über 40 Verwundete. Wir erlebten den 2. Anflug der Russen auch gegen 17 Uhr. Er ist aber nicht näher herangekommen. Wir haben dann einen großen Bogen gemacht, sind auf Schweden zugefahren und dann nach Süden abgebogen. Damit hatten wir die gefährliche Ecke* von Libau bis Memel umgangen. So kamen wir dann auch hier unbehelligt an. Ich kann nur sagen, daß ich heilfroh war, als wir festen Boden unter den Füßen hatten. Vorläufig fahre ich nicht mehr zur See. So ein Transport ist doch bescheiden. Hier sind viele Schiffe mit Treffern eingelaufen, einige auch gar nicht angekommen. Etwa 20 LKWs haben wir auf dem Landmarsch losgeschickt. Sie sind am Freitagmorgen losgezogen, mußten erst Richtung Reval und bogen dann nach Pernau ab. Um 10 Uhr war der Russe nun schon in Reval. Hoffentlich sind sie da nicht zwischengekommen. Daß der Russe schon so weit war, hörten wir erst auf der Fahrt. Wir hatten uns vorher die meiste Sorge gemacht, wie sie durch Glogau kämen. Dort lag ein estnisches Regiment, das den Rückzug decken sollte. Diese Bande hatte aber schon am Donnerstag gemeutert (?), Wagen und Waffen von Einzelfahrern einkassiert. Den Russen haben sie ohne Widerstand die Waffen übergeben. Aber nun genug von diesem Stoff. Da könnte man noch lange davon erzählen. Was aus uns wird, wissen wir noch nicht. Es heißt vorläufig, daß wir in den mitteldeutschen Raum sollen. Genaues ist noch nicht raus. In den nächsten Tagen geht es los. Waggons sind bestellt. nun setze Du Dich hin und schreibe mir schön weiter. Aber diese Briefe sende ich erst ab, wenn ich Dir unseren festen Standpunkt sagen kann. Vorläufig wird uns keine Feldpost erreichen. Das ist mir sehr bitter, aber es hilft ja alles nichts. Ich bin erstmal froh, da oben heil *rausgekommen zu sein. Wo mag Josef Happe stecken? Er wird wahrscheinlich Richtung Pernau oder Riga abgedreht haben. Von Mitteldeutschland aus werde ich auf jeden Fall versuchen, ein paar Tage zu Euch kommen zu können. Wenn das nicht geht, mußt Du kommen. Hierher zu kommen hat keinen Sinn da wir zwar 8 Tage bleiben können, aber auch plötzlich den Befehl zum Verladen bekommen können. Wir warten täglich darauf. Unterkunft haben wir in einer Marine-Kaserne gefunden. Das ist mal eine gute Schlafstätte für uns. Ich habe soviel Zeug zu schleppen, da müßte ich unbedingt was nach Haus bringen. Ich brauchte 2 Mann zum Tragen. Wenn man doch schicken dürfte. Danach muß ich mich noch erkundigen. Nun ist der Brief aber lang geworden. Wenn ich nochmal in die Lage käme, einen Seetransport durchmachen zu müssen, hätte ich Dir seine Gefahren nicht so einzeln und ausführlich geschildert. Jetzt brauchst Du ja nur noch Gott zu danken, daß es noch so gut ging. Drei von unseren Kameraden, darunter der Kommandeur haben schon ihre Frauen getroffen. Da ist meine Sehnsucht sehr, sehr quälend geworden. Als gestern zum Ausladeplatz die Frau eines Wachtmeisters kam, und die beiden sich einen Begrüßungskuß gaben, kamen in mir doch Gefühle hoch, die fast an Neid grenzten. Da wir wieder im Reich sind, hat man doch so das Gefühl, man müßte sich bald sehen. Wir werden es ja auch, mein Liebstes, nicht wahr? Angeblich soll Wittenberge bei Berlin unser Ziel sein. wenn wir in 8*

Tagen hier fort sind, haben wir uns in 14 Tagen schon gesehen, so oder so. Mein Gott, das kann man kaum fassen. Ich habe oft daran gezweifelt, ob wir herauskämen. Aber nun ist ja alles gut. Grüß mir meine lieben, prächtigen Kleinen. Der Papa ist wieder im Land. Grüße auch alle anderen dort, bes. Mutter. Sei Du, mein geliebtes Herz, ganz innig und voll brennender Sehnsucht geküßt von Deinem Bernhard.

Nun hoffen wir, daß wir uns bald mal für ein paar Tage wiedersehen werden. Am 10. Okt. wird es ein Jahr, seit B. zuletzt in Urlaub kam. Wie hart und schwer ist doch solch lange Trennung, doppelt schwer, wenn man sich so umeinander sorgen muß. Und was hat sich alles ereignet, was hat ein Jeder an Schwerem getragen, ohne es dem Anderen mitteilen zu können. Hätte der Krieg doch einmal ein Ende, und käme wieder Ruhe und Glück und Ordnung in diese mordende und zerstörende Welt. Es ist mir auch so bitter, daß B. die Kinder gar nicht sieht. Der Ulrich läuft nun schon seit einiger Zeit, noch recht tapsig und ungeschickt, aber das ist ja gerade so drollig. Wie könnten wir uns doch gemeinsam daran erfreuen! Und Karin ist so ein drolliges, kleines Mädchen. Es fängt jetzt mit Macht an zu reden, nachdem es sich über Gebühr lange in Schweigen gehüllt oder nur ganz wenig gesprochen hat. Aber nun legt es los, redet sehr ulkig und reizend. Sobald die Sirene ertönt, ruft es:"Puffkehr", d.h. Luftschutzkeller, und dann will es gleich die Treppe herunter. Es war heute 3 mal im Keller, 2 mal saß Karin alleine mit Tante Elisabeth drin. Die Beiden sind ein ganz besonderes Gespann, sie lieben sich sehr, und es ist ein köstliches Bildchen, wie sie tägl. Hand in Hand spazieren gehen.- Bernd ist ein fröhlicher, stets lachender Junge. Er treibt sich den ganzen Tag auf dem Hof und bei den Pferden herum, sitzt auch schon ganz allein und stolz hoch zu Roß. Er will natürlich Bauer werden. Sitzt er auf einem Pferde oder einem Wagen, dann ist sein Gesicht wie verklärt.- Dörteken ist unsere feine Dame, unser Fräulein "Print". Wie sie sich dreht und wendet, das ist zum Lachen, und wie gerne sie fein ist! Aber auch unser Spaßmacher mit ihren drolligen Aussprüchen, und sehr bemüht, recht lieb und brav zu sein, und das ist sie wirklich. Mechthild, die große Tochter, ist rührend lieb zu den kleinen Geschwistern und betreut sie schon ganz fürsorglich. Sie ist schon so verständig und hilft so fleißig in Feld und Garten. Heute war sie mit auf dem Kartoffelfeld und hat tüchtig Kart. gelesen. Die Schule macht ihr keine Mühe. Im Sept. bekam sie ihr erstes Zeugnis, alle Fächer gut, Führung und Haltung, Lesen, Rechnen, Deutsch und Schreiben. Sie liest wirklich sehr gut und singt schon seit langem in der Kirche jedes Lied mit. Und von dieser Entwicklung der Kinder, von all der Freude an ihnen bekommt der Vater nichts mit. Unsere schönsten Jahre! Aber ich erzähle alles brieflich von den Kindern im täglichen Feldpostbrief und will daraus später mal einige Stellen über das Erleben mit den Kindern herausziehen und aufschreiben.

Adalbert ist heute Abend in schwarzem Anzug und Zylinder bei Cramers, um dort die Angehörigen von seiner Verlobung mit Agatha in Kenntnis zu setzen.

Ernst war 14 Tage in Urlaub, er ist vor 10 Tagen nach Italien abgereist. Wir hatten schöne Stunden miteinander, und Ernst hat auch zum ersten Mal in seiner Ehe mal recht sein eigenes kleines u. sehr behagliches Heim auf dem "Türmchen" genossen. Da vor 4 Wochen die Lage im Westen so besonders kritisch war, trafen wir Vorkehrungen, einige Sachen in Sicherheit zu bringen. Ernst und Adalbert haben heimlich 2 feste Eichentruhen mit wertvollen Sachen im Wachloh vergraben. Hoffentlich können wir sie bald in friedlicher Zeit wieder aus ihrem Grab herausholen.

Franz-Josef ist bei der Eisenbahnflak, er begleitet von Freiburg aus Transportzüge in´s Elsaß. Sie haben fast dauernd Angriffe durch Tiefflieger, die ja jetzt sehr Bahnen und Nachschubwege bombardieren. Ein sehr gefährlicher Einsatz. Hoffentlich übersteht er alle Gefahren gut.

Von Heini kam endlich auch wieder Post, durch Sprengungen von Banden waren die Bahnen zerstört auf dem Balkan. Heini schreibt immer so besonders zuversichtlich und vertrauend und ergeht sich in langen Betrachtungen, daß u. warum Deutschland nicht unterliegen dürfe und werde.- Sein altes Regiment, mit dem er so lange in Rußland war, ist jetzt in russ. Gefangenschaft geraten.

Balve, d. 8. Okt. 44.

Sonntagabend! Heute vor 1 Jahr kamst Du, mein Bernhard, in Urlaub. Dem Datum nach war es der 10. Okt., aber der heutige Sonntag. So ganz im Stillen hatte ich gehofft, Du kämest auch heute plötzlich herein. Man hofft ja so gerne auf das, was man so sehnlichst wünscht. Wer hätte das gedacht, daß wir uns ein ganzes Jahr und länger nicht wiedersehen würden? Das ist der bittere, schwere Krieg. Und doch muß ich froh und dankbar sein, daß Du so glücklich den furchtbaren Gefahren, der russischen Gefangenschaft, entronnen bist. Wenn Du nur wiederkommst, will ich ja gerne das Opfer der Trennung mit allen Sorgen und Ängsten ertragen. Möge Gott Dich weiterhin schützen und behüten,- ihm vertraue ich, dem starken Helfer in der Not.

Balve, den 10. Oktober 1944.

Heut weiß ich frohe Kunde: Hathumar-Josef, Heinis u. Marias kleiner Sohn, der erste Allhoff, kam gestern Abend 1/2 11 im alten, lieben Hause glücklich zur Welt. Wir sind froh und dankbar, daß alles so leicht und gut vonstatten ging. Leider ist der Vater so fern, als Truppenarzt in Kroatien. Wann mag ihn die freudige Nachricht erreichen? Wir hüten und betreuen hier all die jungen Leben, unsere Männer und Brüder schützen draußen die Heimat. Gebe Gott, daß wir in nicht zu ferner Zeit alle wieder hier glücklich beisammen sind, in einem freien und umfriedeten Vaterland.

Dann wird das Leben auch wieder schön.

Es war ein reizendes Bild, als heute Morgen unsere Trabanten und Heinis Töchterlein das Bettchen des kleinen Hathumar umstanden. Als ich Unseren erzählte: "Roswitha hat ein kleines Brüderchen", sagte Karin: "Katin E hat auch ein leinen Üwi" (Ulrich)

Heute vor 10 Jahren war festlicher Trubel hier im Hause, da feierten wir, Bernhard und ich, unsere Verlobung. Wie froh und unbeschwert sahen wir unserem gemeinsamen Leben entgegen. Und wieviel glückliche Pläne schmiedeten wir für die Zukunft. Und nun haben wir schon 6 Jahre Krieg - den furchtbarsten Krieg der Weltgeschichte. Aber wenn wir nur alle am Leben bleiben, wollen wir dankbar sein und nach dem Krieg mit frischem Mut wieder anfangen.

Balve, d. 20. 12. 44.

Mein liebster Bernhard.

Nun weiß ich nicht, welche Nr. dieser Brief haben muß, es wird 26 od. 27 sein, 25 war bestimmt weg. Ich habe zwar 3 Tage lang nicht geschrieben, will mi aber bätern. Man hat allerdings fast gar keine Lust mehr zum

Schreiben, es ist ja überhaupt keine Verständigung möglich. Auf keinen meiner Briefe habe ich bisher Antwort bekommen, habe überhaupt seit Deinem Fortsein erst 2 Briefe erhalten, den vom 25. Nov. und den vom 11. Dez., den Du nach Ddf. mitgegeben hattest. Letzterer war recht schnell hier, ich erhielt ihn Sonntag, am 17. Dez. Gleichzeitig kam auch d. Weihnachtsbrief an "Familie Allhoff" adressiert, u. gestern hat Addi Deinen Brief erhalten. Ich bin ja nun sehr, sehr traurig, weil Du Dein Kommen zu Weihn. für aussichtslos erklärst. Erst konnte ich gar nicht darüber kommen, allmählich muß ich mich in den Gedanken finden. Gut, daß die Nachricht so früh da war, daß ich 8 Tg. Zeit habe, mich daran zu gewöhnen, sonst wäre es Weihnachten noch schlimmer gewesen. Mir blutet das Herz um Dich. Nun hast Du auch kein Päckchen. Ich könnte mir den Kopf einschlagen, daß ich so borniert war, u. Dir nichts mitgab. Ernst hatten wir schöne Päckchen mitgegeben, Gebäck und Rauchwaren, fein verpackt. Hättest Du die nun Weihn. öffnen können, hättest Du doch etwas gehabt. Aber Du glaubtest ja auch so fest, daß Du vorher noch kämest, u. ich habe es dann auch geglaubt. Nun hast Du nichts als unser Gedenken u. hoffentlich doch wenigstens die Briefe von mir u. den Kindern. Wir haben hier alles so schön vorbereitet, Wacholder, Kiefer und Hülsebusch geholt, es wird so gemütlich sein. Und abends haben wir bis 1 Uhr gesessen, gestrickt, genäht u. gepuppt. Die Puppen sind reizend geworden, Bernd bekommt einen Pferdestall -

wie groß wird die Freude sein. Und Du fehlst dabei. Gerade weil wir es so nett haben, ist es mir dann doppelt bitter, daß Du gar nichts hast. Ich muß mich Weihnachten gegen alles kalt und gefühllos halten, sonst ist das nicht zu ertragen. Der einzige Trost ist die Hoffnung auf nächstes Jahr, u. viele folgende in friedlicher Zeit. Aber nun kommt die Sorge um Dich dazu. So sehr ich über die Offensive beglückt bin, denke ich auch mit Sorge an Dich, weil Ihr ja nun dabei seid. O Gott, o Gott, beschütze mir meinen Mann, mein Liebstes auf der Welt. Ich habe Angst - aber ich bin auch wieder voll Zuversicht, daß Du doch gesund zurückkommst. Es darf nicht anders sein. Heinz Reploh hat Ida telef. gesagt, es sei eine Urlaubslockerung, die über 1 Jahr nicht weg waren, sollten jetzt fahren. Da wirst Du doch wohl bald kommen. Und Jos. Happe, der noch im April hier war, kommt auch bald. Die bekommen alle Einsatzurlaub (v. Osten her) es fahren immer 10 Mann, er käme bald dran. Da kriegte ich doch einen Stich ins Herz, aber ich will keine Neidgefühle aufkommen lassen sondern nun die Opfer bringen, vielleicht hilft es, daß Du gesund bleibst. - Die Oma bekam eben eine rote Karte von Loos aus Weidenau, sie lebten alle, Haus beschädigt. Es hat wohl mehr die Stadtmitte von Siegen betroffen, wir hörten, Tante Minna u. Berken lebten im Bunker. Ob was dran ist, weiß ich nicht, müssen mal abwarten. Gestern kam ich durch Soest, in dem bombardierten Stadtteil sieht es ja

Balve d. 21. Dez. 44.

Mein liebster Bernhard!

Heute hab ich den ganzen Tag in Vorweihnacht gemacht, dabei mir aber ein ordentliches Stück geheult. Fühlst Du nicht, wie all mein Denken bei Dir ist? Ich empfinde es so furchtbar bitter und schmerzlich, daß DU in ds. Tagen nicht bei uns bist. Dazu kommt noch die Sorge, da Du ja in d. Offensivabschnitt liegst u. gewiß sehr in Gefahr bist. An Post denke ich schon gar nicht mehr, es kommt ja doch nichts. 2 Briefe in 5 Wochen! Ich muß einfach warten, warten, bis Du eines Tages wieder vor mir stehst. Hoffentlich wird es so, dann soll ja alles gut sein. Was zählt heute schon Angst und Sorge einer Frau? Danach fragt kein Mensch mehr, und doch ist es so schwer zu ertragen. Heute Morgen nach der Messe hab ich mich erst mal verkrochen u. mich ordentlich ausgeweint, aber das bot d. Tränen, die heute so locker sitzen, keinen Einhalt. Man hat ja solche Tage mit besonders großem Jammer u. besonders wilder Sehnsucht. Aber ich will mich zusammennehmen u. tapfer u. froh sein in den Weihnachtstagen. Am Morgen habe ich Christbäume verkauft, Ad. und die Männer waren im Walde, auf dem Hof lagen 400 Stck. Bäume. Du hättest die "Händlerin" sehen sollen, in dicken, alten Handschuhen und Strickjacke u. wie hübsch sie die Bäumchen vorführen u. ihre Schönheit preisen konnte, u.

wie sorglich sie dann d. Geld in d. Kasten tat, stolz auf jeden Verkauf. Nach Tisch habe ich dann d. Leuchter fertiggemacht, einen 4 armigen, 5 armigen u. 2 einkerzige, alle schön mit Grün umwickelt u. dann d. Vasen fertiggemacht. Wir sind nun fast fertig mit d. Vorbereitungen, es wird so behaglich. Wieviel Freude würde mir all das machen, wenn ich Dich nun erwarten könnte! Aber ich bin hier, was d. Krieg angeht, sehr zuversichtlich u. hoffe nun auch daß nächstes Jahr Friede wird. Daß Du mir nur die letzte Phase lebend überstehst, Du Liebster! Sonst könnte ich mich des Sieges nicht freuen. Aber es wird wohl gut gehen, ich habe das Gefühl trotz Angst u. Sorge. Die lassen sich eben nie ganz ausschalten. - Am Nachmittag mußte ich mit unseren Ströppen zum Kindergarten. Da war eine ganz nette Weihnachtsfeier, jedes Kind bekam ein kl. Geschenk - Sie waren selig mit ihren Schätzen. Auf d. Heimweg haben sie Mond u. Sterne bewundert, u. Bernd war ganz davon erfüllt, daß d. Mond immer mitwanderte. Titti sang spontan: "Wer hat die schönsten Schäfchen, die hat der goldne Mond". Es mußte auch in d. Spielschule vorsingen, unser Püppchen. "Der Mond ist aufgegangen". Das machte es so reizend. Titti war das süßeste Kind da oben.- Also heute ist die Tante nun doch gekommen, mit 4 Tg. Verspätung. Die macht Zicken in letzter Zeit. Ich hätte Dir über ihr Ausbleiben erst gar nicht berichten sollen, aber stell Dir vor, ich dachte so, Du könntest mal denken, das sei nicht von Dir. Ist ja Quatsch *u. Blödsinn, nicht wahr? Oheim ist heute Mittag gekommen, bleibt über Weihnachten. Ich habe wieder Halsschmerzen u. Schnupfen, d. obstinate Feiertagsgrippe, wie sie sich bei mir sonst nie, aber stets zu Weihn. od. Ostern einfindet. Leb wohl, mein Liebster. Mein ganzes Gefühl, mein ganzes Denken sind stets bei Dir.*

Sei zärtlich und innig umarmt u. geküßt

   von Deiner Karin.

Sylvester 1944

Das Jahr 1944 neigt sich nun dem Ende zu. Es ist ein Sonntag heute- ein herrlicher Wintertag. Die ganze Welt in Reif und Schnee, in wunderbarer, leuchtender Pracht. Die anderen sind alle in der Kirche im Orgelkonzert, ich wollte eine Stunde der Ruhe und des Gedenkens für mich allein haben und sitze nun hier im weihnachtlich geschmückten Raum. Die Kinder spielen oben auf dem kl. Saal, wo der große Christbaum steht. Gleich wollen wir alle mit ihnen ein paar Weihnachtslieder singen.

Das Jahr war hart und schwer. Durch den Verrat des 20. Juli kamen unsere Fronten ins Wanken, und Ende Sept. sah es so aus, als ob der Feind uns überrennen wolle. Dann geschah das Wunder. Bei Aachen kam die westliche Front, in Ostpreußen und bei Warschau die Ostfront zu Stehen und wurden gehalten gegen ungeheure Menschen- und Materialüberlegenheit. Was unsere Truppen in den letzten Monaten, nach solchen Rückschlägen geleistet haben und leisten, ist unvergleichlich heldenhaft. Der Bombenterror hat furchtbarste Ausmaße angenommen, all unsere blühenden Städte sind ein Trümmerhaufen geworden. Ganze Familien liegen tot unter den Trümmern, Millionen sind obdachlos geworden und all ihres Hab und Gutes beraubt. Soviel Elend und Not hat gewiß die Welt noch nicht gesehen. Oft liest man Anzeigen in der Zeitung, wo ein Soldat, der im Felde steht, den Tod seiner ganzen Familie anzeigt, Frau, Kinder und Eltern, die alle durch Terror umkamen. Erschütternd sind auch die vielen Suchanzeigen: Frau A. T. und Tochter, wo befindet ihr Euch? Ich bin Meschede, bei Familie B. So steht eine Spalte unter der anderen, viele, viele. Die Familien sind auseinandergerissen und wissen nicht, wo ihre Angehörigen sich befinden. Und doch hat das ganze Volk nur den einen, heldischen Willen: Durchhalten um jeden Preis bis zum Siege. Es geht ja um die Zukunft, um Sein oder Nichtsein.

Trotz aller Schwere der Zeit, die drückend auf uns lastet, muß ich doch heute dankbaren Herzens auf das alte Jahr zurückblicken. Zwar wurde ja in den ersten Tagen des Jahres unser lieber, guter Vater von uns genommen, den wir noch an jedem Tag schmerzlich vermissen. Aber sein Leben war erfüllt, ein reiches und glückliches und erfolgreiches Leben. Und wir können an seinem Grabe weilen - wie Vielen ist das nicht vergönnt. Letzte Nacht, als wir einen Abend mit lieben Bekannten verbracht hatten, gingen wir Geschwister noch zum Grabe der Eltern. Es war eine zauberhafte Nacht, Hell und weiß, am Himmel der leuchtende Vollmond, ab und zu verdeckt von jagenden Wolken. So friedlich und still war es an der Gruft unserer lieben Eltern, die nun nach schönem, glücklichen Leben vereint dort schlafen. Viel Trost und Ruhe geht von diesen lieben Gräbern aus. Aber sonst hat Gott auch in diesem Jahre, das so viel Leid und Not über Unzählige brachte, unsere engere Familie sichtbarlich beschützt. Franz- Josef, der lange in Cherbourg lag, wurde Anfang April als einziger seiner Truppe ins Land zu einem Lehrgang abkommandiert, dadurch ist er dem Tode oder der Gefangenschaft entronnen, da nach der Invasion Cherbourg abgeschnitten war uns bis zum Letzten verteidigt wurde. Mein lieber Bernhard ist aus Rußland noch in letzter Stunde glücklich herausgekommen, entronnen der russ. Gefangenschaft. Heinrich und Ernst geht es noch gut, und wir alle hier leben und sind beisammen im alten, lieben Hause. Gott gebe uns auch im nächsten Jahre seinen Schutz und Segen.

Im Oktober lag Bernhards Einheit 3 Wochen lang in Thorn in Ruhe. Da bin ich hingefahren, kam nach 36stündiger, sehr anstrengender Fahrt an einem Sonntagmorgen in Thorn an. Zwei Nächte hindurch hatte ich im Zug gestanden, eingekeilt zwischen Koffern und

Menschen, meist Flüchtlingen, die sich und ihre letzte Habe in Sicherheit bringen wollten. In Thorn haben wir dann nach einem Jahr der Trennung 10 herrliche, glückliche Tage verlebt, die mir leuchtend in der Erinnerung bleiben. Wie ist man doch dankbar für solch ein Geschenk. - Dann mußte plötzlich die Einheit abrücken, binnen weniger Stunden. Ich fuhr auch abends von Thorn ab, kam am nächsten Morgen in Berlin an, und erwischte dort einen Zug, der nachmittags 2 Uhr in Hamm sein sollte. Wieder mußte ich stehen, ganz eng waren wir aneinandergedrückt. Vor Hannover gab es Alarm, 2 Stunden lang lagen wir auf der Strecke, bereit, sofort den Zug zu verlassen, wenn er angegriffen würde. Das ging aber gut, doch war Bielefeld bombardiert worden, da mußte der Zug umgeleitet werden, und endlich landeten wir abends um 10Uhr in Lippstadt, wo ich ausstieg und in meine Wohnung ging. Am nächsten Morgen fuhr ich weiter, kam in 2 Züge wegen Überfüllung nicht herein, und landete um 1/2 12 in Soest. Da stehe ich auf dem Bahnsteig. Auf einmal fährt auf dem Nachbargleis ein Militärtransport ein, und als Ersten erblicke ich meinen lieben Bernhard. Ich rufe, rufe - und winke - der Zug hält, B. kommt gelaufen, und wir konnten eine 1/4 Std. miteinander sprechen. Dann kommt mein Zug, ich steige ein - ein Winken noch, und beide Züge fahren ab. Ich kam dann abends 7 Uhr in Balve an, aber alle Strapazen der Reise, alles Gedränge und Warten konnten mir nach diesem glücklichen

Treffen nichts mehr anhaben, ich war froh und selig noch tagelang. Am 14. Nov. nachmittags, als ich gerade recht in sorgenden Gedanken über meinem Brief an B. saß, geht die Tür auf. Gertrud ruft: "Wen hab ich hier", und da kommt B. herein. 2 Tage Urlaub, Dienstreise. Mechthild sprang dem Vater laut jubelnd in die Arme. Bernd und Gertrud hatte der Vater auf der Straße getroffen, die Beiden hatten Brot geholt, und hätten sich da herumgetrieben, eins auch mal ein Brot fallen lassen. Dann hat B. sich vor sie hingestellt, auf einmal hat Gertrud gerufen:"Papa". Sie sagte nachher:"Ich meinte erst, es wäre die Polizei". Karin kannte den Vater nicht, aber dann war es sehr lieb und zärtlich und hat ihn die beiden Tage nicht losgelassen. Ulrich wußte von nichts, ließ sich wohl auf Papas Arm nehmen, aber weiter hat das Ereignis ihn nicht berührt - er ist ja noch so klein. Wir haben 2 glückliche Tage mit den Kindern verlebt, waren viel mit ihnen spazieren und haben hier mit ihnen gespielt und gesungen. Einen Abend durften Gertrud und Mechthild aufbleiben, Likör mittrinken und mit uns singen, das hat ihnen so viel Freude gemacht. "So einen schönen Abend habe ich noch nie gehabt, es war so wunderwunderschön" sagte Mechthild immer wieder. Am 17. Nov. morgens brachten wir dann den Vater zur Bahn, er mußte wieder zum Westen. Dann habe ich 4 Wochen lang auf Post warten müssen, daß mir schon angst und bange wurde. Gewiß, es liegt an den Verkehrsschwierigkeiten, an der dauernden

Bombardierung der Züge und Bahnstrecken, daß die Post so lange unterwegs ist u. oft ganz ausbleibt. Aber Sorgen und Ängste wollen doch bei aller Zuversicht nicht schwinden. Zu Weihnachten erhielt ich den Weihnachtsbrief, der am 3. Dez. geschrieben war, der hatte sich mal beeilt, rechtzeitig einzutreffen. Aber der Brief vom Vater an die Kinder, zu gleicher Zeit geschrieben, ist noch nicht hier. B. lag in der Schneeifel, in der Gegend von Prüm, ich erhielt gestern einen Brief vom 5. Dez. Die letzte Nachricht. In dieser Gegend ist nun am 17. Dez. unsere Westoffensive erfolgt, wohl 100 km sind unsere Truppen da vorgestoßen - eine gigantische Leistung. Bernhards Einheit ist gwiß dabei, sie war für einen neuartigen Einsatz vorgesehen. Der Wehrmachtsbericht erzählt täglich von sehr schweren Kämpfen, heute heißt es, die Hälfte aller feindl. Divisionen im Westen sei an dieser Stelle eingesetzt. Da bin ich sehr in Sorge, aber ich will auf Gott vertrauen und bitte ihn innig, daß er unseren lieben "Vater" schütze und segne.

Die Weihnachtstage haben wir schön verlebt. Die Kinder bringen ja Freude und Leben ins Haus und so bitterschwer die Trennung von unseren Lieben ist - es hilft ja nichts. Wir müssen durch! Keiner unserer Soldaten war in Urlaub, von Bernhard und Heinrich waren aber Briefe da, die wir beim Morgenkaffee vorgelesen haben. Die Photos unserer lieben Soldaten, Bernis, Franz-Josefs, Ernstens und Heinrichs und das Bild der Eltern haben wir alle nebeneinander aufgestellt. So sind sie auch in unserem Kreise, und unsere Gedanken sind bei ihnen in jeder Stunde.

Es ist Abend geworden. Gleich finden sich alle hier auf dem kl Saale ein, die letzten Stunden des alten Jahres, des harten, schicksalsschweren Jahres 1944 wollen wir gemeinsam begehen, Maria, Lisel, Grete, Adalbert und seine Braut, Oheim, Tante Marjo, Tante Elisabeth und ich. Oheim hat in Essen durch Bomben auch seine beiden Häuser und seine Wohnung verloren, auch d. Krankenhaus ist zerstört. In Gedanken bin ich an der Westfront, bei meinem lieben Manne. Wolle uns doch das neue Jahr ein gesunde Wiedersehen bescheeren. Schweres wird noch zu Bestehen sein, aber wir sind voll Mut und Zuversicht. Der alte Gott lebt noch. Er wird uns helfen durch alle Not und alles Leid, durch Nacht zum Licht uns führen. Gelobt sei Gott in aller Not, er macht uns frei, der treue Gott, lobpreiset seinen Namen.

33)   *Balve, Sylvesterabend 1944.*

Mein liebster Bernhard!

 Das alte Jahr neigt sich dem Ende zu, da muß ich noch eine Weile bei Dir sein, mein liebster, liebster Mann. Ich sitze hier auf d. kl. Saal, gleich werden alle da sein, Ad. u. Braut, Maria, Lisel, Grete,- Oheim u. Tante Marjo sind schon da, aber ich lasse mich nicht stören. Die

Oma ist erkältet und wollte lieber zu Bett gehen, Tante El. kommt auch noch. Mir ist es sehr störend, daß die anderen schon hier sitzen, ich wollte doch ruhig und ungestört mit Dir plaudern, aber es findet sich fast d. ganzen Tag keine Stunde. Immer ist wieder jemand da, das ist lästig, aber nicht zu ändern. Wie würde ich in Lp. heute mich so ganz in Dich vertiefen, aber das Alleinesein würde auch hart sein. So ist´s schon so am besten. In Gedanken bin ich ja ganz bei Dir, mein Liebster, in jeder Stunde. Heute drücken mich rechte Sorgen, da der Wehrmachtsber. von den furchtbaren Kämpfen in Eurem Abschnitt berichtet. Es kommt ja auch keine Nachricht, das ist sehr bitter. Immer die Angst, in welchen Gefahren Du bist, unter dem Hagel der feindl. Bomben. Aber doch habe ich Zuversicht, es <u>darf</u> Dir nichts passieren, Du mußt mir wiederkommen, Du bist doch mein Liebstes, mein ganzes Glück, meine Hoffnung für die Zukunft, Du mein lieber, lieber, guter, froher, sonniger Mann. Könntest Du doch bei uns sein! Wie sehnsüchtig habe ich Dich hergewünscht in ds. Tagen. Immer, wenn ein Zug in Balve einlief, hegte ich die stille Hoffnung, er brächte Dich mir, u. voll Sehnsucht sah ich d. Leuten entgegen. Aber nein - Du kamst ja nicht. Wüßte ich nun doch, wo Du bist u. wie es Dir geht. Wann kommt wohl endlich der Tag, der Dich uns bringt? 15 Monate der Trennung, das ist eine zu lange Zeit für Menschen, die so innig zusammengehören u. sich so lieb haben, wie wir Beide.- Nun sind schon alle da - ich will morgen früh noch mit Dir

Rückschau auf das alte Jahr halten. Trotz aller Schwere müssen wir dankbar darauf zurückblicken. Möge Gott uns doch auch im neuen Jahre gnädig sein, Dich, mich und uns alle erhalten u. wieder zusammenführen. Gute Nacht, mein Liebster. Ich bin bei Dir an diesem Abend, in dieser Nacht, innig und lieb, mit viel heißen Wünschen, mit meiner ganzen Liebe. Um 12 trinke ich Dir zu, sehe Dich an u. küsse Dich zärtlich. Über Raum u. Zeit hinweg werden unsere Gedanken sich begegnen in dieser hellen, klaren, weißen Nacht. Gott schütze Dich:

In Liebe u. Sehnsucht - Deine eigene Karin.

Neujahr 1945
Mein Liebster! Der erste Federstrich im neuen Jahre soll für Dich sein. Ich sende Dir viel innige, gute Wünsche und liebe Grüße. Heute Nachmittag mehr, jetzt soll d. Brief fort. Möge uns das neue Jahr bald ein frohes Wiedersehen bringen. Ich habe Dich ganz maßlos lieb, bin aber sehr in Sorge um Dich. Bleib mir gesund. Ich bin immer bei Dir. Ganz Deine Karin.

Balve, den 5. Januar 1945

Abend vor dem Dreikönigstage. Wir sitzen wieder, wie im vorigen Jahre, auf dem Kl. Saal beim Weihnachtsbaum zusammen und gedenken unseres lieben Vaters, der heute vor einem Jahr von uns ging. Wie schnell ist dieses Jahr verrauscht, wie im Traum. Aber an jedem einzigen Tage haben wir Vater schmerzlich vermißt, er war doch der Mittelpunkt der Familie, unser starker Halt in dieser schweren Zeit. Vater wußte Rat und Trost in jedem Kummer und immer umgab uns seine nimmermüde, so große und tiefe Liebe. Sein sonniges und fröhliches Gemüt macht auch uns alle so froh. Wie großzügig war er doch immer uns Kindern gegenüber, wie verständnisvoll, wie vertrauend auch . "Ich habe Euch erzogen, nun erwarte ich auch, daß ihr Euch im Leben bewährt." Und gerade dieses starke Vertrauen ist wohl neben der religiösen und moralischen Grundlage, die unsere lb. Eltern uns gaben, der tiefste Halt in allen Situationen des Lebens gewesen. Heilig waren ihm Ehe und Familienleben, und dankbar gedenken wir Kinder der schönen Jahre, die wir so harmonisch im Elternhause verlebt haben. Vater war ein tief innerlicher, religiöser Mensch. Mich hat es immer so ergriffen, wenn ich bei der Fronleichnamsprozession das weiße Haupt so ehrfurchtsvoll geneigt hinter dem Allerheiligsten hergehen sah. Und dann beim Einzug in die Kirche, wenn die Orgel brauste und das Volk sang: "Großer Gott, wir loben Dich" standen Tränen der Rührung in seinen Augen. Nie werde ich diese Bilder vergessen. Die hohen Feste des Kirchenjahres, Weihnachten, Ostern und Pfingsten, sind in unserem Elternhause immer so besonders festlich gestaltet worden. So schrieb noch Bruder Heini in seinem diesjährigen Weihnachtsbrief: "Nun fehlt auch unser l. Vater, der mit seinem ewig jungen Herzen eine wirklich gottbegnadete Weihnacht feiern konnte, die sich uns Kindern so besonders liebevoll einprägte, als wir ihn im äußeren Leben als den energischen, klugen und erfolgreichen, starken Kämpfer kannten." Ja, der energische, starke Kämpfer! Wie viel hat doch Vater geschaffen in einem langen, arbeitsreichen Leben. 21 Jahre war er alt, da starb sein Vater, er trat das Werk mit Energie und Tatkraft an, 7 junge Geschwister lebten noch im Hause, der jüngste 8 Jahre alt. Allhoffs Gut war 180 Morgen groß, die Ziegelei und das Kalkwerk damals nur ein Feldbrand, die Zeiten schlecht und kärglich. Die Geschwister mußten heraus, schon während der Schulzeit, da Balve keine höhere Schule und keine Bahn hatte. Erst 1912 wurde d. Eisenbahn gebaut. 2 Brüder, Onkel Ernst und Oheim wurden Ärzte, Tante Elisab. Studienrätin, Tante Anna Lehrerin. Die Ziegelei wurde gebaut, das Gut vergrößert, die Erfolge blieben nicht aus, aber Vater hat auch Tag und Nacht unermüdlich gearbeitet. Aber sowenig er seine eigene Jugend genießen konnte, so besonders verständnisvoll war er uns Kindern gegenüber, so großzügig in den Jahren unserer Ausbildung, man konnte ihm alles, aber auch alles erzählen. Wenn ich in den Semesterferien nach Hause kam, saßen wir oft bis nachts 3 Uhr beisammen und alles packte ich vor Vater aus. Für unsere Freunde und Bekannten stand das Haus immer offen, und wie fröhlich war Vater mit uns Jungen, wie konnte er mitlachen und singen. Vaters Haus, das war immer ein Mal für mich im Leben, da war Hilfe und Trost. Als Bernhard im Juli 1939 die Kniescheibe gebrochen hatte und ins Krankenhaus kam, für lange Zeit, rief ich weinend zuhause an. Am nächsten Tage war Vater in Lippstadt und munterte uns auf. Als Bernhard in den Krieg mußte: "Vater, B. muß fort in den Krieg!" "Dann kommst Du sofort mit allen Kindern zu uns" In jeder Schwierigkeit gab es bei Vater Rat und Hilfe und nicht nur der Familie gegenüber, nein, für alle Menschen hatte er ein warmes, teilnehmendes Herz und half allen in ihren Nöten, niemand ging ungetröstet von ihm. Nun ruht unser l. Vater schon ein Jahr lang in der stillen Gruft neben unserer l. Mutter. Wir weilen oft an diesen Gräbern und holen uns dort viel Kraft und Mut.

47)   *Balve, d. 3. Febr. 45.*

Mein liebster Bernhard!

Samstagabend - Blasiustag. Wir haben das altehrwürdige Patronatsfest ein bischen festlich begangen, wie es hier Tradition ist. Um 10 Uhr (wegen d. nächtl. Alarms) war feierliches Hochamt, in dem Mechth., Gertrud u. Bernd mit waren. Nachher habe ich mir den Blasiussegen für Dich geben lassen, ich selbst hole mir ihn Morgen nach der Andacht mit meine Fünfen. Ich mußte heute daran denken, wie wir ml vom Presseball in Essen in d. Kirche gingen u. ich mir den Blasiussegen holte. Du lachtest darüber - ja, ich verstehe das. Aber andererseits ist mir das aus meiner Kindheit her so vertraut u. lieb, daß ich auch trotz der durchfeierten Nacht nicht darauf verzichten mochte: Der gute Wille ist oft auch was wert, u. meine Andacht wird schon ganz gut gewesen sein. Ich hoffe nicht, daß Du darüber lachst, daß ich ihn heute für Dich holte, das könnte ich doch nicht gut ertragen. Es kann Dir nur ein Zeichen dafür sein, wie sehr ich immer an Dich denke u. für Dich bete. So schließe ich Dich auch tägl. in die hl. Messe ein, opfere die hl. Kommunion für Dich auf, u. wenn ich aus der Kirche gehe u. Weihwasser nehme, segne ich Dich in Gedanken. Es kommt doch alles auf Gottes Schutz an, - er möge Dich behüten in den vielen Gefahren, denen Du ausgesetzt bist.- Heute Nachmittag hatten wir Frauen von 2-6 Uhr Gebetsstunden, ich habe von 3-4 Uhr vorgebetet. Um 1/2 6 war dann feierliche Schlußandacht.- Ich hörte soeben die 10 Uhr Abend-Nachrichten. Die Lage im Osten scheint sich ja zu stabilisieren. Hoffentlich gelingt es uns dann auch, den Bolschewisten eine entscheidende Niederlage beizubringen, damit sie nicht in einigen Monaten wieder mit neuen Kräften starten können. Die Kämpfe im Westen, die sich im Waldgebiet der Schneeeifel abspielen, machen mir Deinetwegen Sorge. Ich frage

mich immer, ob ihr wohl noch da seid u. evtl. infanteristisch eingesetzt seid. Ich könnte mir denken, daß ihr evtl. gar nicht so schnell fortkönnt. Hätte ich doch erst mal Nachricht aus diesen Tagen. Immer wieder, wenn ich mal aufgeatmet habe, fängt die neue Sorge an. Und ich bin doch dankbar, daß ihr damals aus Thorn herauskamet, da hättet ihr doch gewiß bleiben müssen, und dann wäre Dein Schicksal heute besiegelt. So hat Gott doch immer wieder geholfen, er wird es auch weiter tun. Ich vertraue fest auf ihn. Von Franz-Josef bekamen wir heute Post vom 29. 1. Da kam er gerade aus Ostpr. zurück, wo der Russe schon dicht davorstand. Das Flüchtlingselend sei furchtbar, er könne es gar nicht schildern. Er habe lange Trecks auf den Straßen gesehen, Pferdewagen, Handwagen und Rodelschlitten, darauf alte Leute und Kinder. Wie dankbar ist man da, daß man seine eigene Brut noch so warm im Neste hat. Mir tun die armen Leute schrecklich leid, ich frage mich nun, was alles noch über uns kommen wird, da es uns bisher so gut gegangen hat? Hoffentlich passiert Dir nichts, ich könnte damit nicht fertig werden. Die letzte Nachricht von Dir ist vom 14. 1. Wie mag es Dir inzwischen ergangen sein? - Maria schreibt an die
[...]

Balve, d. 5. Febr. 45.

Mein liebster Bernhard!

     Geburtstag unserer Karin.- Jetzt ist's schon 11 Uhr abends, dieselbe Zeit, in der Du mich damals aus Köln anriefest. Wie glücklich waren doch noch diese Tage! Heute bist Du mir so endlos ferne, da ja jede Verbindung zueinander aufgehoben ist. Aber innerlich bin ich Dir sehr nahe, u. einmal wird uns ein gütiges Geschick auch wieder zusammenführen,- dann gibt es zwei selige Menschen und 5 glückliche Trabäntlein um sie herum. Tittis Geburtstag mußten wir natürlich etwas feiern, das Kleine redete ja schon dauernd davon. Das war ein Jubel heute Nachmittag! Es hüpfte vor Freude im Zimmer herum, als es die kl. Geschenke bekam, ein ganz kl. Holzauto mit ein paar Klümpchen, 5 kleine Kännchen, so kl. Hotelporzellan, aber die bedeuteten ihm alles, ein winziges kleines Kalenderchen, eine Dose mit Plätzchen v. Roswitha, ein Malbuch u. Geld von der Oma u. Onkel Adalbert. Das "Tavice" Service war höchstes Glück. Dann gab's Milch mit Waffeln u. hernach gemeinsame Spiele. Du hättest sie mal alle um d. Kaffeetisch herumsitzen sehen müssen. Ulli stopfte und stopfte, d. Waffeln schmeckten ihm doch gut. "Wenn doch der Papa dabei wäre", wurde öfter geäußert von den Trabanten. Nun ist unser Mäuschen schon 3 J. alt, u. so lange bist Du auch ferne von uns. Dieses Jahr bringt aber doch die Entscheidung, u. ich hoffe zuversichtlich auf eine gute. So bitter es aussieht, es wird sich ein Weg finden, daß doch alles gut wird, ich habe das sichere Gefühl.- Heute Abend habe ich nochmals 1 Fl Wein spendiert u. habe den anderen was Schönes vorgelesen, Ad., Tante El., Maria u. Lisel.- Wenn es Dir nur gut geht! Ich habe Sorgen, da die Amerik. in die Schneeeifel gedrungen sind, da irgendwo bist doch Du. Käme doch mal wieder Post. Diese Sorgenzeit ist auch schwer, aber ich hoffe u. vertraue. Es darf Dir nichts passieren, Du mußt mir erhalten bleiben. Gute Nacht, mein Bernhard, mein Liebster. Die Sehnsucht u. d. Jammer packen mich oft wild u. schmerzhaft, gestern war es ganz schlimm. Ich habe Dich so lieb, so lieb. Ich bin ja ganz bei Dir. - Deine Karin.

6.2.45. Mein Liebster! Soeben erhalte ich endlich wieder Post von Dir, vom 17. u. 20.1. Ich hoffe, daß ihr inzwischen verlegt seid in etwas sicherere Gebiete, da der Wehrmachtsbericht mir sonst Sorge machen kann. . Ich bin heute entsetzlich nervös, habe auch letzte Nacht kaum geschlafen, erst wegen des Grübelns, dann wegen eines furchtbaren Gewitters nicht. - Trude Braumeister hat an Heinz Repl. geschrieben, daß sie im März d. 4. Kd erwarte u. Erich in Werl am Laz. tätig sei! Wärest Du doch dort! Adalbert hat Ostern Verlobung, schreibe frühzeitig oder komm am besten selbst. In dem langen (12S.)Brief nach Nolden in Schwadorf teilte ich Dir mit, daß Holtkamp die Geburt seines Sohnes Hans-Bernd anzeigte. Die Anzeige verwahre ich hier. Adr.: San.Ofw.

J.Holtkamp, Lw. San. Staffel Düsseldorf, Josef-Göbbels-Jugendherberge.

Morgen mehr, ich habe heute noch soviel Schriftl. zu erledigen. Sei ganz zärtlich geküßt u. umarmt von Deiner Karin.

Balve, d. 8. Febr.45.

Mein liebster Bernhard.

Ich bin in der Zahl verkommen, 49 od. 50, will aber mal annehmen, es sei 49 und schicke die goldene 50 also Morgen. Jetzt muß ich mir schon etwas die Zeit stehlen zum Schreiben. Gestern Abend standen plötzlich die Siegener da, Onkel Walter, Tante Erna u. Tante Maria. Sie sehen entsetzlich aus, haben alles verloren. Nach d. ersten Angriff hatten sie vor, sich ihren Keller als Wohnung einzurichten, jetzt, vorigen Montag, ist wieder ein schlimmer Angriff gewesen u. hat auch d. Keller d. Rest gegeben. Nun werden sie wohl vorläufig hierbleiben, wir überlegen, ob wir ihnen oben eine Wohnküche einrichten auf dem jetzigen Bügelzimmer. Wir sind uns vollständig darüber im Klaren, daß wir noch mehr Leute aufnehmen müssen. Zündorfs werden gewiß auch eines Tages dastehen. Wo sollen die Leute noch alle hin? Georg Kramann schrieb mir gestern, daß Grete und die Kinder mit einem Lazarettzug bis Halle mitgenommen worden seien. Wir denken, daß sie nach Balve kommt,

Herings haben sich erboten, ihr ein Zimmer zu geben. Ohne d. Lazarettz.. wäre sie nicht herausgekommen, die Bahnhöfe und Züge seien überfüllt gewesen u. viele Kinder erfroren. Das ist doch ein ganz furchtbares Elend, was über unser Land hereingebrochen ist. Mußte das alles so kommen? Ich weiß es nicht. Ich klammere mich wie ein Ertrinkender an d. Strohhalm, an die leise Hoffnung, daß wir noch etwas [...]

Gerade kommt ein Brief v. 26.1. v. Heini. Er ist unverändert zuversichtlich, wenn es noch so dunkel würde, es ginge gut, das fühle er.

Balve, d. 24. Febr. 45.

Mein liebster Bernhard!

Ich war doch sehr erfreut, als Du mich gestern Abend telef. erreichtest. Du hast gewiß gemerkt, wie gehobener Stimmung ich dadurch wurde. Es ist aber auch ein sehr beruhigender Gedanke, Dich nun so in der Nähe zu wissen. Das muntert mich richtig auf, und ich genieße es sehr, mal so ohne Sorge und Angst leben zu können. Selbst die ernste polit. Lage bedrückt mich jetzt nicht so wie sonst. Ich hoffe zuversichtlich noch auf einen guten Ausgang, stehe allerdings mit diesem Gefühl, denn mehr ist es bei mir auch nicht, recht isoliert da.- Was soll ich Dir nun erzählen? Ich meine, bis der Brief Dich erreicht habe, sei alles durch mündlichen Bespruch längst überholt. Darum macht mir auch das Schreiben z. Zt. wenig Freude. Ich hoffe doch, daß Du, wenn auch nicht am Sonntag, aber doch Anfang nächster Woche hier erscheinst. Montag wird gewurstet, Dienstag gehe ich zum Friseur und bin dann bereit, Dich festlich zu erwarten und zu empfangen. Gestern bin ich von meinem Zimmer oben ausgezogen, das breite Bett habe ich mit nach unten genommen, aber da nützt es uns Beiden nichts. Die Kinder haben gejubelt, weil ich jetzt bei ihnen schlafe. Titti sang: "Sie läft bei uns, sie läft bei uns", und Bernd sprang vor Freude in die Höhe. Mir macht es ja auch Freude, bei den Trabanten zu sein, ich meine, in ds. Zeit könne man sich nicht nahe genug sein. Aber der Auszug aus meinem Zimmer oben hat mich doch ein paar Tränen gekostet, die ich sonst nicht zeigen wollte. es kam mir zum Bewußtsein, daß ich nun gar nichts Eigenes mehr hätte, keine Wohnung in Lp. und kein eigenes Zimmer, u. das war mir schwer. Aber wenn wir keine größeren Kriegsopfer zu bringen brauchen, wollen wir diese kleineren gerne auf uns nehmen, u. als ich mir das mal klargemacht hatte, habe ich beim Ausräumen tüchtig zugepackt. Wenn Du nun kommst, werden wir schon gut untergebracht. Laß Dich nur recht oft hier sehen, so findig mußt Du nun sein, daß Du Gelegenheit zur Reise findest. Hast Du deine Uhr wiedergefunden? Hier ist sie nicht, wir hätten sie sonst beim Räumen gefunden. Die Brille wird in Menden repariert, eine neue Fassung war nicht zu haben.- Wie war es doch schön, mein Berni, Dich mal wieder für 2 Tage hier zu haben. Wir haben doch sehr schöne Stunden gehabt, mit den Kindern u. wir Beide allein, nicht wahr, Liebster? Ein fremdes Gefühl ist doch trotz der langen Trennung nie zwischen uns gewesen, das ist so schön beglückend. All der Kummer über die lange Trennung ist nun schon vergessen, aber Du mußt nun auch öfter hier bei uns sein. Die Kinder sind ganz verliebt in den Papa, sie erzählen soviel von Dir. Titti hatte eben eine Freimarke, tippte darauf u. sagte: "Teer (der) Fürer at esagt, Papa muß in Kieg." Das hat ihr natürlich jemand vorgesagt, aber ganz drollig brachte sie es hier heraus. - Und dort geht es Euch so gut? Das freut mich. Solche Sachen könnten wir Euch nicht bieten. - Nun komm bald, mein Bernhard. Ich durste nach Deinen Küssen - und, Materialist, auch nach Cigaretten, da ich in Deiner Abwesenheit keine rauche.

Sei ganz zärtlich geküßt und umarmt
          von Deiner Karin.

Balve, 13. März 1945.

Lange hat wieder die Feder geruht, aber man findet ja auch nicht die innere Ruhe, das furchtbare Erleben und Geschehen der jetzigen Tage niederzulegen. Sovieles wäre zu berichten, aber es läßt sich nicht in Worte fassen. Die Welt ist voller Morden, voller Elend und Not. Nach all´ den glänzenden Siegen und Waffentaten unserer tapferen Truppen in den ersten Jahren des Krieges, kam mit der Katastrophe bei Stalingrad der Rückschlag. Seitdem haben wir von Jahr zu Jahr gehofft auf die Wende des Krieges, auf das alte Waffenglück. Aber der materiellen Überlegenheit unserer Gegner, ihrer überwältigenden Luftwaffe gegenüber konnten wir nicht mehr standhalten. Wir haben ja keine Rohstoffe, kein Benzin, keine Erze. Unsere U-Boote sind ausgeschaltet, da unsere Feinde bei Dieppe das Radar-Gerät erbeutet und ausgebaut haben, unsere V-Waffen vielleicht zu spät fertig geworden, sodaß sie nicht mehr in voller Auswirkung zum Einsatz gebracht werden konnten. Dazu kommt der Abfall all´ unserer Verbündeten. Unsere Rüstungsbetriebe, unser Transport, der gesamte Verkehr liegen dauernd unter dem Bombardement tausender, feindlicher Flugzeuge und Tiefflieger, die auch vor Menschen, die draußen im Felde sind, nicht halt machen u. sie einfach erschießen. So wurde in Plettenberg eine Mutter von 7 Kindern, die im Park spazieren ging, von einem Tiefflieger erschossen, und solcher Fälle gibt es Viele. Ununterbrochen ist Alarm, die Leute können aus den Kellern kaum heraus. Und dennoch haben unsere Truppen in heldenhaftestem Kampf der Übermacht der ganzen Welt standgehalten und leisten heute noch Unvergleichliches. Deutsche Soldaten müssen die ganze Welt bezwingen in mannhaftem, ehrlichem Kampfe, Mann gegen Mann. Aber das materielle Übergewicht der Gegner ist zu erdrückend, vor allem ihre Luftwaffe, mit der sie ununterbrochen über den Stellungen unserer Soldaten kreisen. Der ganze amerikanische und russische Kontinent können ja ungestört rüsten.- Und heute ist nun der Feind im Lande, der Russe vor Berlin, die Engländer und Amerikaner am Rhein, bei Remagen schon darüber. Ohne Aufhören wütet der Bombenterror, selbst hier in Balve sitzen wir täglich stundenlang im Keller. Das Schlimmste von allem aber ist das Flüchtlingselend. Als der Russe in deutsche Lande einbrach, war grimmigste Kälte, Frost und tiefer Schnee. In aller Eile, ohne die notwendige Habe mußten Millionen deutscher Frauen und Kinder sich auf die Flucht begeben, mit Handwagen, Schlitten und Fuhrwerken. Transportmittel standen kaum zur Verfügung. Endlose Trecks sind da durch den tiefen Schnee gewatet, tagelang ohne ein schützendes Dach. Dieses Elend läßt sich gar nicht schildern. Viele Kinder sind unterwegs erfroren, Mütter wurden von ihren Kindern getrennt, verloren sie im Gedränge. Dann kamen die Bombenangriffe auf die Städte Berlin und Dresden, wo Tausende Flüchtlinge, denen es gelungen war mit der Bahn zu fahren, angekommen waren, und die nun durch Bomben ihr Leben verloren. In Dresden seien 15000 zu Tode gekommen, darunter auch eine mir bekannte junge Arztfrau mit ihrem Söhnchen. Die

Männer mußten zurückbleiben und im Volkssturm kämpfen, alle Männer zwischen 15 und 60 Jahren. Und hier im Westen sehen wir nun täglich die Trecks der Ostarbeiter, die das rheinische Gebiet verlassen mußten. Zu Fuß, mit geringer Habe, durchnäßt, ziehen Tausende daher mit abgestumpftem, müdem, trostlosem Gesichtsausdruck. Mütter mit kleinen Kindern sind dabei, sie ziehen die endlosen Straßen mit unbekanntem Ziel. Wohin? Eine Nacht hatten sie im Freien übernachtet, ein Treck von 3000 Menschen, die vor einigen Tagen hier durchzogen. Ich habe laut geweint, als ich dieses Elend sah.

Und was mag aus uns noch werden? Dunkel und bange liegt die Zukunft vor uns. Was wird mit uns und unseren Kindern? Gott allein kann uns helfen, alle Fäden liegen in seiner Hand. Das ist der einzige Lichtblick in allem Dunkel dieser schicksalsschweren Zeit. Aus diesem tiefen Leid muß doch einmal eine neue Welt geboren werden.-

Unser Haus hier hat weiteren Zuwachs erfahren. Die Verwandten aus Siegen, die dort ihr herrliches Haus und ihre gesamte Habe verloren haben, nahmen wir gerne und freudig auf, Onkel Walter, Tante Erna, Tante Maria und die 88 jährige, blinde Tante Therese Nies mit ihrer 71 jährigen Pflegerin Marie. Beide sind krank und bettlägerig. 6 Wochen lang haben sie krank im Bunker gelegen, bis dann endlich eine Möglichkeit gefunden wurde, sie im Lastwagen nach hier zu schaffen. Ich habe mein Zimmer geräumt und schlafe jetzt mit meinen 5

Trabanten in einem Zimmer. Man hat ja auch das Gefühl, man müsse jetzt möglichst nahe beisammen sein. Und wenn ich abends im Bett liege, dann ist's mir, als ob eine Krallenhand mir nach dem Herzen greife, mich packt eine tiefe, entsetzliche Angst, was noch kommen, was aus uns werden mag.- Sonntag wurde in d. Kirche ein Papstjubiläum gefeiert u. aus diesem Anlaß das Tedeum gesungen. Dunkel und schwer, in gewaltigen, düsteren Mollakkorden wogten die Orgeltöne durch die Kirche bei der 3. Strophe "heilig, Herr der Kriegesheere, starker Helfer in der Not.". Das hat mich tief gepackt und erschüttert.

4. April 1945.

Heute vor 1 Jahr schrieb ich in die "Chronik ". Wievieles hat sich doch seit dieser Zeit verändert. All unsre Träume, unsere Hoffnungen, unsere Zuversicht auf ein siegreiches Ende dieses Krieges sind dahin. Sosehr wir auch den Nazis den Untergang gewünscht haben, im Vordergrunde unseres Wünschens und Hoffens stand doch der deutsche Sieg. Was jetzt mit Deutschland geschehen wird, darüber geben wir uns keinen Illusionen hin, von unseren Feinden haben wir nichts Gutes zu erwarten. Aber sosehr ich mich früher, wenn mir Zweifel am guten Ausgang des Krieges kamen, in schlaflosen Nächten mit Sorgen gequält habe - jetzt, da die Gefahr nahe ist, bin ich ganz ruhig und sehe allem Kommenden mit Fassung entgegen. Der alte Gott lebt noch! Hätte ich nicht das große Gottvertrauen, so wäre diese Zeit kaum zu ertragen. Aber das Wissen darum, daß Gott alle Fäden in seiner Hand hat und die Geschichte der Völker lenkt, daß er unser lieber Vater im Himmel ist, gibt einem Mut und Kraft in diesen Tagen. Was mag uns nun die nächste Zeit bringen? Seit einigen Tagen sind wir eingeschlossen in dem großen Kessel, den die amerik. und engl. Truppen ums Ruhrgebiet und Sauerland gezogen haben. Lippstadt, Soest, Brilon sind in Feindeshand, der Ring schließt sich enger und enger. Wir hören den Kanonendonner in den Nächten besonders laut u. dröhnend, auch heute Abend. Häufig hatten wir in letzter Zeit Tieffliegerangriffe, aber d. Bomben fielen in d. Umgebung von Balve. Wir sind bisher gnädig beschützt worden. Täglich ziehen Soldaten und Panzer durch Balve, dazwischen die Trecks der Flüchtlinge aus dem linksrh. Gebiet und die großen Trecks der gefangenen Russen und Franzosen, die weiter zum Osten sollten. Aber nun bewegt sich das alles hier im Kessel hin und her. Jede Nacht sind Ställe, Böden und Scheunen, sogar alle Zimmer gefüllt mit Soldaten, u. die Scheunen mit Russen, diesen ausgemergelten, elenden Gestalten. Die durchziehenden Franzosen sind in guter Verfassung und loben alle die gute Behandlung, die sie in deutscher Gefangenschaft genossen haben. Warum nur wurde den Russen nicht die gleiche Behandlung zuteil?

Sollen diese Menschen es büßen, was man den deutschen Soldaten antat, die in russische Hand fielen und die furchtbaren Grausamkeiten ausgesetzt waren? In dieser Zeit des Mordens heißt unser Motto: "Nicht mitzuhassen, mitzulieben bin ich da", und wir helfen, wo wir nur können, teilen Brot und Milch aus an die Gefangenen und gewähren Obdach, soviel es eben geht. Gebe Gott, daß bald all diese Not ein Ende hat! - Um unsere Lieben sind wir in großer Sorge. Bernhard wurde vor 4 Wochen zum Osten kommandiert, seitdem weiß ich nichts mehr von ihm. Heini ist in Kroatien, Franz-Josef bei der Eisenbahnflak, die täglich dem tollen Bombardement ausgesetzt ist. Von allen haben wir längere Zeit keine Nachricht, auch nicht von Ernst, der wohl in Holland liegt. Jetzt werden wir nichts mehr von unseren Soldaten hören und müssen geduldig warten, ob sie wohl eines Tages nach d. Kriege wieder auftauchen. Die Ostertage am 1. u. 2. April haben wir trotz des seelischen Druckes noch recht schön verlebt. Zwar konnten wir nicht zum Wachloh, solche Wege sind wegen der Tiefflieger zu gefährlich, aber die Kinder konnten doch ihre Ostereier im Garten suchen. Weiter dürfen sie sich nicht mehr vom Hause entfernen, damit sie bei Alarm schnell im Keller sind.

Balve, d. 9. April 1945.

Heute sind es 5 Wochen, seit mein Bernhard morgens in dunkler Frühe Abschied nahm, und seitdem habe ich nichts mehr von ihm gehört, weiß nicht, wohin er verschlagen ist und habe auch keine Adresse, ihm zu schreiben. So ist nun jede Verbindung zwischen uns hin, nur die Gedanken, meine sorgenden und quälenden Gedanken, begleiten ihn zu jeder Stunde und nachts liegt es mir wie ein Alpdruck auf der Seele. Durch telefon. Verbindung, die ich nach häufigem vergeblichem Bemühen endlich vor 2 Tagen bekam, erfuhr ich von seiner Quartierswirtin, daß er 2 Std. nach seiner Ankunft von hier mit einem Transport abgefahren sei, der nach Stettin gehen sollte. Wann werde ich wieder von ihm selbst hören? Nun muß ich warten, warten u. hoffen, daß u. ob er eines Tages nach dem Kriege wieder auftaucht. Gott nehme ihn in seinen Schutz und führe ihn glücklich wieder zurück zu mir und den Kindern.- Hier spüren wir nun sehr den Krieg. Wir sind eingeschlossen in den Kessel, der Ruhrgebiet u. Sauerland umfaßt. Der Ring wird enger und enger, der Kanonendonner rückt täglich näher. Unaufhaltsam ziehen Truppen durch unser Städtchen, Panzer, Autos und geschlossene Kolonnen. Aber leider macht sich auch der Mangel an Munition, Verpflegung und Bekleidung bemerkbar. Erschütternd sind die Bilder - Alte Männer, Volkssturmleute ziehen durch, kommen zurück, ziehen hin und her im Kessel, ohne Waffen, müde und hungrig, ihre Bündel auf dem Rücken, ziehen so der Gefangenschaft entgegen. Letzte Nacht schliefen 200 Soldaten auf unserem Heuboden, auch die Sofas im Hause waren belegt. Heute Morgen haben wohl 60 Mann hier Kaffee getrunken, manche baten um Brot und Kartoffeln, sie waren seit Tagen ohne Verpflegung. Maria hat eine Seite Speck unter diese Leute aufgeteilt.- Das sind nun die Reste unserer einst so ruhmreichen Armeen,- ein Bild, das einem in tiefster Seele wehe tut. Zwischen den Kolonnen deutscher Truppen sieht man auch immer wieder Trecks von Ostarbeitern und Gefangenen, zerlumpt und hungrig. Seit Wochen sehen wir diese Trecks hier durchziehen, dazwischen Frauen mit kleinen Kindern. Mich hat dieses Elend manchmal so gepackt und erschüttert, daß ich abends vor dem Bette lag und mich vor Weinen schüttelte. Und nun sehen wir dasselbe Elend bei unseren deutschen Soldaten. Die Not, das Leid dieser Zeit lassen sich gar nicht schildern. Und dann die bange Frage: was wird uns die Zukunft bringen? Fast meinen wir ja, schlimmer könne es nicht kommen, aber wer weiß, was unsere Feinde über uns verhängen? Doch abgesehen von der Sorge um unsere Lieben draußen sehen wir den kommenden Tagen mit Ruhe und Fassung entgegen.- Die feindlichen Flugzeuge machen uns viel zu schaffen, sie schwirren fast den ganzen Tag über uns, und heute Mittag liefen wir alle wieder eiligst in den Keller, als in der nächsten Nähe die

Bomben fielen. Hoffentlich bleibt unser Balve verschont. (Allendorf b. Balve wurde am 10.4 fast ganz zerstört und hatte 37 Civiltote, auch fast alle Bauernhöfe in d. Umgebung durch Bomben zerstört)

Die Kinder erleben diese Tage auf ihre Art. Die vielen Soldaten erregen ihr Interesse, und von dem Zeitgeschehen hören sie Dies und Jenes aus unseren Gesprächen und sie unterhalten sich darüber, daß die Engländer bald kommen. Aber keine Sorge und Furcht rührt sie an, sie fühlen sich in unserer Obhut sicher und geborgen. Gertrud ergeht sich in Wunschträumen: "Ich wollte, es gäb en Knall und der Krieg wär´ aus", oder "Ich wollte, der Papa käm und hätte ein Jahr Urlaub, und dann wär der Krieg aus." Vom Papa sprechen sie viel, daß er wiederkommt, das ist für sie ganz sicher. Sie tollen draußen in der Sonne herum, sind fröhlich und vergnügt, nur dürfen sie wegen der Luftgefahr nicht aus der Umgebung des Hauses heraus. Abends, wenn ich im Bett liege und alle Fünf so friedlich atmen höre, geht mir doch trotz allen seelischen Druckes das Herz weit auf vor Glück und Freude. Der Ulrich ist jetzt ein wilder Bursche, er turnt und klettert überall herum, schlägt auf die Großen ein und behauptet sich sehr. Tante Elisabeth sagt: "Ulrich Felker, der Schrecken von Lippstadt". Aber wir haben doch alle unseren Spaß an dem kleinen Burschen, und die größeren Geschwister können auch über ihn herzlich lachen. Karin redet immer noch so drollig, schwätzt den ganzen Tag mit süßem Stimmchen und ganz drolliger u. ulkiger Aussprache. "Ute Nacht, piepe Mutter. Ich möchte ein Fapettchen (Tablette)" "Meine Puppe hat de Hose naß macht, ich pepe ihr läge." All ihre lustigen Weisheiten kann ich leider nicht zu Papier bringen. Bernd treibt sich immer bei den Pferden herum, die sind sein ganzes Glück. Gestern Abend spät im Bett sagt er auf einmal: "Mutter, das Karin, das hat gesündigt,- ja das hat ganz schlimme Sünden getan." "Was hat sie denn getan?" "Ja, es hat gesündigt." "Was denn?" "Es hat ganz schlimme Wörter gesagt." "Was denn für Wörter?" "Nee, das sag ich nicht, dann komm ich in die Hölle." Mit Mechthild und Gertrud bespricht er allerlei Fragen: "Die Meßdiener, gehen die auch nachts in's Bett?" Kürzlich hörte ich mal folgendes Gespräch.

Bernd: "Der Pastor, ist das der liebe Gott?" Dorte: "Nee, der is nur heilig." Mechthild, die "gelehrte" Tochter: "Nein, das ist der Stellvertreter Gottes auf Erden, und Christus ist das unsichtbare Haupt." Mechthild erfaßt schon manches vom Kriege und hat auch manchmal etwas Angst, wenn das Grollen von der Front abends so nahe dröhnt, aber sie läßt sich doch durch Mutters Ruhe beschwichtigen. Ihr Lehrer hat durch Bomben in Finnentrop seine Frau und 4 Kinder verloren, 30 Personen sind in dem Keller zu Tode gekommen. Solche Geschehnisse rühren doch schon sehr an ihr weiches, kleines Herz. Gebe Gott, daß unsere Kinder in eine glückliche Zukunft hineinwachsen. ob sie einmal begreifen und verstehen werden, welch´ schwere Zeit ihre Eltern durchstehen müssen? Sollen nun all diese furchtbaren Opfer, all das Heldentum umsonst gewesen sein? Ich kann es nicht glauben. Gott hat seine eigenen Pläne und wird schon wissen, wofür er all Dieses schickt. Eines ist gewiß: diese furchtbare Zeit ist auch eine Gnadenzeit für die, die aufgeschlossenen Sinnes sind. Das ist mein fester Wunsch und Wille, meine Kinder zu aufrechten, kompromißlosen Christen zu erziehen, die in ihrer Religion Trost und Halt in jeder Lebenslage finden. Möge es gelingen!

Die Aufzeichnungen vom 4. u. 9. April hatte ich in jenen Schreckenstagen auf kleine Blättchen geschrieben und erst später hier eingetragen, leider für die Notizen vom 16. 4. nicht genug Platz gelassen, sodaß ich sie so einhefte. Damals, im April 45, war die "Chronik" gut verpackt in irgendeiner Truhe im Keller, wohin wir alles geschafft hatten, Kleider, Porzellan, Bücher, Eßwaren u. alles was wir brauchten, um es vor Brand durch Bomben zu schützen. Die meisten Sachen waren irgendwo versteckt und eingemauert, schon im Sept. 44 hatten wir Eichentruhen mit Porzellan in d. Wäldern vergraben. In den Wochen und Tagen, bevor die Amerikaner einrückten, haben wir fast Nacht für Nacht Truhen u. Koffer verpackt, weggeschafft u. vermauert, es mußte ja in aller Heimlichkeit geschehen. Und es war gut so, sonst wären wir stärker beraubt u. geplündert worden.

Balve, d. 16. April 1945

Montag Nachmittag. Auf der Suche nach einem ruhigen Zimmer, wo ich für 1/2 Stündchen sitzen kann, bin ich auf dem kleinen Saal gelandet, im Heime der Cramers Töchter, die hier Aufnahme gefunden haben. Unruhevolle, aufregende Tage liegen hinter uns, so geballt von Ereignissen und Schrecken. Ich will versuchen, einiges aus meiner Erinnerung wieder hervorzuholen. Donnerstag Mittag machte es sich bemerkbar, daß nun auch für Balve die Stunde geschlagen hatte. Deutsche Truppen fluteten zurück, mit Fuhrwerk, mit Autos, zu Fuß, in jagender Eile, dazwischen Panzer u. Geschütze - ein Heer auf der Flucht. Unsere Soldaten, unsere Männer u. Jungen, die Tapferen, die jahrelang der überwältigenden Mehrheit des Feindes standgehalten hatten. Abgekämpft, müde, ohne ausreichende Munition u. Waffen jagten sie nun in rasender Eile daher. Ein erschütterndes Bild, das einen weinen machte. Aber zum Nachdenken war keine Zeit. In aller Eile wurde alles in den Keller geschafft, Lebensmittel, Milch, Wasser, Brot, Butter - alles was für einige Tage zum Leben nötig war, auch Bettzeug u. warme Sachen. Von allem ist mir fast nichts mehr gewärtig, als die dumpfe, grauenvolle Atmosphäre in Erwartung der kommenden Stunden. V.2-4 grauenvolle Ruhe, Straßen leer. Dann wurden die Kinder heruntergebracht, die Oma Felker, die beiden alten

Damen Lukas, u. so nach u. nach gingen wir alle herunter. Die meisten Leute aus Balve waren mit Rucksack in die Balver Höhle gezogen, auch die Soldaten, die in letzter Stunde noch in Balve lagen. Aber einige Soldaten kamen nicht mehr hin, u. so hielten sich 7 Mann auch bei uns im Keller auf, darunter ein 63j Offizier, der wortlos u. traurig dasaß. Er hatte alles geopfert, seinen einzigen Sohn, seine beiden Häuser u. alle Habe u. wußte nichts von Frau u. Tochter, u. nun sah er d. Ende kommen. Gerade waren wir alle unten, da setzte nachmittags 4 Uhr das Artilleriefeuer ein. Ein Krachen, ein Dröhnen - und immer wieder neue Einschläge, nah, u. dann wieder entfernter. Um unser Haus herum waren 5 Einschläge, die die Mauer vor dem Hause u. einen Teil des Oberstockes beschädigt haben. Aber im Ganzen sind wir sehr gut davon abgekommen, während in der Unterstadt mehrere Häuser stark mitgenommen, zwei ganz ausgebrannt sind. Kohne u. Wollmer Volltreffer Wir waren alle sehr ruhig, die Kinder musterhaft artig. Bernd sagte einmal:"De Welt is so ßön und nun kommen die Engländer". Da gerade in letzter Stunde Balve noch als freie Stadt erklärt wurde, dauerte das Artilleriefeuer, da es nicht erwidert wurde, nicht zu lange an. Einige Einschläge noch in d. nächsten Stunden, dann wurde es ruhig am Abend gegen 9 Uhr. Adalbert ging mal aus dem Hause heraus, u. als er sah, daß Drögen Haus brannte, hat er dort mit 2 Mann gelöscht, bis d. Panzer, (amerik. od. deutsche?) ihm d. Schläuche durchfahren haben. Er kam um 11 Uhr ins Haus zurück u. sagte, die Amerik. seien da, er war angerufen worden, "hands .up. " "Hände hoch" u. gesagt worden, er solle ins Haus gehen. Wir hatten inzwischen im Keller zu Abend gegessen, Butterbrote u. Kaffee, u. dann wurden die Kinder u. alten Damen hingelegt, auf Matratzen, in Sessel, auf Bänken u. auf der Erde. Hernach ging Ad. mal heraus, um nach dem Vieh zu sehen, da hieß es: Amerikaner im Hause. Lisel u. ich gingen die Kellertreppe herauf, oben im Eingang standen 3 amerik. Soldaten, hielten ihre Flintenläufe in d. Keller herein u. auf uns zu. Eine Minute lang standen wir sprachlos vor ihnen, hoben (jetzt muß ich fast lachen) dann die Hände hoch. "Soldaten?" "Ja". Das war schwer u. bitter, als nun die 7 deutschen Soldaten, mit denen wir die langen Stunden verbracht hatten, die Treppe heraufmußten mit erhobenen Händen u. sich gefangen geben mußten. Wir gaben ihnen zum Abschied die Hand, wünschten alle Gute u. dann wurden sie abgeführt. Kurze Zeit darauf kamen die Amerik. zurück um d. Waffen abzuholen, durchsuchten d. Keller, ob noch Soldaten da seien, u. sagten "Go to bed!" Wir wollten heraufgehen, da ging aber wieder ein so tolles Schießen los, daß wir es doch nicht wagten u. haben dann alle schlecht u. recht im Keller geschlafen, auf Stühlen u. Bänken. Die Ereignisse des nächsten Morgens sind mir vollkommen entfallen, aber nach u. nach fanden sich einige Leute hier ein, die Milch holten u. erzählten, wie es ihnen ergangen war.

Bei Happes u. im oberen Balve waren die Amerikaner schon um 10 Uhr gewesen. In der Nacht gingen Cramers 5 Damen noch mit 2 Amerik. in ihr Haus zurück, ihre Erlebnisse will ich später schildern. Jedenfalls waren sie am nächsten Morgen wieder bei uns u. die 2 Amerik. saßen in ihrem Hause, sie selbst waren durch's Fenster wieder entflohen u. hatten d. Nacht in der Nachbarschaft verlebt. In der Pastorat waren wohl 100 Amerik., haben Wein getrunken, bei Kohne das Eingemachte verzehrt, b. Nolte ebenso u. Anzüge an d. Russen gegeben. Wir waren ja dagegen sehr gut davon abgekommen. Am nächsten Mittag kamen hier amerikanische Panzer durch, Unmengen, eine starke, motoris. Armee. Da haben wir erst den richtigen Begriff bekommen, was unsere deutschen Truppen geleistet haben, die sich dem Ansturm solcher Waffen und solchen Materials so lange und tapfer entgegengestellt haben, Unmenschliches haben sie geleistet. Als einmal eine Panzertruppe für einige Stunden hier Halt machte, kamen die Amerikaner in die Häuser, suchten die Keller durch nach Wein und Waffen. Bei uns fand einer, der ganz verwegen aussah und betrunken war, eine Flasche Wein. Ich bin mit ihnen durch den Keller gegangen, er suchte jede Ecke durch, fand Borwasser und Himbeersaft. "What's that?" "Fruit and medicine for eyes" Auf dem großen Saal stöberten 6 Soldaten herum, öffneten jede Schublade und nahmen Bernis und Ernstens Fliegerdolch mit. Andere kamen und forderten "eggs". Wir hatten verstanden "axe", holten die Axt, aber sie gingen einfach in den Hühnerstall und holten die Eier heraus. So ging das bis zum Abend, dauernd kamen Sold. herein, die alles durchsuchten. Hilde Gerken ist dabei um ihre Uhr, Frau v. Ottegsaven um 2 kostbare Ringe gekommen. Bei uns ging es trotz der vielen Soldaten noch gut ab. Wir waren alle auf dem Posten und standen dabei, wenn sie durchsuchten. Einer nahm noch den Affen eines deutschen Soldaten mit. Inzwischen war Befehl gekommen, daß mehrere Häuser binnen 40 min od. 1 Std. geräumt werden mussten, darunter Oheims Haus, Falken und Cramers. Da sind wir gelaufen, und haben geschleppt, was zu holen war, Kleider, Betten und Lebensmittel. Die Insassen dieser 3 Häuser sind bei uns untergekommen, sodaß wir jetzt 56 Mann im Hause sind. Wir kochen gemeinschaftlich und sind alle ganz gut untergebracht. Außer ds. 3 Häusern musste in der Oberstadt die Apotheke, Dr. Kirchhoffs Haus, Scheele, Bathe geräumt werden und so noch sicher 20 andere Häuser. Gerken behielten im Haus 3 kl. Zimmer für 18 Pers. Alles andere wurde besetzt. In d. nächsten Nacht schliefen wir alle oben in d. Zimmern, Cramers in d. Kl. Saal, Falken auf Nr. 1, Oma und Schneiders Damen auf 8, Meier auf dem Badezimmer, Lisel oben bei Maria, Regina bei uns und den Kindern, Evakuierte aus dem Nachbarhaus auf Marias Wohnz. und Mädchenz., die Siegener auf d. lk. Giebelz. und Waschmanns, die Damen Lukas im Keller, Tante El und

Lisbeth im Stübchen. Außer tollem Geschützdonner verlief ds. Nacht ohne Störung. Am nächsten Morgen erfuhren wir, um 1/2 9 sei hl. Messe, Lisel und ich liefen schnell noch zur Kirche. Da sagt Herr Vikar:"Morgen sind hl. Messen um 1/2 9 und 1/2 11" "Wie," frage ich nachher "2 Messen?" "Ja, morgen ist doch Sonntag", das wollte mir gar nicht in den Sinn, ich dachte es sei etwa Donnerstag. Wir waren alle in der Zeit verkommen und haben erst durch Nachrechnen das Datum ermittelt. Da fällt mir eben ein, daß wir Freitag Abend noch eine besondere Aufregung hatten und die Nacht doch in Spannung und Sorge verbrachten. H.Sch.V[19]. Dieses ganze Kapitel will ich einmal später aufzeichnen, das werde ich nicht vergessen. Am nächsten Mittag mußten alle Männer aus Balve bei der Kirche antreten. Alle, die Wehrdienst geleistet hatten und entlassen waren, ebenso die Parteileute, wurden abgeführt. Engelbert Gerken war einige Tg. vorher entlassen worden und morgens hier angekommen. Er hatte sich 5 Tg. lang durchgeschlagen, wurde nun aber auch in die Gef. gebracht. Nachmittags wurden alle in Autos abtransportiert. Während noch die Männer bei der Kirche standen, hörten wir wieder Artillerieeinschläge. Dieses Mal war es die deutsche Artillerie, die hier hereinschlug, dabei ist Cramers Haus z. T. zerstört worden. In aller Eile hasteten wir wieder in den Keller und mußten uns dort bis zum Abends aufhalten. Später wagten wir es, mal wieder nach oben zu gehen, mußten aber nach kurzer Zeit wieder herunter und haben dann alle im Keller und Flur geschlafen. Mechthild hatte sich schon früh im Keller ein Lager gemacht, sie war gar nicht zu bewegen, nach oben zu gehen. Sonntag morgen setzten die Plünderungen der freigelassenen Russen und Ostarbeiter ein. Dadurch, daß wir alle das Haus bewachten und Ad. gleich auf der Treppe mit den Leuten sprach und ihnen zu Essen gab, ging es hier gut. Nebenan bei Falken zogen die Russen ein und aus, haben im Keller alle Kisten und Truhen geöffnet und sich eingekleidet. Endlich lief jemand zur Kommandantur, da kamen amerik. Soldaten und trieben die Russen heraus. Aber den ganzen Tag hindurch strolchten sie herum und nahmen, was sie fanden, und wir mußten dauernd das Haus bewachen. Mittags mußten wir noch einmal wieder alle in den Keller herein; da kam eine amerik. Soldat und ein Franzose als Polizei, suchten nach Waffen und Alkohol. Der Amerik. war anständig, aber als er wieder heraufging, wollte der Franz. uns die Uhren abnehmen. Wir mußten alle die Arme zeigen, zum Glück hatte niemand eine bei sich. Seit gestern Abend ist es nun ruhiger, wir heben die Nacht alle wieder oben verbracht, im 2. Stock, heute konnten die Kinder wieder im Garten spielen. Auf die Straße dürfen Erwachsene von morgens 8 bis abends 7 Uhr - heute den ganzen Tag fuhren Lastautos durch mit gef. deutschen Soldaten, die gepfercht auf den Autos standen. Ich habe bitterlich geweint, wie schon manches Mal in diesen Tagen. Am

Morgen der Besetzung konnte ich d. Schluchzen nicht Einhalt tun, als ich ds. gut genährten Amerik. sah, die gar nicht zu kämpfen brauchen bei ihrem Material, und dann an unsere Tapferen dachte, die 6 Jahre standgehalten hatten, die ihr Leben einsetzen mußten. Und nun diese endlosen Autotransporte von deutschen Soldaten! Ganz Deutschlands Männer in Gefangenschaft! Wir sangen heute Morgen nach der Messe ohne Orgel :"Oh mein Christ, lass Gott nur walten" Ja, auf Gott müssen wir vertrauen, er weiß, was für uns gut ist, und wird uns helfen, in Zukunft, wie er uns geholfen hat in diesen schweren Tagen. Wir können ihm nicht genug danken, daß er uns das Leben erhalten hat und unser Haus so sichtbarlich beschützt hat. Nun haben wir noch die große Sorge um unsere Lieben, meinen Bernhard, Franz-Josef, Ernst und Heinrich. Seit Berni mir vor 7 Wochen im Dunkel entschwand, habe ich nichts mehr von ihm gehört, aber, wie mein Vertrauen sich bewährt hat, in diesen Tagen, so vertraue ich auch, daß Gott unseren Lieben eine glückliche Heimkehr beschert.

Samstag Mittag wurde bekannt, daß Herr Pröpper und Dr. Brüggemann Bürgermeister seien. Diese Namen klingen nach guter alter Zeit und geben Vertrauen. Heute Abend sind wir alle in Spannung, da ein Russenlager rebellisch sei, und d. Gefahr besteht, daß sie über Nacht über uns herfallen. Da wollen wir abwechselnd wachen. - Nachrichten hören wir gar nicht mehr, seit Tagen sind wir ohne Licht und Strom. Gerüchte besagen, daß Roosevelt gestorben sei und daß die Engländer in Berlin seien. Was mögen uns nun die nächsten Tage bringen? Der alte Gott lebt noch, er wird uns weiterhin schützen und unsere Lieben wieder zu uns zurückführen. - Die Tage sind frühlingswarm und sonnig, die Welt voll Blüten und Grün. Unsere Kinder tollen heute wieder draußen herum, sie haben die Schrecknisse wenig gespürt und lachen in die Welt hinein. Gott erhalte ihnen alle Zeit ihren frohen Sinn und lasse ihnen die Zukunft hold sein.

Lippstadt, den 31. Mai 1945.

Fronleichnamstag. Zum ersten Male seit 6 Jahren zog heute wieder die Prozession aus, feierlich und würdig, mit riesengroßer Beteiligung. Ich war sehr bewegt, hatte ich doch in den letzten Jahren nie gedacht, daß sie je wieder in alter Pracht erstehen würde. Ja, unsere religiöse Freiheit, die haben wir nun wieder, und mit ihr viel inneres Glück und Freuden, die aus diesen Tiefen schöpfen können. Aber unser liebes Vaterland liegt am Boden, zerstört, zerschlagen, ein wüstes Trümmerfeld, fremder Willkür preisgegeben. Ich kann meine Empfindungen über die jetzige Zeit noch nicht zu Papier bringen, da ist noch alles im Wirrwarr, ich renne immer wie gegen eine Mauer, wenn ich zum Nachdenken komme. Da ist unser Volk, das tapfere, gute, ehrliche, reine deutsche Volk, das unter unzähligen Opfern diese furchtbaren Jahre durchgestanden hat,- unser Heer, jeder Mann ein Held - 6 Jahre lang haben sie der ganzen Welt getrotzt. Solcher Tapferkeit hätte wohl ein anderer Ausgang des Krieges beschieden sein dürfen. Aber warum mußten wir eine solche Führung haben? Die furchtbaren Greuel, die da zutage kommen, von denen wir nichts gewußt haben, sind so erschütternd. Man kann nicht fassen, daß deutsche Menschen solcher Greuel fähig waren und schämt sich ihrer bis ins Innerste. Unsere Führer sind tot, fast alle haben durch Selbstmord geendet, aber uns bleibt die Aufgabe, aus diesem Chaos wieder aufzubauen. Bei all den entsetzlichen Dingen, die jetzt an´s Licht gekommen sind, geht einem auch das Wissen auf, daß wir es um Nichts besser gehabt hätten, wenn wir den Krieg gewonnen hätten. Das war ja ein Wüten gegen Gott, und wir Katholiken wären von den Naziführern sicherlich gequält und innerlich gemartert worden, wenn wir an unserer religiösen Überzeugung festgehalten hätten. Aber warum mußte das alles so kommen? Ich weiß nicht aus noch ein. Durch die gräßlichen Schandtaten der Naziführung sind wir der Verachtung der Welt preisgegeben. Und doch weiß ich, - daß das deutsche Volk im Kerne gut ist und nichts mit diesen Greueln zu tun hat, jedenfalls die große Mehrheit nicht. Und bis zur Machtübernahme durch den Nationalsozialismus war doch die deutsche Geschichte rein, während die anderer Völker mit Blut besudelt war. Und der furchtbare Bombenterror, der Millionen deutscher Menschen tötete u. fast alle Städte verwüstete?

Man sieht keinen Sinn mehr nach all dem Furchtbaren, das in den letzten Jahren geschehen ist. " Ein Heros, der heute nicht den Glauben an Gott verliert", sagte Tante Elisabeth in den vorigen Tagen. Aber sich abwenden von Gott, bedeutet Verzweiflung. Nur das Vertrauen auf Gott kann einem noch helfen in dieser schweren Zeit. Er, der die Gestirne führt in ihren Bahnen, wird auch die Geschichte der Völker lenken in seiner Allmacht und seiner Vaterliebe.

Ich sitze hier in unserer Praxis heute Nachmittag. So gerne wäre ich noch einige Zeit in Balve geblieben, aber die Aufrechterhaltung unserer Existenz erforderte mein sofortiges Hiersein. Teils zu Fuß, teils mit Lastwagen, war ich vorige Woche nach hier gekommen. In unserer Praxis war seit einiger Zeit ein Arzt, der sie aber bei unserer Rückkehr räumen wollte. Montag früh fuhr ich nach Balve zurück, in einem Kohlen-Lastwagen bis Soest, von dort hoch oben auf Getreide-Säcken bis Balve. Dienstag erreichte mich ein Brief, den Wemhoffs bis Soest gebracht u. von dort einem Autofahrer mitgegeben hatten, ich müsse sofort zurück, der Arzt sei verhaftet, da er in der S.S. gewesen sei u. ein anderer Arzt solle in unsere Praxis. Wolle ich uns die Existenz erhalten, müsse ich unverzüglich kommen. Da habe ich dann gestern

Mittag, am Tage vor Fronleichnam, das ich so gerne noch in Balve erlebt hätte, schweren Herzens Abschied genommen von den Kindern und der friedlichen Balver Welt und bin nach hier gefahren. Nun muß ich erst sehen, daß ich allmählich einen Teil der Wohnung wieder freibekomme, die von 2 Familien belegt ist. Später werde ich dann die Kinder holen. Morgen fange ich mit der Praxis an. Von meinem lieben Bernhard weiß ich nichts, seit er mich am 5. März in der Morgenfrühe verließ. "Halt dich tapfer", sagte er beim Weggehen. Ja, das will ich, will tapfer diese Zeit durchstehen. Aber die Sorgen und Ängste lassen sich ja nicht verdrängen. Hätte ich nur das Wissen, daß er noch lebt! Das ganze deutsche Heer ist ja in Gefangenschaft. Wo mag mein Liebster sein? Auch von den Brüdern wissen wir nichts. Gott gebe ihnen allen eine glückliche Heimkehr!

9. Juni 1945.

Samstag Nachmittag. Es ist so ein herrlicher Sommertag, die Sonne lacht vom blauen Himmel und überall in den Gärten ist eine Fülle von Blumen. Aber mir ist das Herz so schwer, als ob Zentnerlasten darauf wuchteten. Diese Wochenenden, die ich nun hier allein verbringen muß, sind mir schwer zu ertragen. Im Laufe der Woche habe ich Arbeit, die Praxis läuft schon wieder ganz gut an. Aber der Samstagnachmittag und Sonntag - da packt mich die Sehnsucht und das Heimweh nach den Kindern u. meinem Bernhard mit aller Macht. Ich möchte die Kinder sehen u. mich an ihnen erfreuen, den kleinen Trotzkopf Ulrich, Karin, das süße, drollige Püppchen, den lustigen Bernd, die liebe, brave Dörte und die verständige Mechthild, die mich schon so gut trösten kann. "Ach sei doch nicht so bange, Mutter, der Papa kommt ganz bestimmt wieder.... . Ja, meinste ich dächte nicht immer an d. Papa? Tag und Nacht. Aber er kommt bestimmt wieder." Da rollen mir wieder die Tränen. Diese Ungewißheit ist ja auch so furchtbar, ich grübele und grübele "lebt mein Bernhard? Ist er in russischer oder amerik. Gefangenschaft? Wie geht es ihm? Wie mag er sich auch um uns sorgen und wie mag er sein Schicksal ertragen?" Tag und Nacht ist mein Gedenken bei ihm und mein Gebet, und wenn es gar zu schwer wird, dann muß ich zur Kirche laufen, wo immer viele andächtige Beter sind. Hätte man nicht den religiösen Trost, so wäre diese Zeit kaum zu ertragen. Überall ist Leid und Trauer und bange Sorge. Täglich kommen einzelne Soldaten durch, die entlassen sind oder sich durchgeschlagen haben. Sie sind auf dem Wege in die Heimat, haben oft 6-700 km zu Fuß gemacht und sind nun auf der Suche nach ihren Angehörigen: Wie viele finden ihr Heim zerstört, ihre Angehörigen tot oder geflohen. Gestern Abend kam hier der junge Herr Sackermann an, 17 Jahre alt, dessen Eltern hier bei uns Aufnahme gefunden haben. Der junge Mann ist mehrere

Tage in russ. Gefangenschaft gewesen, 3 Tage lang ohne Essen. Dann wurde er entlassen und hat nun 4 Wochen gebraucht, bis er hier war, hat bei Verwandten in Olpe erfahren, daß die Eltern, die in Wesel alles verloren haben, hier seien. Nun sind aber die Eltern vor 14 Tg. nach Wesel gefahren, um dort in der Umgebung eine Wohnung zu suchen, und der junge Mann wartet hier auf ihre Rückkehr. In Balve übernachtete vor 3 Wochen ein entlassener Soldat bei uns, der in seine Heimat gekommen war u. dort erfahren hatte, daß seine 3 Kinder tot seien, seine Frau zu Bekannten nach Osnabrück gezogen sei. Er wollte nun zu ihr. So tiefes Leid habe ich da erlebt, der Mann weinte ohne Aufhören und schluchzte immerzu: "Meine Kinder, meine Kinder." Ja, so ist der Weg des deutschen Soldaten in die Heimat. Das Herz tut mir so weh, wenn ich sie sehe, wie sie müde, zerstaubt und hungrig ihre Straße ziehen, diese tapferen Helden, die 6 Jahre lang so Unvergleichliches geleistet haben. Und in der Stadt sieht man dann die Amerik., Engländer, Russen und Polen, satt und lachend und sorgenlos. Sie sind jetzt die Herren hier. In eleganten Autos fahren die Russen u. Polen mit ihren Mädchen in der Stadt herum. Uns haben sie die Autos gestohlen, wir können auch keines wiederbekommen. Ich mache die Arztbesuche per Rad. Mehrere Straßen mußten hier für Polen geräumt werden, Möbel, Bettzeug, alles mußte drin bleiben. Andere Straßen sind für die Besatzung geräumt. In vielen Häusern und fast alle Bauernhöfe der Umgebung haben die Russen u. Polen geplündert, fast den ganzen Viehbestand abgeschlachtet, und täglich noch kommen solche Plünderungen vor. Im Hönnetal, wo viele Russen hausen, werden tägl. Fahrräder, (an 1 Tag 66 Räder) Uhren, Schmuck gestohlen, den durchfahrenden Leuten werden Kleider, Hosen und Schuhe ausgezogen. Man könnte Bände schreiben von all diesen Dingen. Im Kreise Lippstadt waren 72000 Russen, als die Amerik. kamen. Jetzt werden tägl. viele fortgebracht, aber Tausende von Polen sind noch da u. wollen nicht in ihre Heimat zurück. Sie bekommen das Fünffache der Verpflegung für Deutsche, arbeiten nicht, machen sich ein gutes Leben u. holen noch nachts das Vieh von den Weiden. Wo sie in Baracken wohnen, müssen deutsche Männer u. Frauen ihnen tägl. die Läger putzen und sich dabei allerlei gefallen lassen. In Balve verlangte der Kommandant einen Speisesaal für die Polen u. Bedienung in Weiß. Und das deutsche Volk hungert. Es gibt 100g Fleisch pro Woche, 1/4 Pfund Butter u. 1/4 lb Margarine pro Monat, 3 Pfd. Brot pro Woche. Keine Nährmittel, wenig Gemüse. Hier in der ländlichen Gegend ist es nicht so schlimm, aber in den Städten können die Leute diese wenigen Sachen nicht einmal bekommen u. stehen um Brot oft den ganzen Tag an. Es fehlt ja auch an Transportmitteln. Die Züge verkehren noch nicht wieder, Benzin ist knapp. Post, Telefon - alles außer Betrieb. So ist gar keine Möglichkeit da, Nachrichten zu übermitteln. Ich empfinde das jetzt sehr bitter, da ich nichts von den Kindern höre und auch keine Möglichkeit habe, sie mal zu besuchen. Aber diese schweren Wochen müssen nun überstanden werden. Gebe Gott, daß doch die Kinder wieder in eine hellere Zukunft hineinwachsen.

15. Juni 45.

Vor 3 Tagen bot sich plötzlich die Gelegenheit, mit einem Auto nach Balve zu fahren, wo ich mich 4 Stunden aufhalten konnte. Das war ein Jubel, als ich unerwartet in's Zimmer trat. Mit lautem Geschrei sprangen mir meine lieben Fünf entgegen u. wußten sich nicht genug zu tun an Liebes- und Zärtlichkeitsbeweisen. Ulrich wich mir nicht vom Schoße, Karin drückte mir Blumen in die Hand, holte ihre Puppe herbei u. plauderte so drollig, Bernd wollte immer neben der Mutter sitzen, und die beiden Großen erzählten all' ihre Erlebnisse. Wie sehr habe ich diese kurzen Stunden mit den Kindern genossen. Und eine freudige Überraschung erwartete mich. Bruder Heinrich, um den wir so große Sorge gehabt hatten, war 2 Tage vorher in Balve angekommen. Er hatte sich von Agram aus durchgeschlagen, war 5 Wochen unterwegs gewesen, meistens zu Fuß. So ist die Heimkehr unserer Soldaten, müde und hungrig wandern sie die endlosen Straßen zurück in die Heimat, immer noch in der Sorge, irgendwo aufgegriffen zu werden.

Nun ist doch wenigsten Einer zurück, hoffentlich finden auch die anderen, Bernhard, Franz-Josef und Ernst glücklich wieder heim.

An Tante Elisabeths Krankenbett saß ich auch 1/2 Sunde. Es hat mich erschreckt, wie sehr sie in den letzten 14 Tagen verfallen ist. Vom Tode gezeichnet - es kann nicht lange mehr dauern. Wie rührend war sie in ihrer Sorge um mich. Lange habe ich die lieben Hände beim Abschied gestreichelt. Ob ich sie noch lebend wiedersehen werde? Ich war sehr bewegt beim Abschied von ihr. Als ich abends wieder hier ankam, stand im Flur ein alter, hochrädriger Kinderwagen, vollgepackt mit Koffern, Brot u. Kleidern, oben drauf eine Tasche, an der ein Paar Kinderschühchen baumelten. Ich erfuhr dann, es sei eine Arztfrau hiergewesen, die diese Sachen abgestellt habe. Heute Morgen früh wurden sie abgeholt. Ich sprach mit der Dame, einer Frau Herzog aus Düsseldorf. Sie war wegen des Bombenterrors ins Riesengebirge gezogen, dort vor 6 Wochen vor den Russen geflüchtet u. war nun die ganzen Wochen hindurch mit ihren fünf kleinen Kindern und dem Mädchen zu Fuß unterwegs mit ihrer letzten Habe. Hier in der Gegend suchte sie nun ihren Mann, von dem sie vor Monaten die letzte Nachricht aus Hamm erhalten hatte, sie zog von Lazarett zu Lazarett, immer vergebens. Sie will nun versuchen, nach Düsseldorf zurückzukommen u. sehen, ob sie dort eine Wohnung findet, da ihr Haus bombardiert ist. Als ich der tapferen

Frau zum Abschied die Hand gedrückt hatte, habe ich bitterlich geweint.

Lippstadt, d. 8. Juli 1945.

Sonntag Nachmittag. Heute habe ich ärztl. Sonntagsdienst, von 11 Uhr bis eben, 1/2 4, war ich unterwegs, ein Besuch löste den anderen ab. Aber jetzt sitze ich hier bei einer Tasse Kaffee, es ist still und einsam, ich bin ganz allein im Hause und denke an all' meine Lieben. Meine fünf Trabanten sind ja in Balve wohlverwahrt, ich möchte ihnen gerne noch diesen Sommer die Freiheit des Landlebens gönnen und vor allem auch die Wohltat der ländlichen Küche. Aber für mich bedeuten diese Wochen der Einsamkeit und der Trennung von all' meinen Lieben die schwersten, die ich je erlebt habe. Die furchtbare Sorge um meinen lieben Bernhard läßt mich gar nicht los. "Wer nie sein Brot mit Tränen aß, wer nie die kummervollen Nächte auf seinem Bette weinend saß..." Ja, so sind meine Tage und Nächte - bittere trostlose Sorge, Grübeln und Kummer, und dann auch wieder Stunden der Hoffnung und Zuversicht. Seit dem 5. März habe ich nichts mehr von Bernh. gehört, bis dann vor 3 Tagen ein Soldat, der mit ihm nach Stettin gekommen war mir die Nachricht brachte, daß B. am 8. April nach Berlin versetzt worden sei. Da war es mit meiner Fassung erst ganz vorbei. Berlin - das

3 Wochen lang umkämpft wurde, wo es täglich Tausende von Toten gab, das eingekesselt war - in dieser Hölle nun mein lieber Mann. 2 Tage lang war ich stumpf und gelähmt vor Verzweiflung, heute nun habe ich wieder die Hoffnung, daß es B. vielleicht doch gelungen ist, herauszukommen. Mein Gedenken ist bei ihm in jeder Stunde, wie in einen Mantel hülle ich ihn ein in meine Gebete. Gott lebt noch - das ist mein einziger Trost und Halt. Und das viele Leid, das man täglich erlebt, läßt einen den eigene Kummer auch wieder geringer erscheinen. Ich brauche nur an die Begegnung des gestrigen Nachmittags zu denken. Ein alter Herr, den ich von Esbeck im Auto mitnahm, erzählte mir, daß er 2 Söhne verloren habe, von dem dritten nichts wisse. Seine Frau sei im Allgäu, er habe seit Monaten nichts gehört. Am 11. März habe er in Essen sein Haus und alle Habe verloren. Dann machte ich Besuch in einem Haus wo 2 junge Frauen wohnten. Der Mann der einen seit 2 Jahren in Rußld. vermißt, ihre Schwester seit Monaten ohne Nachricht von ihrem Manne, der im Osten kämpfte. Abends wurde ich zu einer 60j. Frau gerufen, die besinnungslos sei. Eine elende Bodenkammer, eng und dürftig. Die Frau in tiefer Ohnmacht. Ihre Tochter, eine junge Frau erzählte mir, sie habe ihre Mutter aus Königsberg geholt, damit sie den Russen nicht in die Hände falle. Als sie in ihren Heimatort bei Elbing zurück gewollt habe, sei der Russe schon dort gewesen. Auf der Flucht habe ihr einer aus dem Dorfe, den sie zufällig

getroffen, erzählt[*], ihr Mann u. ihre Kinder, 2 und 7 Jahre alt, seien auf dem Treck. Niemand wußte, wohin sie gezogen seien. Nach 3 Wochen Fahrt, teils per Schiff, teils per Bahn über Kiel, Hamburg, unter furchtbarem Hunger und Strapazen, ist die junge Frau mit ihrer Mutter in Lippstadt gelandet. Seit dem 22. Jan. weiß sie nun nicht, wohin ihr Mann und ihre Kinder verschlagen worden sind. Ist solches Leid fast nicht zuviel für Menschenherzen? Und das ist nur ein Fall unter Tausenden. Ich hörte auch von einer Mutter, die von ihren 5 Kindern 3 auf der Flucht verloren hatte. Solches Weh hat doch die Welt wohl noch nicht gesehen, wie es einem heute auf Schritt und Tritt begegnet. Da habe ich nur Grund, Gott zu danken, daß er uns alle so gnädig beschützt hat. Meine Kinder leben und genießen froh und unbeschwert ihre Jugendzeit. Franz. Jos. und Heini sind aus dem Kriege zurück, Ernst ist in Gefangenschaft, hat aber Nachricht gegeben aus einem Lazarett, die Balver Heimat und unser Heim hier in Lp. sind uns erhalten geblieben. Gebe Gott, daß nun auch mein Bernhard gesund zurückkommt. In dieser Hoffnung will

---

[*] 3. August. Gestern traf ich d. Frau wieder in d. Stadt. Bei genauem Befragen erfuhr ich, daß ihr Mann bei d. Wehrmacht sei, sie weiß nichts von ihm. Ihre Kinder sind mit ihrer Schwester auf d. Treck gezogen, die arme Frau ist immer noch ohne Nachricht.

ich allen Kummer still ertragen und tapfer durch diese Zeit hindurchgehen.

Lippstadt, den 19. August 45.

Wieder ein Sonntagnachmittag, und wieder sitze ich allein hier im Herrenzimmer. Aber die Trostlosigkeit, mit der ich das letzte Mal schrieb, ist doch von mir genommen. Ich habe Nachricht von meinem l. Manne. Er lebt - Gott dank! - er lebt, und eines Tages wird er wieder bei uns sein. Diese frohe Erwartung macht mir die Tage leichter, ich lebe wieder auf. Wie verzweifelt war ich doch vor einigen Wochen noch. Um mir ein bischen Ablenkung von den quälenden Sorgen zu verschaffen, habe ich am 15. Juli die beiden Kleinen, Karin und Ulrich mit d. Mädchen nach hier geholt. Das fröhliche Geplauder der Kleinen und ihre liebe, drollige Art haben mir viel geholfen. Aber in den letzten Julitagen war ich ganz deprimiert und verzweifelt, bis mich der Text des 10. Sonntags nach Pfingsten, am 30. Juli, wieder etwas aufrichtete. Gerade dieser Meßtext hatte mir auch im vorigen Jahre, als ich bei dem Ansturm der Russen gen Riga um Bernhard in großer Sorge war, soviel Trost und Mut gegeben. "Da ich zum Herren aufschrie, erhört er meine Stimme... Wirf Deine Sorge auf den Herren, so wird er Dich erhalten. Vernimm o Herr mein Flehen, verschmäh nicht mein Gebet. Hab acht auf mich, erhöre mich .. O Gott, du offenbarst Deine Allmacht am meisten durch Schonen und Erbarmen: erweise an uns die Fülle Deiner Barmherzigkeit.... Du hüte mich, o Herr, wie Deines Auges Apfel. Im Schatten Deiner Flügel schirme mich. .... Zu Dir, O Herr, erheb ich meine Seele, mein Gott, auf Dich vertraue ich, nicht werde ich zuschanden.. wer auf Dich vertraut, wird nicht enttäuscht." Diese vertrauensvollen Worte las ich Sonntag abends Frau Wemhoff vor, die auch in solcher Sorge um ihren Jungen ist. Ich bekam soviel Mut und Zuversicht u. hatte das Gefühl: bald muß die gute Nachricht da sein. Und siehe da: am nächsten Morgen, am 31 Juli, früh um 8 Uhr geht die Schelle, und da steht ein Soldat da, der eben aus der Gefangenschaft zurückkommt, und bringt mir Grüße von meinem Bernhard. Er sei in Berlin- Rüdersdorf in einem Lazarett, in russischer Gefangenschaft, aber es gehe ihm gut. Dieser Soldat war von ihm behandelt worden und als Verwundeter von d. Russen entlassen worden. Da ist mir ein Fels von der Seele gefallen, ich war überglücklich und voll des Dankes gegen Gott, und nun habe ich auch das Lachen und Singen wieder gelernt und kann wieder mit den Kindern fröhlich sein. Am nächsten Sonntag fuhr ich gleich nach Balve, damit auch die Oma und meine Geschwister, die alle an der Sorge mittrugen, davon erlöst wurden, und alle waren glücklich und befreit. Der Text des nächsten Sonntags paßte gut zu meinem Empfinden: "Es hofft´ mein Herz auf Gott, mir ward geholfen. Nun blühet wieder auf mein Fleisch, von Herzen dank ich ihm....O Herr, mein Gott, ich schrie zu Dir, Du heiltest mich." Nun warte ich mit Sehnsucht auf den Tag, der Bernhard wieder heimbringt. Wir sind ja nun von der größten Sorge befreit, aber wie schrecklich müssen die Tage für Bernhard dahingehen. Er weiß ja nichts von uns, ob wir noch leben und wie wir die schwere Zeit der Kampftage überstanden haben. Die russisch besetzte Zone ist wie hermetisch abgeschlossen, es besteht keinerlei Möglichkeit der Nachrichtenübermittlung, und die Grenzen sind scharf bewacht. Darum konnte auch wohl Bernh. keinen Brief mitgeben, aber es war ja ein besonderer Glücksfall, daß gerade ein Soldat aus hiesiger Gegend entlassen wurde. Morgen ist nun "Vaters" Namenstag. So ganz leise hatte ich gehofft, er sei bis dahin wieder bei uns. Nun hoffe ich auf den 8. Sept., unseren 10. Hochzeitstag, oder d. 2. Oktober, dann Weihnachten, dann Mechthilds Erstkommunion. So setze ich mir Termine, hoffentlich brauchen wir nicht mehr allzulange zu warten. Aber der Russe ist unberechenbar, da darf man sich keinen Illusionen hingeben. Da nun der Krieg mit Japan auch zu Ende ist, hoffe ich, daß all diese Probleme sich schneller lösen und klären und endlich wirklich Friede auf der Welt wird. Durch den Einsatz der Atombombe, dieses grausigen Mittels, das alles Leben kilometerweit zerstört, mußte auch das tapfere japanische Volk kapitulieren. Tapferkeit hat ja heute keine Geltung mehr, die Materie, die Technik siegt, sonst wäre auch Deutschland nie unterlegen. Viele sind der Überzeugung, daß die Atombombe unsere Erfindung sei, fest steht, daß deutsche Erfinder daran gearbeitet haben. Aber wie es auch sei, an den Tatsachen ist doch nichts zu ändern. Wir müssen tragen, was uns auferlegt ist, und wenn die Bitterkeit und Trauer gar zu groß werden, kann der Gedanke Trost geben, daß doch Gott die Geschicke der Völker lenkt und führt und daß er uns aus dem Dunkel dieser Tage auch wieder in lichtere Zukunft führet.---

Sonntag Abend! Friedlich und ruhig ist´s hier im Heim. Man muß sich ganz in´s Haus zurückziehen, darf nicht denken und grübeln, dann läßt sich diese Zeit leichter tragen. Als ich gestern Morgen durch die Stadt ging und all das fremde Volk sah, ist mir fast das Weinen gekommen. Die Straßen voll von Fremden, Polen, Serben, Italienern und Engländern. Am frechsten gebärden sich die Polen, die ja auch fast 1/4 der Stadt belegt haben und sich wie die Herren aufspielen. Zwischen all den Fremdvölkern sieht man dann einzelne deutsche Soldaten, die aus der Gefangenschaft kommen u. traurig u. hungrig ihres Weges gehen. Das ist ein so erschütterndes Bild. Aber davon will ich nichts erzählen, von all den Dingen, die einem das Herz so schwer machen, einen im tiefsten verletzen. Da ich nun einmal am Schreiben bin, will ich nachtragen, was sich in der

Familie ereignet hat, denn davon sollte ja vor allem die "Chronik" berichten.

Am 17. Juni ist unsere liebe Tante, Dr. Elisabeth Allhoff, Vaters Schwester, in Balve gestorben. 3 Tage vorher war ich noch für kurze Zeit bei ihr, sie war schwach und elend, aber an ein so schnelles Ende hätte ich doch nicht gedacht. Wie rührend war sie in ihrer Sorge um unser aller Ergehen, als ich das letzte Mal bei ihr war, sie machte sich solche Gedanken um Franz-Josef und Bernhard, von denen noch keine Nachricht da war. (Franz-Jos. kam am Abend des Beerdigungstages aus der Gefangenschaft zurück, es ist bedauerlich, daß Tante E. das nicht mehr erlebt hat) Ich war sehr erschüttert, als dann am Dienstag während der Morgensprechstunde Grete, Ernstens Frau plötzlich per Rad ankam, und mir die Nachricht von Tante Elisabeth's Tode brachte. Wolle ich mit zur Beerdigung, so müsse ich sofort mit ihr per Rad nach Erwitte, dort sei ein Lastwagen aus Balve, der uns mitnähme. Schnell sorgte ich für Vertretung in Haus u. Praxis, und dann fuhren wir los. Auf ihrem Totenlager sah ich sie dann wieder, die liebe, gute Tante Elisabeth, die mir immer besonders nahegestanden hatte, aber seit Vaters Tode uns allen noch lieber geworden war. In ihrem "Bücherzimmer" war sie aufgebahrt, das edle Gesicht strahlte tiefsten Frieden aus. Am nächsten Morgen wurde Tante Elisabeth von unserem Hause, aus unser aller Elternhaus, dem sie immer in Liebe und

Treue angehangen, zu Grabe getragen in die Gruft, in der ihre Eltern u. ihre Schwester Anna ruhen.

Mit tiefem Dank und großer Liebe denke ich an Tante E. zurück und an all das, was sie mir gewesen ist, und darum sollen auch meine Kinder, die sie ja alle noch gekannt haben, Einiges von dieser Frau erfahren. Tante E. ist 1875(?) als 5. der neun Geschwister der vorigen Allhoffschen Generation in Balve geboren. Sie war   J.alt, als ihr Vater starb. Die Zeiten damals waren bescheiden, im Allhoffschen Wesen plagten sich die Großmutter und mein l. Vater, um wenigstens die Gelder für Ausbildung und Studium der jüngeren Söhne, von denen 2 Ärzte wurden, herauszuwirtschaften. Daß eine Tochter studiere, daran war gar kein Gedanke. Und doch lebte in diesem Mädchen ein so unermüdlicher Wissensdurst. Wie oft hat Tante E. erzählt, sie habe so manchesmal auf d. Holzbahn gesessen und gewünscht: "Ach, wenn Du doch studieren dürftest". Dieser Wissensdrang soll sich von unserer Großmutter, meiner Patin, Katharina Allhoff, geb. Hoff her vererbt haben.. Von ihr erzählen ihre Kinder, daß sie sehr belesen gewesen sei u. sehr viele Lieder u. Gedichte auswendig gekannt habe, Schillersche Balladen u. Goethesche Gedichte. Und abends im Familienkreise hätten sie gemeinsam Lieder gesungen (die vorige Generation hatte schöne Stimmen, Tante E. einen wunderbaren Alt) oder Dramen mit verteilten Rollen gelesen. Und die Großmutter habe für alle Gelegenheiten passende Verse gewußt, z. Bsp., man solle nie ohne einzutreten an einer Kirche vorbeigehen, "dem l. Gotte weich nicht aus, findest Du ihn auf dem Weg." aus Schillers Gang z. Eisenhammer. Vater zitierte auch oft folg. Vers von d. Großmutter, den sie immer gesagt habe: " O Herz, gib Dich zufrieden, u. fiel Dein Los auch schwer, Du hast ja Sonn´ hienieden, u. andre hab´m sie nicht."

An einem frohen Abend habe mal ein Herr "...seid umschlungen, Millionen", gesagt, u. da habe Großmutter gleich mitzitiert: "diesen Kuß der ganzen Welt, Brüder, überm Sternenzelt, muß ein guter Vater wohnen.", worauf der Herr gesagt habe: "Seht mal, das alte Mütterchen!" Diesen Sinn für Gedichte u. Bücher hat die Großmutter wohl an alle ihre Kinder vererbt, u. ich erinnere mich noch gut der Abende, an denen mein lb. Vater mit mir Schillersche Balladen las u. wie er sich freute, als ich mit 10 od. 12 Jahren den "Kampf mit dem Drachen" auswendig hersagen konnte.

Tante E. aber mußte erstmal die Volksschule besuchen u. kam dann nach Aachen, zu ihrer Tante, Großvaters Schwester, die dort ein Weißwaren-Geschäft hatte, für 2 J. in die Lehre. das war ihr alles sehr zuwider, u. wie sie es erreicht hat weiß ich nicht, aber sie durfte dann doch später das Seminar besuchen und wurde Volksschullehrerin, wahrscheinlich durch d. Einfluß ihrer ält. Schwester Anna, die auch Volksschullehr. war u. lange Jahre als solche segensreich i. Balve gewirkt hat.

Nachdem sich ihr einmal die Pforten erschlossen hatten, machte dann Tante E. ihr Examen als Lehrerin f. höhere Mädchenschulen, war einige Jahre in Warburg an einer höheren Mädchenschule tätig. Als d. Frauen nach hartem Kampf die Universitäten geöffnet waren, machte sie ihr Abitur u. studierte an d. Universität Münster, als eine der ersten Frauen mit, die zur Hochschule gingen. Aus diesen Zeiten hat sie viel erzählt, wie oft sie als einzige Frau i. Colleg gesessen habe u. wie sehr d. Frauen damals noch angefeindet wurden. Nach Abschluß d. Hochschulstudien war sie dann 25 J. lang an einem Mädchengymnas. in Köln tätig, als sehr geschätzte Kraft, der ihre Schülerinnen immer ein dankbares Gedenken bewahrt haben. Als Fächer hatte sie Deutsch, Geschichte u. Erdkunde, hat ihren Dr. in Geschichte gemacht, summa cum laude. Nach der Machtergreifung wurde Tante E. als Mitglied der Zentrumspartei 1933 pensioniert u. lebte dann später in Balve in Oheims Hause. Das ist in groben Zügen ihr äußeres Lebensbild. Ihr Wesen, ihren Charakter zu zeichnen, ist eine schwierige Aufgabe. Ihr hervorstechendster Zug war ihr unermeßlich reiches Wissen, wie es wohl selten eine Frau besessen hat. Sie hat eigentlich ihr ganzes Leben hindurch gelesen u. studiert, (ihre reiche Bibliothek) u man brauchte sie nur nach irgendwas zu fragen, so konnte sie genaue u. erschöpfende Antwort geben. Dabei aber war sie von größter Bescheidenheit. Ihr Wesen war etwas kantig u.

herb, Freunden gegenüber manchmal von allem Schrot u. Korn. Aber wem sich einmal ihr Herz erschlossen hatte, der fand bei ihr immer liebevolles Verständnis, tiefste Güte u. gebende Liebe. Uns Allhoffs Nichten u. Neffen u. auch unseren Kindern war sie in großer Liebe zugetan. Sie war ein absolut offener u. aufrechter Mensch, sagte frei heraus ihre Meinung u. eckte dadurch bei Außenstehenden manchmal etwas an. Zwei Wesenszüge darf ich nicht vergessen, ihre überzeugte Religiösität u. ihre tiefe Vaterlandsliebe. Tante E. war eine fromme Frau im wahrsten Sinne des Wortes. Sie besuchte tägl. die hl. Messe u. betete viel auch während des Tages, las viel religiöse Literatur u. hat uns Vieles davon übermittelt. In dieser Hinsicht nahm sie das Leben sehr ernst, sah auch in Gott einen gestrengen Richter, im Gegensatz zu unserem lb. Vaters, der nur den gütigen Vatergott sah u. der nicht einmal recht an eine Hölle glauben wollte, weil es ja kaum böse Menschen gäbe od. es doch sehr schwer sei, eine Todsünde zu begehen. Tante E. dagegen glaubte an ein sehr strenges Gesicht u. war überzeugt, daß es sehr schwer sei, zur Anschauung Gottes zu gelangen. Über diese Dinge haben wir oft gesprochen, aber wir Jüngeren neigten doch alle mehr zu d. Auffassung unseres lb. Vaters. Tante E. tiefe, glühende Liebe zum Vaterland ist uns besonders in den Jahren des Krieges bewußt geworden. Unter der Not der Niederlagen in d. letzten Jahren hat sie direkt körperlich gelitten, hat aber auch fast bis z. Schluß noch fest auf den deutschen Sieg vertraut, bis sie dann doch noch d. Untergang erleben mußte..............

Nach 1918.....

Ich persönlich habe Tante E. sehr Vieles zu danken, bes. seit ich in meiner Bonner Schulzeit zu ihr in ein näheres Verhältnis kam. In d. 2 Jahren in denen ich bis z. Abitur in Bonn war, fuhr ich jeden Samstag Mittag nach Köln und blieb dort bis Sonntag Abend od. Montag Morgen. Tante E. gemütliches Heim ist mir während ds. Zeit ein rechtes Asyl gewesen. Kam ich Samstag nachm. an, dann tranken wir erstmal gemütlich Kaffee u. erzählten von den Erlebnissen d. Woche. Danach ein kl. Spaziergang, u. dann hinter die Bücher. Beide setzten wir uns in einen Sessel, nahmen ein Buch zur Hand, jeder bekam eine Fl. Wein, u. so lasen u. tranken wir in aller Behaglichkeit, stundenlang und tauschten uns über das Gelesene aus. Den Genüssen des Lebens war Tante E. keineswegs abhold, sie trank gerne ein gutes Glas Wein u. rauchte auch gute Cigaretten, allerdings nur in der Geborgenheit des eigenen Heims, nicht in d. Öffentlichkeit. Sonntags gingen wir schon früh um 6 Uhr zur Gemeinschaftsmesse, die Pfarrer Könn[20] in St. Aposteln zelebrierte, u. die Auslegung der Meßtexte wie auch d. Bibelstunden, die ich später in meiner Kölner Zeit mitmachte, sind mir unvergeßlich. Später, 1932, habe ich 1 Jahr lang an der Kölner Klinik als med. Prakt. gearbeitet u. wohnte während der Zeit bei Tante E. So habe ich viel geistige Anregung bei ihr gefunden u.

meine Liebe zu Büchern u. Literatur darf ich wohl auf Tante E´s. Einfluß zurückführen. Viele schöne, frohe Stunden haben wir gemeinsam verlebt, Stunden der Anregung u. Aussprache über lit. Themen, über religiöse Dinge, auch Stunden des Frohsinns u. Lachens mit lieben Bekannten u. herrliche Sonntagsfahrten ins rheinische Land od. in d. Eifel. An die Zeiten in Köln denke ich mit Liebe und Dank zurück, es waren Gnadentage in geistiger u. in religiöser Hinsicht, u. Lachen u. Frohsinn sind auch nicht zu kurz dabei gekommen. Wie manchen frohen, beschwingten Abend haben wir verlebt bei Lachen u. Becherklang.

Die Jahre in Balve waren überdeckt von der Not des Krieges, an der Tante E. schwer trug. Da kam ihre Lachseite nur selten noch zum Ausbruch. Aber tägl. war sie bei uns im Hause, von nachm. 4 bis abends 10 od. 11 Uhr. Früher ging sie tägl. in den Wachloh, den sie sehr liebte, saß dort am Waldrande u. las. "Ha, da hab ich mal im Herbst Stifters Nachsommer gelesen, das war wunderbar." Später wagte sie sich wegen d. tägl. Fliegeralarme nicht mehr so weit hinaus, sie saß dann meist im Garten od. im Kreuzschladenweg. Der Oma Felker widmete sie auch tägl. ein Stündchen. An unseren Kindern hing Tante E. sehr. Schon Mechthild hatte sie mit rührender Liebe verwahrt und betreut, aber ihre ganze Liebe galt doch unserer kleinen Karin. Karin ist für Tante E. in d. letzten Jahren ein wahrer Herzenstrost gewesen, die Liebe zwischen diesen Beiden läßt sich gar nicht schildern. Tägl. gingen sie beide zusammen spazieren, ein ulkiges Bild. Karin war fort ,den ganzen Tag bei Tante El. und spielte dort. Am letzten Morgen vor ihrem Tode war sie noch bei Tante E am Bett. "Mein liebes, süßes Mäuschen", das waren ihre Abschiedsworte an das kl. Ding.

Lippstadt, den 5. Januar 1946

Abend vor dem Dreikönigstage. Eben hallten die Glocken so feierlich über die Stadt, die das hohe Fest einläuten, jetzt ist es friedlich und still. Ich sitze mit Bernhard in unserem Herrenzimmer, im weihnachtlich geschmückten Raum, und gedenke des Abends heute vor 2 Jahren, als unser lieber Vater so still und ruhig in den ewigen Frieden einging. "Als das All im tiefsten Schweigen lag.." Da ist wirklich ein Leben zu Gott heimgekehrt, das in allem Tun ganz fest in ihm verankert war.- Immer noch brennt die Wunde um diesen schweren Verlust. Vaters Liebe und Güte, seine Weisheit und reife Erfahrung hätten uns noch viel helfen können in den schweren Tagen, in denen wir stehen. Aber ich glaube fest, daß er nun alles weiß und uns sehr nahe ist. Als ich Ostern an seinem Grabe stand, so ganz verzagt und traurig wegen der Ungewißheit um Bernhard und der Brüder Schicksal, hatte ich das Gefühl als sage Vater:

Sei doch getrost, Kind, es wird schon alles gut", und das gab mir soviel Kraft und Vertrauen.

6. Januar. Dreikönigsfest.

Da ich so lange nicht mehr an der "Chronik" geschrieben hatte, will ich heute einmal Rückschau halten auf die letzten Monate des vergangenen Jahres, des schicksalsschweren Jahres 1945, das unser liebes Vaterland in die tiefsten Abgründe gestürzt hat und soviel Not und Elend brachte. Aber wenn wir unsere engere Familie betrachten, können wir doch Gott aus tiefstem Herzen danken, daß er uns alle beschützt und wieder zusammen geführt hat. Fast wie ein Wunder erscheint es mir heute noch, daß mein Bernhard aus russischer Gefangenschaft heimgekehrt ist. Ende August erhielt ich auf Umwegen einen Brief von ihm, daß er am 17. Aug. aus russ. Gefangenschaft entlassen sei und sich jetzt in einem englischen Lager in Berlin aufhalte. Meine Freude und Dankbarkeit war unbeschreiblich, hatte ich doch trotz allen Hoffens nicht erwartet, daß er vor Ende eines Jahres freikommen würde. Am 8. Sept., unserem Hochzeitstage, als ich abends um 7 Uhr zu kurzem Besuch zu Wemhoffs gegangen war, schellte unten das Telefon. Das Mädchen kommt heraufgestürzt: "Ihr Mann ist in Balve." Die Empfindungen dieses Augenblicks lassen sich nicht beschreiben. In aufregender Eile habe ich alles im Hause besorgt, um einen Vertreter in der Praxis gebeten, die Sachen gepackt, die Kinder angezogen, das Auto geholt und ein Ersatzrad in Ordnung bringen lassen (die Panne kam dann auch vor Soest) und um 1/4 nach 8 starteten wir dann nach Balve, wo wir lange nach 10 Uhr, gerade noch vor Beginn der Sperrzeit, ankamen, wo wir den "Vater" sehr abgemagert, aber gesund antrafen. Das war ein seliger Abend. Nach Jahren der Trennung und der oft bitteren Sorge waren wir nun alle im lieben, alten Hause auf dem kl. Saal beisammen, die ganze Familie, Oma Felker und all meine Geschwister und mein lieber Mann, in demselben Raume, in dem wir vor 9 Jahren unsere Hochzeit gefeiert haben. An solchem Tage schweigt einmal alles Lastende und Schwere, das auf einem liegt, er gehört nur der Freude u. dem unerhörten Glück. Gertrud und Karin sagten dann Vater ein kleines Gedicht zum Willkommen auf, das ich in einer plötzlichen Eingebung am Sonntag vorher verfaßt und beigebracht hatte. (Mechthild u. Bernd waren in Balve geblieben.)

Gertrud:

'Endlich ist der Tag gekommen, der Dich wieder heimwärts bringt,
Nach so langen, bangen Wochen, ist nun unser Glück erfüllt.
O, wie lange warst Du ferne, Papa, in dem bösen Krieg,
Und wir all die Dich so lieben, waren oftmal sehr betrübt.
Liegt nun auch das Land in Trümmern, unsere kleine Welt wird blüh'n.

159

Vater, Mutter und wir Fünfe, wolln in Lieb zusammensteh'n

Und Karin sagte so lieb und süß:

'Ich habe gebetet jeden Tag, daß der liebe Gott Dich behüte.
Papa, nun bist Du wieder da, wir preisen Gottes Güte.'

In ihrer Kindersprache lautete das: "Ich habe tebetet neden Tag, daß der liebe Tott Dicg behüte. Papa, nun bist Du wieder da, wir preisen Tottes Tüte."

Als die Kinder endlich zu Bett gebracht waren, haben wir alle noch fröhlich ein paar Stunden beisammengesessen und in Erinnerungen an den Hochzeitstag auch das Lied vom Kastanienbaum gesungen. Der Tag unseres Wiedersehens war ein Samstag; am Mittwoch fuhren dann Bernhard und ich nach Lippstadt zurück, regelten dort alles in Haus und Praxis und fuhren nach einigen Tagen wieder nach Balve, wo wir 14 schöne, ungebundene Tage mit den Kindern und allen Lieben verlebt haben. Am 2. Okt., seinem 40. Geburtstage, hat dann Bernhard selbst die Praxis wieder übernommen.

So nach und nach erfuhr ich dann alles, was sich seit unserem letzten Treffen, am 5. März, ereignet hatte. Seitdem hatte ich ja keinerlei Nachricht mehr von Bernhard erhalten. Erschütternd waren die Berichte vom Endkampf in Berlin, der jeden Tag Tausende von Toten forderte, und den die deutschen Truppen, durch falsche

Informationen immer noch auf eine Wendung hoffend, so heldenhaft durchgestanden haben. Dann die Tage der Kapitulation und der russischen Gefangenschaft. Hunger, Entbehrung, furchtbare Strapazen, Typhus und Ruhr in dem großen Lager, das nur aus Baracken und Zelten bestand und in dem 2400 Verwundete zusammengepfercht waren, in dem sie täglich in Mengen starben, da keine Medikamente da waren und die Leute so sehr erschöpft waren. Und hinter allem immer das drohenden Gespenst der Verschleppung nach Rußland, das wahllos mal Diesen u. Jenen packte. 6 der Ärzte im Lager hat dieses schwere Los getroffen, der Abtransport nach Sibirien, und diesen ist wohl die Heimkehr für Jahre versperrt. Der Osten entlässt ja nur Kranke und Arbeitsunfähige. Zerlumpt, ohne Stiefel, die Füße nur mit Lappen umwickelt, elend, mit aufgedunsenen, gelben Gesichtern, vollständig erschöpft und kaum noch des Gehens fähig, gezeichnet von Hunger und Entbehrung - das sind die deutschen Soldaten, die aus Lägern am Ural u. Sibirien entlassen werden. Krank kommen sie in die Heimat zurück, nur noch ein Wrack, Hunderte sterben unterwegs oder später in der Heimat. Fast alle Soldaten, die irgendwie arbeitsfähig waren, sind zum Osten verschleppt worden und der Zwangsarbeit und allen Greueln preisgegeben. Und mit den bolschewistischen Teufeln haben sich die Mächte des Westens verbündet und reden von Menschenglück und Freiheit. Elende Lüge und

Heuchelei. Man versteht die Welt nicht mehr. Daß Bernhard diesem furchtbaren Lose der Verschleppung entgangen ist war ein Glücksfall, der fast an´s Wunderbare grenzt. Als das Lager bis auf 200 Mann geräumt war, von denen noch einige nach ihrer Gesundung für den Osten bestimmt waren, ließ der Russe für einige Tage seine Hand davon ab und übergab das Lager d. Bürgermeister v. Rüdersdorf. Der hatte aber nichts, um die Leute zu verpflegen, da in der russ. Zone weder Fett noch Fleisch ausgegeben wurde. So baten die Ärzte um 2 Lkws und schafften binnen 2 Tagen die Verwundeten in die englische Zone in Berlin u. begaben sich selbst auch dorthin. Dadurch sind sie dem weiteren Zugriff der Russen entgangen. B. war dann 3 Wochen lang noch als Arzt im engl. Lager tätig, wohin sich täglich Tausende kranker entlassener Soldaten begaben, um unter engl. Schutz die russische Zone zu passieren, da die Leute sonst meistens wieder von Russen festgehalten wurden und erneut in Gefangenschaft kamen. Am 7. Sept. kletterte er dann in Balve aus einem Brotwagen heraus, in dem er die letzte Strecke der Reise gemacht hatte. Er war sehr erstaunt, schon alle Brüder in Balve vorzufinden, hatte er doch damit gerechnet, daß Heini wohl in russ. Gefangenschaft sei und auch sehr um Franz-Jos. gebangt, der ja in sehr gefahrvollem Einsatz gewesen war. Uns hatte B. auch in Balve vermutet und es war nun schwierig, mir Nachricht zu geben

Auf allerlei Umwegen haben sie es dann aber doch erreicht, daß Samstag Abend über die Militärreg. im Menden ein Anruf an mich durchging. So hatte sich nun alles in Glück und Freude gelöst, all' die furchtbaren Ängste und Sorgen, und ich will es Gott mein Leben lang danken, daß er alles so gut gefügt hat.

Die Geschehnisse, die B. aus der russischen Zone erzählt, sind ganz furchtbar. Tausende von Frauen und Kindern sind nach Rußland verschleppt worden, und auch die meisten der jungen Männer, die nicht Soldat waren und 14-15jährige Jungens. Fast alle Frauen und Mädchen vergewaltigt. Tausende, oft ganze Familien haben Selbstmord begangen aus Verzweiflung. B. hat selbst erlebt, wie eine Mutter ihre 16j Tochter vergiftet hat, er konnte das Mädchen nicht mehr retten. Alle Habe, Möbel, Vieh, Industrieanlagen, sind nach Rußland gebracht worden, die Besitzer der Höfe sind ihres Eigentums beraubt worden und vertrieben. Es ist die Hölle in dem russ. besetzten Gebiet, und das ist nun das halbe Deutschland. In den den Polen zugesprochen Gebieten werden alle Deutschen ausgewiesen. Einige Tage vor Weihnachten sah ich einen dieser Flüchtlingszüge hier in Lippstadt. Nach 55täg. Reise waren die Leute halbverhungert u. erschöpft, schmutzig, zerlumpt, hatten nur ein kl. Bündel mit den letzten Armseligkeiten. Ich habe laut geweint. So sollen nun im Laufe des Winters noch 6 Mill. Deutsche ausgewiesen werden und hier im überbevölkerten Westen Unterkunft finden in Häusern, Lägern u. Baracken. Es ist Trostlosigkeit ohnegleichen. Das ist die laut gerühmte Humanität der Alliierten, die jetzt laut und zeternd ihre Stimmen erheben und der ganzen Welt von den Greueln der Deutschen erzählen. Leider ist ja auch Vieles geschehen, was furchtbar und unentschuldbar ist, begangen von einer bestimmten Clique, von denen das deutsche Volk aber nichts wußte. Aber die Schuld liegt trotz allem auf uns, und wir müssen sie tragen. Doch die Greueltaten der Alliierten sind noch weit schlimmer, und sie reden heuchlerisch von Menschenbeglückung und Weltfrieden. In den Lägern am Rhein sind in amerik. Gefangenschaft Hunderte deutscher Soldaten an Hunger gestorben. Monatelang mußten sie, Regen u. Kälte schutzlos preisgegeben, auf der Erde schlafen. Millionen deutscher Frauen und Kinder sind den Bomben der Feinde zum Opfer gefallen, und die Atombombe, die kilometerweit jedes Leben zerstörte, wurde gepriesen als Mittel zum Frieden d. Welt. Man könnte Bände schreiben über das Geschehen in der heutigen Zeit, über Lüge und Heuchelei. Was wird die Zukunft bringen? Wird einmal wieder Sinn und Ordnung in diese zerstörte Welt kommen? "Dunkel bedeckt die Erde u. Finsternis die Völker" heißt es in der heutigen Epistel. O Gott, sende einen Strahl Deines Lichtes in diese arme Welt. Nur Du kannst das Dunkel erhellen, Du kannst es allein.

Abend des Dreikönigstages. Wir haben so einen ganz ruhigen, schönen Nachmittag verlebt mit gutem Kaffee und dem seltenen Genuß einiger Zigaretten, die wir nach tagelangem Entbehren besonders genossen. Ernst, Frau Brunnberg, Bernhard und ich; die Kinder spielten nebenan im Zimmer. Frau Brunnberg hat nun endlich auch Nachricht von ihrem Manne, der 2 1/4 Jahr nicht in Urlaub war, seit 1 1/4 Jahr keine Nachricht geben konnte. Vor einigen Tagen endlich wurde auch sie aus der Ungewißheit erlöst, Dr. Brunnberg ist als Gefangener auf der Insel St. Martin de Rhé an der Atlantikküste und wird hoffentlich auch bald heimkommen.- Am Abend zündeten wir die Lichter am Baume an und sangen mit den Kindern all` die lieben Weihnachtslieder. Bernhard mußte dann noch einige Krankenbesuche machen, so bin ich nun allein und will von den schönen Weihnachtstagen berichten, die wir alle in Balve verlebt haben. So hatten wir es seit langem geplant, die erste Weihnacht nach dem Kriege wollten wir alle gemeinsam im Elternhause in Balve feiern, da ja unsere Soldaten diese Fest jahrelang draußen verleben mußten, Franz-Jos. sogar 6 Jahre lang. Am 22. Dez. fuhren wir hin, Ernst, Bernhard, unsere Trabanten und ich. Heinrich kam am 24. Dez., u. so waren wir dann wirklich wieder mal alle beisammen und haben in alter, traditioneller Weise die Festtage verlebt. Immer wieder verläuft das Fest im gleichen Stil und Rhythmus, und immer wieder wird der alte Zauber neu und lebendig. Das gemütlich, stille

Beisammensein am heiligen Abend, der Gang zur Mette in dunkler Nacht, der Besuch an den Gräbern der Eltern nach der 2. Messe und das Weihnachtsgebet beim Christbäumchen in der Gruft, dann der Jubel der Kinder bei der Bescheerung, die trauten Weihnachtslieder in Kirche und Haus und dann das gemeinsame Kaffeetrinken bei Kerzenglanz in der Morgendämmerung, bis das Licht heller und heller durch die Fenster scheint und es Tag geworden ist. Dann läuten wieder die Weihnachtsglocken zum festlichen Hochamt, und nachmittags gehen alle in die feierliche Vesper, am Abend ist das ganze Haus um den Weihnachtsbaum versammelt, und da wird nach Herzenslust gesungen, stundenlang, bis dann um 10 Uhr sich die Mädchen u. die Männer v. Hofe verabschieden und wir Geschwister noch ein Stündchen oder zwei gemütlich plaudernd beisammensitzen. Es ist so eine besonders warme und wohlige Atmosphäre im Hause in der ganzen Weihnachtszeit und wir haben sie sehr genossen, beglückt und froh nach all` den Jahren der Sorge und der Trennung wieder alle beisammen sein zu dürfen.

Am 28. Dezember feierten wir Adalbert´s und Agathas Hochzeit. Es war ein ganz besonders schönes und stimmungsvolles Fest. Wochenlang vorher schon hatte Jeder sein Bestes getan, wir Lippstädter übernahmen das Vorbereiten der Hochzeitszeitung, in Balve wurde der Festschmaus organisiert u. Bruder Heinrich konnte unter lustigen und auch beklemmenden Umständen, die ich später mal erzähle, Wein u. Sekt besorgen. Der große Saal war wunderbar geschmückt mit großen Tannen, eine Festhalle in Grün, auf den Zweigen selbstgegossene Kerzen. Nach der feierlichen Brautmesse war der festliche Kaffee bei Kerzenlicht, unterbrochen von stimmungsvollen Darbietungen, dem Vorlesen von Guardinis Traurede, dem Begrüßungslied, einem herrlichen Klavierkonzert v. Pröpper und einer sehr schönen Rede des Pfr. Laufenberg, während der wir alle uns erhoben und unter d. Klängen v. Schubert´s "Heilig, heilig, heilg" den Blick in´s Jenseits wandten und der verstorbenen Eltern gedachten. Dann gratulierte die ganze Kinderschar, singend: "Alle Kinder kommen hier, wollen gratulieren, Hochzeit ist ja heut´ im Haus, Junggesellenzeit ist aus. Glück u. Segen allezeit wünschen wir Euch Beiden" zogen sie in langer Reihe, unsere 5, Heinnis3 u. Ernstens Anngretchen in d. Saal hinein. Die Festrede am Mittag hielt Bruder Heini. Da gab´s auch Tafelkonzert, Geige u. Klavier, und nun lebte der Frohsinn auf. Bei Liedern, Tanz und Fröhlichkeit haben wir ein harmonisches Familienfest gefeiert.

Am Sylvestertage mußten wir dann Abschied nehmen von Balve. Im vollgestopften Auto (Berni, Ernst, unsere 5 u. ich) kamen wir nach schauderhafter Fahrt mit Pannen u. allem Mißgeschick doch glücklich gegen Abend hier an. Die letzten Stunden des alten Jahres haben dann wir Drei, Bernhard, Ernst u. ich gemeinsam verbracht, bei einer Fl. Wein u. Sekt, die wir von der Hochzeit her noch aus Balve mitgenommen hatten. Still und ernst haben wir beisammen gesessen, und als um 12 Uhr die Glocken über der Stadt ertönten, stahlen sich sogar in die Augen der Männer ein paar Tränen. Es war ja auch wohl der Abschluß des trostlosesten und dunkelsten Jahres, das wir erlebt haben. So elend und zertreten liegt unser liebes Vaterland am Boden und nirgends winkt ein Hoffnungsstern. Der Willkür unserer Feinde sind wir preisgegeben, ihrem Haß und ihrer Rachsucht, dunkel und schwer liegt die Zukunft vor uns. O Gott, gib uns ein starkes Herz in diese Prüfungszeit und mache unseren Kindern wieder die Zukunft heller.

30. Januar 46.

Gestern kam ich mit Ernst auf dem Motorrad von Balve zurück. Ich war vor einigen Tagen hingefahren, um mal eine Schlachterei mitzumachen, die dann aber doch leider nicht klappte. Doch ich habe die Tage in Balve sehr genossen, bei dem warmen Sonnenschein haben wir viele Spaziergänge gemacht und im Hause gemütliche Stunden mit den Geschwistern verbracht. Wie ein Eskimo verpackt, in Schaffelle eingebunden, kam ich gestern Mittag hier an. Im Flur umringten mich meine Fünf, schlossen einen Kreis um mich und sagten, was der

Vater ihnen beigebracht hatte, der lachend im Hintergrunde stand.

'Mutter hat das Schwein verwurstet, sie ist wieder da.
Nach ihr haben sehr gedurstet, Kinder und Papa.
Mutter, tu das niemals wieder, laß uns nicht allein.
Sonst verzichten wir doch lieber auf ein Stück vom Schwein

Mel.: Fuchs, Du hast die Gans gestohlen. Unter Gelächter wurde ich dann aus meinen Fellen und Hüllen herausgeschält und war froh, wieder bei meinen Liebsten zu sein.

6. Februar 46.

Heute Mittag hatte ich ein furchtbares Erlebnis, das so recht das Elend unserer Zeit veranschaulicht. Ein Kind brachte einen Zettel "Herr Doktor, ich habe furchtbare Blutungen, was soll ich tun?" Da Bernhard auf Praxis war, ging ich mit dem Kinde. Ich kam in eine enge, aber saubere Wohnung. Auf dem Bett, unter einer schwarzen Decke, lag eine junge Frau. Nach der Untersuchung erzählte sie mir dann ihr Schicksal. Kriegswitwe, Mutter von 4 Kindern, stammt aus Ostpreußen. Als der Krieg sich dem Gebiete näherte, wurde sie an die tschechische Grenze evakuiert. Als dann die Russen kamen, haben die Deutschen dort Grausiges erlebt. Die Kinder wurden in´s

Zuchthaus gesperrt, die Frauen u. Mädchen vergewaltigt, sie selbst 23 mal von Mulatten. Später kamen dann die Amerikaner. Als die Mutter nach ihren Kindern suchte, erfuhr sie, daß die Amerik. die Kinder nach Eisenach ins Waisenhaus gebracht hätten und die Halbverhungerten mit einigen Nahrungsmitteln versehen hätten. Frau P. ist dann nach Eisenach gefahren, hat dort aber nur 3 Kinder wiedergefunden, das 11j. Töchterchen und die 6- u. 3jährigen Söhne, während das 9j. Töchterchen verschwunden ist. Sie hat nun erfahren, daß die Russen das vollständig erschöpfte Kind in ein Auto geladen haben und ist bis heute ohne jede Nachricht. Mit ihren 3 Kindern ist sie unter furchtbaren Strapazen und Gefahren nach hier geflohen. Alle Suchaktionen nach dem verlorenen Kinde sind bis heute ohne Erfolg geblieben. Ist so furchtbares Leid nicht fast zuviel für ein Mutterherz? Und dazu die seelischen Qualen - gravide von einem Mulatten - 7 Monate lang der Ekel und Abscheu - und jetzt Gott Dank die Erlösung von dieser Not. - Diese traurigen Fälle sind keineswegs Seltenheiten. Überall im Osten die gleiche Not, Vergewaltigungen, selbst bei Nonnen, Vertreibungen von Männern u. Frauen, selbst halbwüchsigen Kindern nach Sibirien, Zerstörung allen Hab´s und Gutes. - Ich habe ein Mädchen hier im Haushalt, auch Ostflüchtling - das gleiche Schicksal. Vorige Tage besuchte sie ihr früherer Pastor, der in der Nähe Osnabrücks lebt und seine alten Pfarrkinder aufsuchte. Er erzählte von vielen Frauen seines Ortes, die verschleppt seien, sogar Mütter von kleinen Kindern. Der Dechant ihres Sprengels sei gekreuzigt worden. So sieht es aus im dunklen Osten. Und das sieht sich die Welt an und sagt kein Wort dazu.

7.März 1946.

1.April 1946.

Herrliche Frühlingstage! Warm und golden ist die Welt, überall schwellende Knospen, frisches Grün und leuchtende Frühlingsblüten. Da tauchen Erinnerungen auf an frühere Frühlinge in sorgenloser, glücklicher Zeit, Frühlingsabende in Bonn, in Freiburg, in Kiel, in Münster, da man mit dem Rade hinausfuhr an die Werse, im Boote paddelte, hernach am Bootshaus bei Bowle unter lachenden, frohen Menschen saß, bei Vennemann sich köstlich labte. Märchen aus uralten Zeiten! Wie bescheiden ist doch das Leben geworden. Der Winter war hart und schwer, knapp an Lebensmitteln und die meisten Leute bekamen überhaupt keine Kohle. Wegen der Praxis bekamen wir wenigstens nach stundenlangem Schlangestehen am Wirtschaftsamt ab und zu einige Ctr. Schlammkohle, sodaß wir es doch etwas warm hatten.

Aber für unsere Feinde sind wir wohl zu gut durch den Winter gekommen, da werden uns jetzt die Lebensmittel noch mehr entzogen. Seit Monaten schon bekommen wir pro Woche 100gr. Fleisch und 62,5gr. Butter, abwechselnd eine Woche Butter, die andere Woche Margarine. Und nun plötzlich der große Entzug am Brot. Diese Woche 2 Pfd. pro Kopf, nächste Woche 1 Pfd., Kleinkinder fast garnichts, nur 1 Pfd. Zwieback. Wo soll das nur hinführen? Die meisten Leute haben auch keine Kartoffeln mehr, wir nur noch für einige Tage. Ich muß sie mir jetzt auf dem Lande in kleinen Portionen erbitten, aber nur wenige haben diese Möglichkeit und die meisten hungern bereits. 2500 kal. pro Tag sind als Minimum der Erhaltung der Arbeitskraft errechnet worden, wir Deutschen bekommen nichtmal 100 kal. pro Tag. Wie soll das alles noch enden?

Vor einigen Tagen waren wir in Münster. Ich stehe noch ganz unter dem erschütternden Eindruck dieser zerstörten Stadt. Wie war es doch herrlich und schön, das alte, liebe Münster. Und nun ein einziger Trümmerhaufen, ausgebrannt und leer die Stätten, wo früher so frohes Leben herrschte. Alles Ruinen, die ganze Stadt, all die schönen alten Häuser, die wunderbaren Kirchen, der Prinzipalmarkt, das alte schöne Rathaus - alles, alles zerstört "In den öden Fensterhöhlen wohnt das Grauen, und des Himmels Wolken schauen tief hinein. - " Kann solche Stadt überhaupt wieder aufgebaut werden? Wir erleben es gewiß nicht mehr.

Und nun sind all` die schönen, deutschen Städte dahin, die Zeugen alter Kultur und Vergangenheit. Ich hatte einst ein schönes Vaterland - heute ist´s ein Trümmerhaufen. Und doch dürfen wir den Mut nicht ziehen lassen. Wir müssen ja unseren Kindern wieder eine menschenwürdige Zukunft aufbauen und wir haben den Optimismus, daß es gelingt. Ich denke oft, dies sei die Zeit der Prüfung, aber auch der Gnade. Möchte doch das deutsche Volk zu Christus zurückfinden, möchte sein Reich zu uns kommen, damit er in deutschen Landen sein Reich gründe, das Reich der Wahrheit und des Lebens, ein Reich der Heiligkeit und der Gnade, ein Reich der Gerechtigkeit, des Friedens und der Liebe.

12. April 46.

Heute ist´s ein Jahr, seit die Amerikaner in Balve einrückten. Wie grauenvoll waren doch jene Tage, da wir wirklich dem Tode ins Auge sahen und bereit waren, alles zu opfern, wenn Gott uns nur das Leben vergönnen wolle und wenn nicht, dann Herr geschehe Dein Wille. Man vergißt schnell solch´ dunkle und schwere Stunden, aber die Erinnerung an solch Erleben bleibt und gibt Kraft und Trost in dieser Zeit.

14. April 46.

Sonntagabend! Ich sitze allein in unserem Wohnzimmer, die beiden Kleinen, Karin und Ulrich schlafen schon eine geraume Weile. Meine anderen Lieben sind in Balve, dort feiern sie heute alle gemeinsam den Tauftag der kleinen Gerlind, Heinis 4. Kindchen, das am 3. April im alten Hause in Balve zur Welt gekommen ist. Mein Bernhard ist Taufpate, er fuhr gestern früh um 6 Uhr mit Mechthild nach Balve. Bernd und Gertrud sind schon einige Wochen dort, und zu Ostern werden wir alle hinfahren. Die Kinder sind so gerne in Balve. Mechthild meint, es sei der schönste Ort auf der ganzen Welt. Ich bin so dankbar, daß wir dieses schöne Asyl haben und dort immer mal wieder ein paar Tage im harmonischen und so treu u. fest verbundenen Geschwisterkreise verleben können. Die Freuden des Familienlebens sind die kostbarsten und schönsten, und die sind uns ja in reichem Maße verblieben, sowohl in unserer engeren Familie mit unserer frohen Kinderschar, als auch in dem weiteren Kreise, der meine Geschwister mit ihren Frauen und Kindern umspannt, und der uns oft so froh und glücklich in Balve versammelt sieht.

Lippstadt, den 5. Mai 1946.

Heute vor 8 Tagen, am Sonntag, dem 28. April, feierten wir in Balve ein schönes und bedeutungsvolles Fest: den Erstkommuniontag unsere Mechthild. Aus verschiedenen Gründen hatten wir beschlossen, den Tag in Balve zu verleben: weil Mechthild fast ihre ganze Jugendzeit in Balve verbracht hatte und sehr daran hängt, weil die Oma Felker dort ist und all' meine Geschwister, und keine Möglichkeit war, daß sie alle nach hier kamen. Es war ein strahlender und leuchtender Frühlingstag, die ganze Welt in Sonne, Blüten und jungem Grün. Die kirchliche Feier war ergreifend und sehr stimmungsvoll.[21]

12.7.46

Meine Lieben daheim!

Nach angestrengtem Tagewerk will ich Euch eben noch ein paar herzliche Grüße senden. Es ist gleich 1/2 9, bis eben habe ich gebügelt, Berni ist noch unterwegs. Wir warten noch auf ihn wegen des Abendessens. Seit über 14 Tagen dürfen wir d Auto überhaupt nicht mehr benutzen, sie haben allen Ärzten d. Schein entzogen, bis auf Dr. Schlaudraff. Wir sollen zwar den Wagen wiederbekommen, aber wann? Der engl. Kommandant unterschreibt nicht, der ist voller Chikanen, ist seit 6-8 Wochen hier. Dafür hat seine

175

Geliebte, die jetzt auch in Menken Haus übersiedelt ist, einen schönen, blauen Wagen. Für Berni ist das Radfahren eine große Strapaze u. für unseren Haushalt ist es so auch schlecht. Hedwig ist jetzt fast den ganzen Tag unterwegs um Gemüse etc. zu holen, heute den ganzen Morgen u. jetzt auch wieder. Für ein Netz voll Gemüse macht sie weite Wege, dadurch haben wir eben auch so viel Arbeit. Die Rechnungen bringt sie auch per Rad weg. Nun muß ich morgens die ganze Kostenabrechnung machen u. Sonntag, Montag muß sie fort. Gestern Abend habe ich bei der Pfarrjugend v. St. Elisabeth d. Vortrag gehalten, es klappte sehr schön, aber ich habe eigentlich keine Zeit für solche Sachen. Nächsten Donnerstag muß ich noch einmal antreten, dann ist´s aber einfacher, da ich nur den halben Abend bestreite, eine andere Dame spricht auch noch.- Ich freue mich nun schon auf die Zeit in Balve, habe allerdings dabei auch einige Hemmungen, da wir mit einer so großen Kohorte ankommen. Hoffentlich nehmt Ihr uns wirklich gerne auf, sonst bliebe ich nämlich lieber hier, wenn ich denken müßte, es wäre Euch lästig. Bezahlen möchte ich doch, wenigstens etwas, da man sich ja sonst nicht revanchieren kann, höchstens mit etwas Kakao. Wir haben uns überlegt, daß Hedwig doch hier bleibt. Euch wird es so auch lieber sein, da Regina dort eingearbeitet ist. Hedwig muß hier alles per Rad herbeischaffen, u. Regina kann ja nicht Rad fahren. So dachte ich denn, Regina solle Ende d. Woche d. Kinder holen, am Besten käme sie Donnerstag, damit sie uns Freitag eben helfen kann, u. führe dann Samstag mit d. Kindern zurück. Sie muß aber einen Koffer mitbringen, wir haben nur einen hier für Berni u. mich. Da kommt endlich Berni - ich bin aber auch schon ganz verdrießlich - So, nun sind wir fertig mit d. Essen. Inzwischen ist Ernst auch hier, eben noch nach Rixbeck wegen Gemüse. Wären wir doch 1 Jahr weiter, dann wird es doch wohl etwas besser werden mit d. Ernährung. Vorerst ziehen sie uns nun in d. nächsten Zuteilung wieder 200g Fett ab. Da können sie uns ja bald auch den Strick um den Hals drehen.- Wie geht es Onkel Walter? Man hört ja so gar nichts von Euch - Auf meine Kleinen freue ich mich schrecklich, ich jammere doch oft sehr nach ihnen. - Berni, Ulli u. ich kommen dann also 8 Tg. später als die Kinder, Heinz Repl. vertritt uns ja. Ich will ihm auch gleich zum Namenstag schreiben. Im Urlaub wollen wir uns abends dann mal richtig ausklönen. Unser Radio haben wir ja noch nicht wieder, es ist doch eine ärgerliche Sache. Lebt wohl, Ihr Lieben.

Herzliche Grüße Euch allen, auch der Oma u. den Trabanten,

Eure Karin

Habt Ihr für Irmgard ein neues Mädchen bekommen? Morgen, Samstag Abend wollen wir nach Berenbrock, hernach rufe ich Euch an.

8. Sept.1946

Mariä Geburt! Ein Sonntag ist´s heute - und für uns ein Tag von zweifacher Bedeutung, ein Tag des Rückblickes und der Erinnerung und frohen Dankes.. Heute vor 10 Jahren feierten wir in Balve unsere Hochzeit, und heute vor 1 Jahr sahen Berni und ich uns wieder nach schweren und sorgenvollen Monaten. Es will mir heute noch fast wie ein Wunder erscheinen, daß Bernhard aus der russischen Gefangenschaft herausgekommen ist, aus der doch sonst nur ganz wenige, sehr elende u. kranke Soldaten entlassen werden, von denen viele auf dem Transport oder nach ihrer Rückkehr an Erschöpfung sterben. All die anderen, Millionen deutscher Jungen und Männer, sind in die weiten Gebiete des Ostens verschleppt - ein grauenhaftes Schicksal, dem mein Bernhard durch Gottes Güte so glücklich entkommen ist. 10 Jahre sind wir nun heute verheiratet! 10 lange, ereignisreiche Jahre in schwerster, sorgenvoller Zeit - und doch trotz allem so schöne und glückliche Jahre. Und wenn ich heute zurückblicke, so bin ich voll Dank für all´ das Gute, das uns geschenkt wurde, das reiche und harmonische Glück unserer Ehe, unsere gesunde, prächtige Kinderschar, die Erhaltung des Lebens und der Gesundheit unserer Lieben trotz so vieler Gefahren.- Als wir heute Morgen aus der Messe nach Hause kamen, haben wir, wie an jeden Sonntag, gemütlich und behaglich mit den Kindern Kaffee getrunken, zur Feier des Tages mit den letzten Böhnchen - ein seltener Genuß. Es ist so schön hier in unserem Heim, das Zimmer festlich geschmückt mit Blumen. Dann nahmen wir die Chronik vor und lasen den Kindern vor, was ich von unserer Hochzeit geschrieben hatte. Wie anders hat sich doch das Leben für uns gestaltet, als wir es uns damals erhofft und erträumt hatten. "So leicht ist das Leben nicht, und jedem Tage schon ist seine Last beschieden." Das wurde in friedlicher Zeit uns vorgetragen. Und das gerüttelte Maß von Sorgen und die volle Bürde sind uns nicht erspart geblieben, davon haben wir gewiß mehr gekostet als alle Generationen vor uns. Aber treu geblieben ist uns das Glück unserer Liebe und des Familienlebens, und innerlich brachten die schweren Jahre uns reichen Gewinn. Wir sehen heute das Leben mit anderen Augen an. - In der Erinnerung gedenken wir heute auch all derer, die damals fröhlich mit uns den Hochzeitstag feierten. Die meisten der alten Generation sind schon gestorben, meine lieben Eltern, Onkel und Tante Stüecken, Tante Elisabeth und am 28. August auch unsere liebe Mutter, die gute Oma Felker. Davon werde ich noch eigens berichten. Meine Geschwister haben alle den Krieg gut überstanden. Franz-Josef, Maria und Lisel sind noch im Elternhause und bieten uns dort Heimat und frohe Stunden des Beisammenseins, sooft wir alle in Balve uns treffen. Ernst ist hier in Lippstadt am Krankenhause. Vorigen

Montag wurden dort auch seine beiden Töchterlein Reinhild und Rotraud geboren, zwei prächtige Kinder. Heinrich ist am Krankenhause in Mülheim, seine Frau und die 4 Kinder wie auch Ernstens Familie wohnen im lieben Balver Hause. Adalbert ist glücklich verheiratet und wohnt in Balve im Hause seiner Frau. Im Okt. wird das erste Kindchen erwartet. Wir alle sind oft in Balve beisammen und verleben dort in schönster Harmonie viele gute Stunden. Seiers sind vor 8 Tagen wieder nach Wattenscheid gezogen in ihr Haus, das auch vor der Zerstörung verschont wurde. Onkel Aloys hat in Essen seine beiden Häuser uns seine Dienstwohnung verloren. Er lebt mit seiner Frau und der kleinen Waltraud in einem Zimmer des Krankenhauses, das notdürftig wieder aufgebaut wurde. In Balve sucht er auch oft Erholung und Frieden, so waren wir im August 4 Wochen lang mit ihm zusammen dort. Seine beiden Söhne sind noch in Gefangenschaft, der junge Volker kam mit 18 J. in russ. Gefangenschaft und ist irgendwo im weiten Rußland. Nach langen Monaten der Ungewißheit kam vor einigen Wochen eine kurze Nachricht, daß er noch lebt. Aber wann mag er zurückkehren? Wolfgang wurde zwangsweise zur S:S: gezogen und wird deshalb schon seit 1 1/2J. in einem Lager in Holstein festgehalten. Pater Marcellus, mein Jugendfreund, der uns traute, ist vor dem Kriege nach Brasilien gegangen. Familie Reploh lebt seit einigen Jahren mit den 4 Kindern in Balve, da in Münster ihr Haus zerstört wurde. Wegen seiner

Parteizugehörigkeit, der er sich als Hochschuldozent nicht entziehen konnte, wurde Prof. Reploh von der Universität entlassen und sucht jetzt eine neue Existenzmöglichkeit, was ihm hoffentlich bald gelingen wird. Dr. Grete Klaus ist mit einem unserer Freunde, Dr. Georg Kramann verheiratet. Vor kurzer Zeit wurde uns die Geburt ihres 4. Kindes gemeldet aus Bockum-Hövel, wo sie sich eine Praxis gegründet haben. Sie war nach Oberschlesien gezogen, wo ihr Mann ein Lazarett leitete. Dann musste sie im Winter 1945 vor dem Ansturm der Russen mit ihren 3 kleinen Jungen fliehen und hat Schreckliches erlebt, ist aber doch nach 4 Wochen glücklich bei ihren Eltern angekommen, die in Hamm auch alles verloren hatten und nahe bei Warburg auf einem Speicher wohnten. Das schlimmste Schicksal hat wohl unseren Freund Erich Baumeister ereilt. Er hatte sich aus Idealismus und im Glauben an das Gute dem Nazionalsozialismus verschrieben und einen hohen Posten inne. Daraufhin wird er nun, nachdem er den ganzen Krieg als Frontsoldat mitgemacht hat, von d. Engländern festgehalten. Wir erhielten vor 3 Tagen Nachricht von ihm, daß er sich in Münster befinde und auf den Weitertransport warte. Wohin? Wie lange noch? Und welches Schicksal erwartet ihn? Zwangsarbeit? Das sind die bangen Fragen, die uns um den Freund bedrücken. Seine Frau lebt mit 3 Kindern auf einem Zimmer, ist ohne jedes Einkommen. So geht es heute deutschen Menschen, die doch vielleicht ohne Schuld sind. Wann wird wieder einmal Gerechtigkeit, Liebe und Frieden in dieser zerstörten Welt walten?

Nun ist es Abend geworden. Und mit vielen Unterbrechungen habe ich diesen Bericht geschrieben.- Unser Hochzeitstag- 10 Jahre verheiratet! Wie hätten wir diesen Tag in friedlicher Zeit gefeiert! Aber heute muß es mit den kargsten Mitteln gehen, ein schöner ;Morgenkaffee, dazu als Hochgenuß ein Ei. Fleisch gab es schon die ganze Woche nicht, die 450gr. monatlich werden nicht einmal beliefert. Da habe ich denn heute ein Glas mit Ragout geöffnet, das mir eine dankbare Patientin vor einigen Wochen brachte. Da ich in Balve etwas Mehl besorgen konnte, was es hier seit Monaten nicht gibt, hatten wir zum Nachmittag Pfannenkuchen gebacken, gesüßt mit Sacharin, da Zucker nicht da ist. Heute Abend gab es Kartoffelsalat u. Butterbrot. Für teures Geld erstand ich etwas Tabak, da haben wir nun zu rauchen. Aber Wein oder Sekt? Nicht zu bekommen, aus der geringen Alkoholzuteilung für die Praxis braute ich uns ein Likörchen, das trinken wir heute Abend. Aber dieses Fehlen der guten äußeren Dinge kann uns wenig anhaben, sosehr wir uns daran freuen würden, wenn wir sie hätten. Es geht auch ohne sie. Und so werden wir nun diesen Tag mit einer guten Stunde des Plauderns und der Erinnerung beschließen und Gott danken für all´ das Gute, das er uns gab und das er uns erhielt.

23.Sept. 46.

Gestern, am Sonntag feierten wir in Balve den Tauftag der kleinen Zwillingsmädchen, Reinhild-Elisabeth und Rotraud-Maria, Ernstens und Gretes Töchterlein. Die ganze Sippe war geschlossen da, es war ein stattlicher Taufzug, der sich zur Kirche bewegte. Die kirchliche Feier war sehr festlich, zum Eingang sangen wir mit Orgelbegleitung "Komm, Schöpfer Geist." Die Taufspendung war eindrucks- und stimmungsvoll, die ganze Sippschaft war mit vollem Herzen dabei. Dann gingen wir alle unter Orgelspiel zum Hochaltar und sangen dort "Fest soll mein Taufbund immer steh'n " und "Du mein Schutzgeist, Gottes Engel" das auch die Kinder kräftig mitsangen, sogar die Kleinen, Bernd, Karin u. Roswitha, die die Taufkerzen trugen. Hernach hatten wir dann eine gemütliche Familienfeier auf dem kleinen Saal und waren bis nachts um 2 Uhr fröhlich beisammen. Heute Morgen fuhren Berni und ich bei strahlendem Herbstwetter durch's Sauerland wieder nach hier zurück, während die Kinder ihre Ferien in Balve verlebten.

Michaeltag, der 29. September.

Sonntag Abend! Bernhard und Bruder Ernst sind zur Glaubenskundgebung für die Männer zur Kirche gegangen, und da will ich denn heute Abend der lieben, guten Oma Felker, Bernhards Mutter gedenken, die uns am 27. August durch den Tod entrissen wurde. Tief und schmerzlich ist die Lücke, die sie hinterlassen hat. Wir haben in ihr nicht nur die liebe, gute Mutter verloren, die an unserem Leben so herzlich und sorgend Anteil nahm, sondern auch die Letzte der alten Generation, die mit der Reife und Erfahrung ihres Alters und in ihrer Abgeklärtheit so gut zu trösten wußte und uns alle aufmunterte. Ihr Tod kam für uns unerwartet, wir hatten geglaubt, daß sie noch viele Jahre leben werde. Zwar war sie seit Jahren leidend, seit ihrem 30. Lebensjahre. Chronischer Rheumatismus und Gicht, die sich schleichend einstellten und trotz aller Heilversuche ständig zunahmen, hatten in den letzten Jahren ihren Körper fast vollständig gelähmt und verursachten ihr dauernde, heftige Schmerzen. In den ersten Jahren, da ich sie kannte, 1931-35, konnte sie hie und da noch kleine Wege, auf ihren Stock gestützt und am Arme geführt, machen. So verlebte sie mit Berni und mir einige Tage in Sülzhayn im Harz, wo ich 1934 als Ärztin an einer Kinderheilstätte tätig war. Aber in den letzten Jahren war sie vollständig ans Zimmer gefesselt. Seit Juni 1943 lebte sie in Balve in meinem Elternhause und ich bin dankbar, seitdem so viel mit ihr zusammen gewesen zu sein, da ich ja auch mit den Kindern während des Krieges meistens in Balve war. Wieviel schöne Stunden haben wir doch da gemeinsam verlebt! Die Oma war eine sehr heitere und sonnige Frau. Sie verbreitete Sonne um sich herum und wirkte wohltuend auf ihre ganze Umgebung. Jeder hatte sie gerne und verplauderte gerne ein Stündchen in ihrem Zimmer bei ihr, die selbst so schön zu erzählen wußte und auch an allem Geschehen so lebhaften Anteil nahm. Ihre ständigen Schmerzen merkte ihr niemand an, nur ab und zu lief ein Leidenszug über das feine Gesicht. Sie war wirklich eine Heldin im Leiden, eine ganz starke Dulderin, nie kam eine Klage über ihre Lippen.- Ihr Krankenzimmer war oft erfüllt von lautem Leben. Da waren die Kinder bei ihr, die spielten und tobten oder ließen sich von der Großmutter erzählen. Sie war die liebevollste Großmutter, zu der sich die Kinder mit allen Freuden, aber auch allen kleinen Kümmernissen flüchteten und wo sie immer Wärme und Liebe und Aufmerksamkeit fanden. Aber auch die Erwachsenen, meine Schwestern und ich, trugen alles zu ihr hin und fanden immer Verständnis und liebevolle Anteilnahme. In der großen Sorge um Berni, da wir monatelang nichts von ihm wußten, verstand es die Oma, trotz ihrer eigenen großen Sorge, mir doch Mut und Vertrauen zu geben. Nach ihrem Tode fanden wir ein Zettelchen, darauf hatte sie wohl in jenen sorgenvollen Wochen geschrieben "Wenn mein Sohn tot ist, ist er bei Gott, wenn er lebt, ist Gott bei ihm." Ja, das war auch einer ihrer Wesenszüge, ihre tiefe Religiösität. Mechthild sagte einmal: "Wenn man zu Oma ins Zimmer kommt, ist sie immer am Beten." Sie war eine beharrliche und andächtige Beterin und hat ihre vielen einsamen Stunden ganz in Hingegebenheit an Gott verbracht. Gerne las sie auch ein gutes Buch und hatte Freude daran, aber lange hintereinander lesen konnte sie nicht, da sie mit ihren schmerz- und gichtverkrümmten Händen ein Buch nicht lange halten konnte. Aber im Laufe der Jahre hat sie doch fast die ganze Bibliothek im Hause Allhoff durchgelesen. Es war der Oma ein großer Verzicht, daß sie gar nicht zur Kirche gehen konnte. Aber in den Jahren in Balve haben wir ihr das doch einigemale ermöglicht, und das waren die Höhepunkte ihres Daseins. Meine Brüder trugen sie im Sessel zur Kirche. Zum ersten Mal brachten wir sie Fronleichnam hin. Da war sie bis ins Innerste gepackt und erschüttert, als sie wieder nach Jahren die Orgel brausen hörte und die hl. Feier miterleben konnte. Besonders gepackt hatte sie das "Ecce panis angelorum", das ihr aus ihrer Jugend her vertraut war. Sie sei sich vorgekommen wie im Himmel, sagte sie hernach. Später haben wir sie dann auch an Weihnachten und Ostern zur Kirche getragen und auch zu Mechthilds Erstkommunion, wo sie in ihrem Sessel oben am Chor saß und alles mitverfolgen konnte. Nach solchen Kirchenbesuchen äußerte sie öfter, nun wisse sie erst recht, auf wieviel Schönes sie doch habe verzichten müssen.

Die Oma war sie eine sehr gesellige und fröhliche Natur. An den Sonntagnachmittagen und Abenden holten wir sie auf den kleinen Saal, da alle sie so gerne dabei hatten. Auch alle Familienfeste feierte sie mit uns und war dann so recht mit dem Herzen dabei, lachte so herzlich und sang so freudig mit. Sie konnte alle die schönen Lieder auswendig, von der ersten, bis zu letzten Strophe. Bis spät in die Nacht hinein konnte sie dabei sein und war so herzlich vergnügt. So hat sie mit uns und wir mit ihr viele schöne und gute Stunden verlebt, und auch meine Geschwister empfanden ihr Dabeisein nie störend, sondern liebten sie alle und freuten sich ihrer Fröhlichkeit. Jetzt, da sie tot ist, empfinden sie oft die Leere und sagen: "könnte doch die Oma sonntags wieder bei uns sitzen auf dem Kleinen Saal." Im letzten Jahre, seit Bernis Rückkehr, waren wir oft in Balve, haben dort Weihnachten, Ostern, Mechthilds Erstkommunion gemeinsam mit der Oma verlebt und sind dankbar für diese schönen Erinnerungen.

Die Oma war eine sehr schöne Frau, schlank und groß, mit sehr feinen Gesichtszügen. Ich kenne sie ja nur im Alter, aber ihre Jugendbilder zeigen Anmut und Schönheit. Auch im Alter noch war sie sehr schön, das feine, edle, noch ganz glatte Gesicht war umrahmt von leicht welligem, ganz weißem Haar. Aufrecht saß sie in ihrem Sessel, die zarte Gestalt, die in den letzten Jahren nur noch 80 Pfd. wog. Noch einen ihrer Wesenszüge muß ich erwähnen, ihre große Bescheidenheit und ihre absolute Selbstlosigkeit. Sie war ganz von sich selbst losgelöst und dachte nur an das Wohlergehen anderer.-

Ende Juli fuhren wir froh und beschwingt nach Balve in Urlaub, um dort mit unseren Kindern und allen Lieben schöne Wochen zu verleben. Aber das Schicksal hatte es anders bestimmt. Seit langer Zeit hatte sich bei der Oma in der Brust ein Knoten gebildet, von dem sie aber nichts erzählt hatte. Endlich hatte sie dann gesprächsweise mal einer Bekannten gegenüber davon Erwähnung getan, so erfuhren es meine Geschwister. Heini hatte schon untersucht u. war gleich im Bilde, u. am ersten Abend unseres Balver Aufenthaltes untersuchten dann auch Berni und Bruder Ernst. Brustkrebs. Das war für uns alle eine große Erschütterung, aber wir hofften doch, durch eine Operation sie noch retten zu können. 10 Tage lang war sie noch im Hause, saß auch am letzten Sonntag Abend wie immer noch bei uns auf dem kleinen Saal und war fröhlich und zuversichtlich. Es mag ihr bange gewesen sein vor der Operation, aber sie ließ es sich nicht anmerken. Am Mittwoch, d. 7. August, wurde sie dann im Balver Krankenhause von Onkel Alois operiert, Berni war bei der Operation zugegen. Es stellte sich da heraus, daß die Krebsgeschwulst schon viel ausgedehnter war, als man erst angenommen hatte, und diesem großen Eingriff waren ihre Kräfte nicht mehr gewachsen. 3 Wochen verlebten wir zwischen Sorge, Furcht und Hoffnung. Ständig war jemand bei ihr an ihrem Bette, meistens Berni, der viele Stunden des Tages dort verbrachte. Klaglos durchstand die Oma auch diese letzten, qualvollen Wochen. Am 15. August empfing sie die hl Sterbesakramente, am Abend vor ihrem Tode kommunizierte sie noch einmal, und am Dienstag, den 27. August, schlief sie nachmittags um 5 Uhr ganz ruhig und ohne Kampf ein. Abends holten meine Geschwister sie in´s Haus zurück und bahrten sie sehr schön auf ihrem Zimmer auf. Da lag sie so fein und friedlich inmitten von Tannen und vielen Blumen. Freitag war in Balve das feierl. Seelenamt und nachmittags die Überführung nach Münster. Viele Leute gaben ihr das Geleite bis unterhalb Balve, und viel Blumen und Kränze begleiteten sie auf ihrer letzten Reise. Mechthild und ich fuhren mit der Oma nach Münster, da Berni am nächsten Morgen unseren Wagen fahren mußte. Gerne gab ich der lieben Oma das Geleit auf dieser letzten Fahrt und habe ihr im Stillen gedankt für alle Liebe, die sie auch mir gezeigt hatte. Am Samstag Morgen haben wir sie dann im ganz kleinen Kreise, nur die nächsten Angehörigen, auf dem schönen Friedhof in Münster an der Seite ihres Mannes zur letzten Ruhe gebettet.

Die Oma, Frau Johanna Felker wurde am 6. Dezember 1876 in Iserlohn als 2. Tochter des Ladenmeisters Josef Völlmicke und seiner Frau Adeline, geb. Wacker, geboren. Die Familie zog bald darauf nach Weidenau b. Siegen, wo die Oma ihre Jugend im Kreise von 3 Schwestern u. 1 Bruder verlebte. Am 27. Mai 1902 heiratete sie Georg Felker und lebte mit ihm in Münster. Dort wurden ihr 2 Kinder, Addi 1903 und Bernhard 1905 geboren. Nach dem Tode ihres Mannes, der am 19. Juni 1932 starb, lebte die Oma noch bis 1937 in Münster und seitdem bei ihrer Tochter in Wattenscheid. 1943 kam sie nach Balve wegen der Luftangriffe, wo sie am 27. August 1946 starb. Alle 4 Wohnungen, die sie in 34 J. in Münster bewohnt hat, sowie auch ihr Elternhaus in Weidenau sind durch Bombenterror vollständig zerstört worden.

Lippstadt, d. 28. Okt. 46.

So nahe, wie hier auf den Blättern, liegen auch im Leben Freud' und Leid beieinander. Gestern, am Sonntag, feierten wir wieder in Balve ein schönes Familienfest, den Tauftag des kleinen Berthold Allhoff-Cramer, Adalbert's und Agatha's Sohn und Stammhalter beider Häuser. Er wurde am 11. Okt. gerade um die erste Tagesstunde, 1 min nach 12 Uhr, geboren. Ich war zufällig bei der Geburt zugegen, da ich am Abend in Balve angekommen war, um Mechthild und Gertrud aus den Herbstferien zurückzuholen. Große Freude herrschte in der ganzen Familie und gestern, zur Taufe, waren auch alle wieder vollzählig beisammen. Ich war sehr ergriffen bei der Taufe und stellte mir vor, wie freudig bewegt wohl die beiderseitigen Großeltern gewesen sein würden, wenn sie diesen Tag erlebt hätten, soll doch der kleine Berthold die Tradition sowohl des Hauses Allhoff wie auch des Hauses Cramer fortführen. Wir haben dann ein sehr schönes Fest in Freude und Harmonie gefeiert bis nachts gegen 3 Uhr. Heute Morgen fuhren wir nach Lippstadt zurück und brachten Karin u. Bernd wieder mit nach hier, die den ganzen Sommer in Balve verlebt hatten. Nun ist Leben hier im Hause, aber wir sind froh, all' unsere lieben Fünf wieder bei uns zu haben. Sie sind alle so lebhaft, frisch und gesund. Hoffentlich bringen wir sie bei der kritischen u. knappen Ernährungslage gesund über diese schwere Zeit hinweg, aber mit Gottes Hilfe wird es wohl gelingen.

30. Okt. 46

Wie furchtbar und traurig sind doch diese Zeiten. wenn man nicht so ein festen Gottvertrauen hätte, möchte man verzagen bei all dem Unrecht, das wir Deutschen erleiden müssen. Die Ernährungslage ist ganz katastrophal. Wir bekommen im Monat 1/4 lb Butter und 75 gr. Margarine, 450gr. Fleisch im Monat, 3 lb Brot pro Woche und einige Nährmittel. Die Kinder erhalten etwas mehr Butter, 375gr. pro Monat. Nun ist es so, daß Brot u. Nährmittel zwar aufgerufen, aber Brot nicht in voller Menge und Nährmittel wochenlang überhaupt nicht beliefert werden, ebenso Zucker nicht, wovon es

1/2 lb im Monat geben soll. Eier haben wir insgesamt 3 Stück im Laufe des ganzen Jahres pro Person bekommen. Dazu die Kartoffelknappheit! Man hat furchtbare Sorgen, um das Notwendigste zum Leben herbeizuschaffen. Die Engländer dagegen, die hier rings um uns herum wohnen, werfen das feinste, weiße Brot, dick mit Butter beschmiert, in den Abfall. Sie haben alles reichlich, prassen und schlemmen. Nun steht der Winter vor der Türe, und es wird keine Kohle für Hausbrand freigegeben. Wir sollen nicht nur hungern, sondern auch frieren. Wieviel Menschen werden noch in diesem Winter zu Tode kommen. Es wird zwar viel geredet, Deutschland müsse wieder aufbauen, es solle besser werden, die Industrie in Gang gebracht werden. Aber wer glaubt noch daran? Eine Fabrik nach der anderen wird stillgelegt und demontiert. Wir sollen eben ganz verelenden. Millionen Deutsche hat man aus dem Osten verjagt und in den zerstörten Westen geschickt. Aber hier darf nichts gebaut werden, jede Produktion von Ziegelsteinen, Baukalk, Cement f. Bauzwecke ist verboten. Die Wälder werden abgeholzt, das Holz ins Ausland verschickt oder als Brennmaterial gebraucht. Ich war vorige Woche in einer Versammlung der volkspflegerischen Kräfte des Kreises u. hörte da Tatsachen, die mich erschüttert und in ohnmächtige Wut versetzt haben. Man sollte nichts glauben, was in den Zeitungen stände. Die Ostflüchtlinge und die Ausgebombten des Westens haben nichts anzuziehen, aber jede Anfertigung von Spinnstopfwaren ist verboten. Nähgarn und dergl. gibt es jetzt schon seit 1 1/2 Jahren nicht mehr, ihre Herstellung ist verboten. Für Deutsche dürfen nur Sommerschuhe hergestellt werden, d. h., Holzsohlen mit ein paar Zeuglappen. Die Fabrikation von Herden u. Öfen ist eingestellt, dabei haben Hunderte keine Kochgelegenheit, auch Töpfe dürfen nicht hergestellt werden. In der Zeitung habe gestanden, sagte der Herr v. Kreiswirtschaftsamt, es seien Schiffe mit Baumwolle aus England gekommen. Gewiß, die Schiffe seien angekommen, aber nur f. England verarbeitet worden, es sei davon nicht ein Faden in Deutschland geblieben. und so geht es mit allen Sachen. Man kann nichts kaufen, nicht Teller u. Tasse, nicht Gabel u. Messer, kein Stopf- u. Nähgarn, kein Schnürband, ja, man kann nicht einmal die Schuhe repariert bekommen. So machen es uns die Völker, die von Menschlichkeit u. Gerechtigkeit reden und der ganzen Welt von unseren Schandtaten berichten. Gewiß, es ist Vieles passiert, was gar nicht entschuldbar ist, aber eines ist ebenso sicher: daß unsere Schandtaten durch die der anderen bei Weitem überholt sind. Unsere Militärs hat man gehängt, weil sie angeblich gegen die Genfer Konvention verstoßen haben. Aber wer straft die, die Phosphor über unsere Städte und auf die Civilbevölkerung geworfen haben und die jetzt Tausende elend verhungern lassen? Und im Osten geschieht noch Furchtbareres. Da werden gerade wieder in diesen

Tagen Tausende von Ingenieuren u. Facharbeitern nach Rußland verschleppt, angeblich für fünf Jahre, aber ob sie je wiederkommen? Die Fabriken werden nach Rußland demontiert u. mit ihnen die Belegschaft abtransportiert. Es ist alles so verzweiflungsvoll u. traurig, und doch, u. doch.... mein Optimismus bleibt mir. Gott lebt noch, er wird uns auch aus dieser tiefsten Not herausführen.

Allerseelen, 2. Nov. 1946.

Gestern, am Allerheiligentage, waren Bernhard und ich in Münster, um das Grab der lieben Oma u. seines Vaters zu besuchen. Früh um 6 Uhr fuhren wir hier ab, waren um 9 Uhr dort und besuchten die hl. Messe in der Lamberti - Notkirche, einem schön getäfelten kleinen Raum, der sehr zur Andacht stimmte. Die wundervollen silbernen Kerzenleuchter und die kostbaren Paramente erinnerten noch an die prächtigen Gottesdienste vergangener Zeiten. Der Weg durch die zerstörte Stadt bot ein Bild des Grauens und der Verwüstung, aber schön war der Gang über die Promenade zum Friedhof zwischen den hohen, alten Bäumen hindurch, die bisher noch der Axt getrotzt haben.

Heute, am Allerseelentage, gedenke ich in Liebe all der Toten, die uns im Leben so nahe standen. Da will ich denn nun auch vom Leben und Tode meiner lieben, guten Mutter, Frau Josefa Allhoff berichten.

Mutter wurde am 3. Februar, am Blasiustage 1871 als einziges Kind des Lohgerbereibesitzers[22] Franz Berken und seiner Frau Theresia, geb. Schulte (aus d. Schultenschen Hause an d. Hauptstr.) in Balve geboren. 8 Tage später wurde im Hause Allhoff unser lieber Vater geboren, und die alte Dransfeldsche, die damals bei Allhoffs Mädchen war, hat uns später oft erzählt, daß sie zu Berken geschickt worden sein, um sich nach d. Befinden der Mutter u. des Kindes zu erkundigen. Zudem ereignete sich noch ein drolliges Geschichtchen: als bei Allhoffs getauft werden sollte, war das Taufmützchen nicht zu finden u. so wurde dann schließlich als Ausweg aus der Not das Mützchen von Berken geliehen, sodaß also meine beiden Eltern in demselben Mützchen zur Taufe getragen wurden, ein schönes, hellblaues Seidenmützchen mit Spitzen verziert, das wir Kinder später oft ehrfürchtig betrachtet haben.

Unsere Mutter hat im Mühlenkamp, in dem gemütlichen, alten Hause der Großeltern, eine gemütliche Jugend verbracht. Sie hat uns später oft aus ihrer Jugend- und Mädchenzeit erzählt, und da entrollte sich dann vor unseren Augen ein Bild des Behagens und der Gemütlichkeit aus der "guten alten Zeit", aber ein Bild des Bescheidens u. der Genügsamkeit. Der Tagesablauf war fest umrissen und wurde eingeleitet mit dem tägl. Besuch der hl. Messe. Dann ging es an die Arbeit, u. da war genug zu tun in dem weiträumigen Hause, in der Sorge für die Gesellen und Lehrlinge, 10-12 an der Zahl, die alle im Hause schliefen und aßen, in dem großen Garten, der Versorgung der kleinen Landwirtschaft und dem ausgedehnten Kundenverkehr im Hause. So hat auch Mutter tüchtig mit zupacken müssen, zumal ihre Mutter kränklich war und sich wenig um diese Dinge kümmern konnte. - Aber die Dämmerstunden und die Abende stehen mir nach Mutters Schilderung mit allem Zauber so lebhaft vor Augen. Dann kamen Bekannte aus der Nachbarschaft (die Nachbarschaft wurde im Mühlenkamp sehr gepflegt u. war sehr herzlich) zum Plaudern, das interessante Frl. Sorret fand sich ein und die originelle u. lustige Schulten Tante Anna, Großmutters Schwester. Wieviele lustige Geschichten hat doch Mutter von all´ diesen Menschen erzählt. Dann wurde geplaudert, gestickt, gesungen. Großmutter Berken spielte sehr schön Klavier u. habe gut gesungen u. alle Lieder auswendig spielen können. Und der sangesfreudige Großvater hatte seine Freude daran. Großvater Berken war ein feiner, vornehmer, sehr liebenswürdiger und froher Mann, habe immer für alle Menschen ein gutes Wort gewußt, mit Jedem lachen und vergnügt sein können, trotz mancher Schicksalsschläge u. geschäftl. Schwierigkeiten. 3 mal ist die Gerberei abgebrannt. - Die Hauptfeiertage des Großvaters waren die Schützenfesttage, da sei er so ganz in seinem Element gewesen, u. von seiner Fröhlichkeit und herzlichen Art erzählten die alten Balver Leute noch oft uns Enkeln. Natürlich war Großvater im Schützenvorstand, und als er im letzten Lebensjahre wegen Krankheit nicht mehr zur Höhle gehen konnte, brachte ihm abends ganz Balve ein Ständchen, sein Lieblingslied "Ich schieß den Hirsch im wilden Forst." - Großvater legte großen Wert darauf, daß seine Frau und Tochter immer schön und elegant gekleidet waren und brachte Schmuck und modische Dinge von seinen Reisen mit. Wir haben uns oft köstlich amüsiert, wenn Mutter von ihren und ihrer Mutter Hüten erzählte, oder von den kostbaren Seidenkleidern in blau und rot, grau und violett, die die Damen bei der Prozession getragen haben oder bei sonstigen festlichen Anlässen. Ich konnte mir dann die Großmutter so richtig vorstellen, wir sie, groß und aufrecht, würdigen und stolzen Ganges daherschritt bei der Prozession und die 2. Stimme sang, wie Mutter erzählte. - Unsere Mutter ist, wie ich oft von Balver Leuten hörte, eine sehr schönes und schmuckes Mädchen gewesen, und unsers Vaters Meinung das schönste Mädchen in Balve, daran wir 3 Schwestern bei weitem nicht tippen könnten. Mit 14 od. 15 Jahren kam Mutter in Pension zu den Schwestern in Sittard[23], wo die jungen Mädchen in schöngeistigen und kulturellen Dingen unterrichtet wurden. Es war das so etwa ein Ersatz für die spätere höhere Mädchenschule.

Mit 24 Jahren schon hätte Mutter Vater heiraten können, dessen einzige und große Liebe sie gewesen ist, - aber sie wollte nicht. Auf unsere Fragen später, wieso u. warum nicht, sagte sie oft: "Ja, Kinder, das verstehe ich heute selbst nicht mehr, aber ich war ja noch ein Kind." Und so ist es wohl auch gewesen. Bei dem glücklichen u. behüteten Leben im Elternhause, dem Verwöhntwerden durch den sehr geliebten Vater, der Unwissenheit über die Dinge des Lebens und der Ehe (erst Vater hat Mutter aufgeklärt) ist Mutter der Gedanke an eine Heirat gar nicht gekommen. Sie hatte auch noch andere "Freier", ging aber sorglos und lachend daran vorbei. Erst nach ihres Vaters Tode, als sie durch dessen Verlust eine Leere verspürte u. sich wohl auch dann mal Gedanken um die Zukunft machte, gab sie Vaters Werben nach und verlobte sich mit ihm am Weihnachtsfeste 1904. "Als ich mich einmal entschlossen hatte, da konnten mir alle dagegen sagen, was sie wollten, da habe ich mich durchgesetzt." Ihre Mutter riet ab, sie wollte die Tochter gerne bei sich behalten und fürchtete auch, es könne ihr ebenso ergehen, wie ihr auch, die durch einige Fehlgeburten und Frauenleiden stets kränklich war. Der Onkel Erich aus Siegen, der Bruder des Großvaters, riet ab, sie könne auch so leben, und wie sehr sie doch in dem großen Allhoff'schen Haushalt belastet sei. Aber da sei nun nichts mehr zu machen. Am 2. Mai 1905 fand die Hochzeit statt u. wurde auf d. Kleinen Saal bei Allhoffs gefeiert, 70 Personen nahmen daran teil, es soll ein sehr vergnügtes Fest gewesen sein und war der Beginn einer äußert harmonischen und glücklichen Ehe, wie ich sie in solcher Vollendung selten erlebt habe. Meine Eltern waren damals beide 34 Jahre alt. - Wir haben später oft gelacht, wenn Mutter (ganz im Gegensatz zu den meisten Müttern) häufiger zu uns Töchtern sagte: "Ach Kinder, heiratet doch nicht." "Ja, wieso denn, Mutter, Du hast es dich auch getan?" "Ja - ich-ja, wenn ihr so einen Mann bekämet wie Vater, dann wollte ich, Ihr heiratet alle Drei." Vater - das war für Mutter ein einmaliger Mensch, sie war so stolz auf ihn, auf seine Tüchtigkeit, seine Erfolge. - Nach ihrer Heirat kam Mutter in ein ganz anders geartetes Haus, da gab es keine gemütlichen Dämmerstunden mehr, sondern viel, viel Arbeit, von morgens früh bis abends spät. Da war der viel größere und rauhere Haushalt, da waren die jüngeren Geschwister von Vater, die noch in der Ausbildung standen und für die das Geld geschafft werden musste, das damals sehr knapp war, da war die Schwiegermutter, die Großmutter Allhoff, eine kluge, energische Frau, mit der es doch öfter trotz beiderseitigen guten Willens zu Reibereien kam, die wohl darin begründet waren, daß die beiden Frauen so ganz anders geartet waren. Da waren die vielen Geschwister von Vater, die alle mit dreinredeten. Mit den Schwägerinnen ging es in den ersten Jahren auch nicht immer so glatt ab wie später, aber das sehr nette

Verhalten der Schwäger hat unsere Mutter immer gerührt. Später war ja zwischen allen eine gute Harmonie, alle Geschwister v. Vater haben immer im Hause ihre Heimat behalten, waren in allen Ferien und Urlauben dort, Mutter machte es ihnen stets so schön und behaglich wie nur möglich, und alle hatten sie gern. Mutter war eine vornehme und sehr taktvolle Frau mit einem sehr ausgesprochenen Feingefühl. Nie kam ein derbes, nie ein verletzendes Wort über ihre Lippen, und nie hat sie Schlechtes oder Nachteiliges über andere Leute erzählt. Das war bei ihr geradezu Gewissenssache, sie duldete auch nicht, daß wir Nachteiliges über andere Leute sagten. Sie hatte ein sehr ausgeprägtes Gewissen, war etwas skrupelhaft, hat gewiß nie eine Sünde getan. Sie war eine fromme, tiefreligiöse Frau, ging jeden Morgen zur hl. Messe bis in die letzten Jahre, wo sie es wegen ihrer Krankheit nicht immer mehr konnte. Wie liebevoll und sorgfältig hat sie uns Kinder auf die 1. hl. Beichte und Kommunion vorbereitet, und wie sehr galt auch später ihre Sorge den heranwachsenden Kindern, daß sie rein u. fromm blieben. Jeden Abend vor dem Zubettgehen segnete sie mit Weihwasser sich selbst und alle ihre Kinder, auch die, die in der Ferne waren. Und als der neue Kreuzweg um den Husenberg errichtet wurde, stiftete sie die 10. Station in der Meinung, daß alle ihre Kinder rein und keusch blieben und keines die Unschuld verlöre. Meine Eltern hatten beide eine ganz hohe Achtung vor der Tugend und der hl. Reinheit, u. ich glaube wohl, daß der Gedanke an das Elternhaus für uns Kinder alle der stärkste Schutz und Halt in den Gefahren des Lebens gewesen ist, und ich weiß sicher, daß keines gestrauchelt ist.

Jedes Jahr kam ein Kindchen zur Welt. Ich, die Älteste, wurde am 6. März 1906 geboren, Franz-Josef am 16. März 1907, Adalbert am 29. April 1908, Ernst am 17. Dez. 1909, (dazwischen lag noch eine Fehlgeb., 1 Mädchen im 5. Monat) Maria am 27. März 1911, Heinrich am 26. Mai (Pfingsten) 1912 und Elisabeth am 2. August 1913. So war dann schnell Rummel und Leben im Hause, und Mutter wird bei ihrer vielen Arbeit ihre liebe Last mit all den Kindern gehabt haben. Personal war ja nur wenig vorhanden, es wurde damals noch mit jedem Pfennig gespart, und ich erinnere mich noch, daß Mutter Samstag Abends spät noch Strümpfe stopfte für den Sonntag. Aber die Kinder wurden alle mit Dank u. Freude als Gottesgeschenk entgegengenommen und gewiß nie als Belastung empfunden. Es ging einfach und bescheiden zu im Hause, aber wir sind uns alle darüber einig, daß nie Kinder eine glücklichere Jugendzeit verlebt haben. Unsere Eltern haben es verstanden, uns ein glückliches Heim zu bereiten und den Zusammenhalt zwischen uns Geschwistern so fest zu gestalten, daß wir auch heute noch alle fest zusammenstehen und uns alle immer wieder gerne im Elternhause zusammenfinden. In den späteren Jahren auch war unser Verhältnis zu den Eltern herzlich und freundschaftlich, wir konnten offen mit ihnen über alles sprechen u. fanden stets Verständnis. Während unserer Ferien später wäre es keinem eingefallen, eine Reise zu machen, vom ersten bis zum letzten Ferientage waren wir im Elternhause u. durften auch Freunde und Bekannte mitbringen. Wie schön wurden die Festtage gestaltet, und wie wunderbar waren die Abende, wenn wir alle mit den Eltern beisammensaßen und sangen. An den Sonntagen gingen wir Kinder stets alle gemeinsam spazieren, und wenn wir dann heimkamen, saßen Vater u. Mutter im Garten beisammen od. im Sofa im Zimmer Hand in Hand. In den letzten Jahren konnte Mutter wegen ihres Asthmas keine weiteren Wege mehr machen und war meistens im Hause. Da hatte sie es schon ruhiger, brauchte sich um den Haushalt nicht mehr zu kümmern, da Maria u. Lisel ihn versorgten. Sie strickte und stopfte und schreib wunderschöne Briefe an alle, die draußen waren. Jede Woche erhielten wir alle solch einen Mutterbrief, der von allem zu Hause erzählte, und in dem ihre mütterliche Liebe und Sorge so echt zum Ausdruck kam. 1922 machten meine Eltern ihre erste gemeinschaftliche Reise, vorher hatten sie nie die Zeit dazu gefunden. Als sie zurückkamen, hatten wir ein Transparent angebracht "Willkommen von der Hochzeitsreise " Seitdem fuhren sie fast jedes Jahr für etwa 3 Wochen fort, einmal nach Norderney, später fast jedes Jahr nach Ems wegen Mutters starkem Asthma. 1930 feierten wir die silberne Hochzeit unserer Eltern, es war ein wunderbares Fest, zu dem am Abend sich auch die ganze Gemeindevertretung, der Kirchenvorstand u. alle Nachbarn sowohl von unserem Hause als auch von Mutters Elternhaus aus dem Mühlenkamp einfanden. Da waren ungefähr 200 Personen. Im gleichen Jahre wurde das tausendjährige Bestehen von Balve gefeiert und am Schützenfest wurde Vater Schützenkönig u. nahm Mutter als Königin. Das war uns ein schöner, froher Festtag. Mutter wurde da zum 3. Male Schützenkönigin, in ihrer Jugend war sie es 2 mal gewesen.

So sehr Mutter sich in den ersten Jahren ihrer Ehe plagen und abrackern mußte, so schön und ruhig hat sie es in ihren letzten Lebensjahren gehabt dank des tatkräftigen Einsatzes meiner beiden Schwestern. "Kinder, ich habe es ja viel zu gut" ,das hat sie oft gesagt. Leider ist sie dann ja auch viel zu früh gestorben, und ihr Tod riß eine grausame Lücke in unseren schönen Familienkreis. Am 1. Okt. 1937 kam ich nach Balve, um den Winter mit Mechthild im Elternhause zu verleben, da Berni eine militär. Übung ableisten wollte, bevor wir uns endgültig niederließen. "Im Winter machen wir es uns dann ganz behaglich", hatte Mutter oft gesagt. Aber es kam dann anders. Seit Wochen schon hatte Mutter Beschwerden im Leib gehabt, und als sie mir nun am Abend meiner Ankunft davon erzählte, bat ich sie, am anderen Morgen zu Bett zu bleiben, damit ich sie untersuchen könne. Sogleich tastete ich den großen Tumor, das Herz wollte mir vor Schreck erstarren, ich wußte es gleich - Krebs. Natürlich sagte ich nichts, schrieb aber sofort an Oheim u. Berni, u. 2 Tg. später waren sie da u. bestätigten meine Annahme. Das waren furchtbare Tage, ich wußte oft vor Angst u. Not keinen Fuß mehr vor den anderen zu setzen u. durfte doch nichts merken lassen. Dann kam die Röntgenuntersuchung im Krkhs. in Sterkrade, 8 qualvolle Tage für Mutter, u. dann die Operation, die aber wegen des vorgerückten Stadiums des Leberkrebses nicht mehr durchgeführt wurde, sondern die Wunde, nach Einsicht in d. hoffnungslose Lage, wieder zugenäht wurde. Immerhin hatte sie den Erfolg, daß Mutter auf Genesung hoffte u. wir ihre später einsetzenden Schmerzen als Folgen der Operation ihr erklärten u. sie beruhigten. Von uns Kindern wußten nur Einige, wie es wirklich um Mutter stand, die anderen haben wir in ihrer Ahnungslosigkeit und Hoffnungsfreudigkeit belassen. Vor Beginn des Advent kehrte Mutter nach Hause zurück, es war furchtbar für uns, das Wissen um ihren baldigen Tod, u. sie selbst nun so freudig auf die Genesung wartend. Dieses schreckliche Gefühl verfolgt mich heute noch oft im Traum. Und doch haben wir auch noch wunderbare Tage mit Mutter verlebt, sie saß ständig auf dem kl. Saal u. hatte viel Freude an Mechthild, die immer bei ihr war. Das letzte Weihnachtsfest werde ich nie vergessen, wußte ich ja, daß es Mutters letztes war. Wir waren alle beisammen im Elternhaus, letzte Weihnacht mit Vater und Mutter! -

Palmsonntag war Mutter zum letzten Male auf, sie legte sich dann aber bald wieder hin, u. da begann die letzte qualvolle Phase ihres Leidens. Ostern feierte Heinrich seine Verlobung, an Mutters Krankenbett haben er und Maria sich die Ringe angesteckt u. empfingen den Segen der Eltern. Mutter wurde täglich elender und schwächer u. war ganz gelb. Aber sie versuchte doch noch immer wieder, uns Mut zu machen. Am 3. Mai fingen Bernhard u. ich in Lippstadt an, nach 3 Wochen aber ging ich nach Balve und blieb dort bis zu Mutters Tode. An dem Tage, als ich ankam , hatte sie sich auf eigenen Wunsch die letzte Ölung geben lassen, aber nachmittags, als ich kam, saß sie im Schlafz. u. lächelte mir entgegen u. erzählte dann: "Ich habe mir heute die hl. Ölung geben lassen. Du darfst aber keinen Schrecken kriegen, weißt Du, das ist ja auch zum Gesundwerden." Sie hatte darauf bestanden, im Sessel zu sitzen, wenn ich käme, damit ich mich nicht erschräke. So war sie immer um uns besorgt u., bemüht, das Schwere von uns zu nehmen. Pfingsten glaubten wir alle, daß ihr Tod bevorstünde u. beteten die Sterbegebete, u. solche schweren Herzanfälle u. Nöte wiederholten sich dann öfter. Aber Tante E[24] sagte stets, nein, sie stirbt erst am 13. Juni. Und wirklich ist sie dann auch am 13. Juni 1938, am Fest des hl. Antonius, den sie stets verehrt hatte, abends gegen 9 Uhr sanft entschlafen. Ihr Tod riß eine herbe Lücke, wir glaubten, die Welt müsse stille steh'n. Es war der erste schwere Verlust, der uns traf. Aber Mutters Geist lebt weiter u.

lebt in unserem Erinnern fort. Sie war wirklich des Hauses Mutter, ein Vorbild für uns Kinder. Wenn Vater oft sagte "Ich habe ein schönes Leben gehabt", so ist es wohl dem zu danken, daß er an Mutter eine so liebevolle Kameradin und Gefährtin hatte, die immer für ihn und die Kinder da war u. für sich selbst so bescheiden u. selbstlos war. Bewunderungswürdig hat sie ihr qualvolles Leiden getragen, nie kam ein Wort der Klage über ihre Lippen, heroisch und geduldig hat sie gewiß alle Leiden Gott aufgeopfert. In den letzten Tagen sprach sie viel vom Himmel, sie war schon nicht mehr ganz klar, aber immer sagte sie "Oh, im Himmel ist es so wunder-wunderschön", u. dabei ging ein ganz verklärtes Lächeln über ihr Gesicht. Der lb. Gott wird sie gewiß auch sofort in den Himmel geholt haben, beide Geistlichen, Herr Pastor u. Herr Vikar sagten: "Ihre Mutter ist sofort in den Himmel gekommen, davon bin ich fest überzeugt." In der Fronleichnamsoktav wurde unsere lb. Mutter zu Grabe getragen, sie hatte kein Totenamt, sondern ein feierliches Sakramentshochamt, in dem gesungen wurde, "Erfreut Euch, liebe Seelen" Seitdem ist uns dieses Lied so liebgeworden u. wir singen es oft.

26. Dez. 1946.

Zweiter Weihnachtstag. Bei all dem Lärm und Getobe um mich hier im Zimmer will ich nun ein paar Zeilen über unser Weihnachtsfest schreiben, ist es doch das erste Fest, das wir seit 1942 wieder hier in Lippstadt in unserem eigenen Familienkreise begehen. Es ist so schön hier in unserer Wohnung, in der Ecke steht der große Christbaum mit der Krippe darunter, im Eßzimmer auf dem Büffet ein kleines Bäumchen, u. im Flur an der Lampe hängen Tannenzweige mit Kugeln. Alles festlich und weihnachtlich geschmückt. Am Nachmittag vor Weihnachten saßen wir mit den Kindern beim Adventskranz und sangen nach dem gemeinsamen Kaffee Adventslieder. Am Abend saßen dann Berni und ich noch ein Stündchen im Weihnachtszimmer beisammen u. genossen die feierlichen Stunden des hl. Abends. Gestern Morgen früh gingen wir mit den drei Ältesten zur Christmette, die Kinder knieten direkt vor der Krippe. Die kirchliche Feier war sehr schön. Danach war dann hier die Bescheerung; wie haben sie gejubelt u. gejauchzt, unsere Fünf, und wie glücklich waren sie über ihre Geschenke. Dann tranken wir am festlich gedeckten Tisch den Morgenkaffee, und der ganze Tag verging mit Spielen und frohem Beisammensein, am Abend sangen wir alle gemeinsam die schönen Weihnachtslieder beim brennenden Weihnachtsbaum. Ein paar Kerzen hatten wir doch erstanden. So verlief unser Weihnachtsfest trotz aller Schwere der Zeit doch schön u. glücklich, u. diese Familienfeste kann uns niemand nehmen.

24. März 1947.

Am 19. März war ich in Balve. St. Josefstag, das war früher im Elternhause immer so ein besonderer Festtag, war es doch der Namenstag beider Eltern. Deshalb begehen wir auch jetzt immer noch diesen Tag in festlicher Weise, zumal ja auch Franz-Josefs Namenstag gefeiert wird. Als ich morgens in der hl. Messe die Orgel erklingen hörte mit dem Liede "Josef, Davids Sohn, geboren", war ich in Erinnerung an frühere Zeiten ganz ergriffen. Wir gingen dann zum Grabe der Eltern u. waren hernach alle beim Morgenkaffee beisammen. Unser Bernd, der seit nach Weihnachten in Balve ist, mußte dem Onkel Franz-Josef, an dem er ganz besonders hängt, ein Gedicht aufsagen, von Onkel Heini verfaßt. Er stand ganz treuherzig vor seinem lieben Onkel, trug in der Hand ein paar Zweige, an denen Cigaretten hingen u. ein kleiner Lämmerschwanz als Zeichen der Verbundenheit u. ihrer gemeinsamen Sorge um Schafe u. Lämmer.

Du hast von meinen Onkeln allen, mir immer schon am besten gefallen.

Du zogst in den Krieg, da sprang ich ein, den Hof zu halten, ein Bauer zu sein.

Wer sollte denn auch mit den starken Pferden bei aller Arbeit noch fertig werden?

Den Pferden u. Eseln galt mein Bemüh'n, u. mehr noch den Schafen und Küh'n

Kein Fuhrwerk hat sich vom Hof getraut, ich hätt ihm doch wenigstens nachgeschaut.

Bald muß ich nun nach Lippstadt zurück mit all meinem Reichtum und Kinderglück.

Doch sollt ich's in der Schule nicht gut antreffen, dann hol mich zurück, Deinen Bernd, Deinen Neffen.

Heute wollen wir uns nun ausruh'n, an Deinem Festtag uns gütlich tun, Und Du sollst von allen Onkeln auf Erden am längsten leben, am glücklichsten werden.

30. April 1947.

Am 18. April mußte Bernd in die Schule. An meiner Hand ging er ganz treuherzig mit, den Tornister auf dem Rücken, begleitet von Mechthild u. Gertrud, der Vater sah uns vom Fenster aus nach. Vorher hatten wir alle gemeinsam Kaffee getrunken, dann wurde Bernd von uns gesegnet vor diesem Schritt in's Leben. In der Nikolai-Kirche war um 8 Uhr hl. Messe für alle Schulkinder, auch für die Anfänger u. ihre Mütter, die dann nach der hl. Messe den priesterl. Segen erhielten. In der Schule war ein wüster Tumult bei all den Kleinen, Bernd fand aber schon bald einen Freund. Nun stapft er jeden Tag zur Schule, aber immer noch ohne Lust und Freude. Seinen Lehrer hat er gerne, auch die Aufgaben fallen ihm nicht schwer, so unbeholfen auch noch die kleinen Hände sind. Aber jeden Morgen dasselbe Lied:

"Heute geh ich nich in die Schule, nein, heute nich." Ich muß ihm dann immer erst zureden u. ihn bis an die Haustür bringen, dann hüpft er ganz fröhlich durch die Anlagen davon. Er war ja auch bisher fast immer in Balve in der herrlichen Freiheit u. bei all´ dem Vieh, nun fällt es ihm schwer, sich in den Schulzwang zu fügen. Ja, nun hat der Ernst des Lebens begonnen, kleiner, lieber Sohn. Möge Dir das Leben viel Freude u. Sonne geben.!

———————————————

18. Juni 47.

Vor 2 Tagen kehrten Bernhard und ich aus unserem Urlaub zurück, drei schöne Wochen haben wir in Balve verlebt und uns bei der Abreise so gut mit Vorräten eingedeckt, daß ich hier eine ganze Nacht hindurch eingekocht habe. Hätten wir nicht diese Hilfe aus Balve, so würden wir längst am Hungern sein, bei den knappen Rationen. Karin u. Ulli sind in Balve geblieben. Mit Freude und Zuversicht sehen wir nun der baldigen Geburt unseres 6. Kindchens entgegen.

8. August 1947

Mit tiefem Weh gedenke ich unseres lieben Kindchens, das heute vor 5 Wochen, am 4. Juli nachts um 3 Uhr, in der Nacht von Mittwoch auf Donnerstag, tot zur Welt kam. Ein reizendes, kleines Mädchen, groß und kräftig und schön entwickelt, 8 Pfd. schwer und 54 cm lang. In Gedanken sehe ich es immer noch vor mir, wie es im Taufkleidchen, die kleinen Händchen gefaltet, mir im Arme lag, so kurz nur, ach so kurze Zeit. Durch eine sehr gefährliche u. sehr seltene Komplikation, die auch mich das Leben hätte kosten können, ist das Töchterchen während der Geburt gestorben. Ärztliche Hilfe war genügend da, saßen wir doch am Abend spät zu Beginn der Geburt gerade alle beisammen, Berni, die Brüder Ernst u. Heini u. ich. Die Brüder blieben auch während der Nacht hier. Am nächsten Morgen haben wir den 3 Ältesten das kleine Schwesterchen gezeigt, sie waren traurig und stark beeindruckt, Mechthild weinte. Die Brüder haben dann das kleine Mädchen nach Balve mitgenommen, wo es auf dem kleinen Saal noch aufgebahrt lag u. oft von Karin u. Ulli besucht wurde. Am Samstag Nachmittag haben dann meine Geschwister alle und die Kinder im Hause den kleinen Sarg zum Friedhof getragen, wo der Pastor die Beerdigung vornahm. Es ruht nun in der Gruft meiner Eltern in seinem kleinen Grabe, unser liebes Kind, wir haben es am Sonntag besucht. Da es am Festtage des hl. Ulrich geboren wurde, hat mein Bruder Ernst, der ihm die Nottaufe gab und 1 1/2 Std. lang Wiederbelebungsversuche machte, das Kindchen Ulrike genannt. Wir sind noch sehr traurig, hatten wir uns doch so sehr auf das Kindchen gefreut! So kurz auch sein Dasein auf Erden war, wir haben es doch gesehen, unser Sechstes, und werden es nie vergessen. Auch im Erinnern der Kinder lebt es fort, besonders Karin spricht immer wieder von Ulrikchen. Als Engelein an Gottes Thron möge es den Fünf Geschwistern auf Erden Schützer und Helfer sein.

> Du kamst, Du gingst mit leiser Spur,
> ein flücht´ger Gast im Erdenland.
> Woher? Wohin? Wir wissen nur:
> Aus Gottes Hand in Gottes Hand. (Uhland)

20. September 47.

Das Leben geht so seinen Gang. Schwer und hart waren die Kriegsjahre, aber fast will mir scheinen, diese Zeit ist nicht minder schwer. Daß wir von unseren Gegnern nichts Gutes zu erwarten hatten, war uns klar, aber so hätten wir es uns auch wohl nicht gedacht. Der Hunger ist da, immer weniger gibt es an Brot, Fett u. Fleisch, 100Gramm Fleisch im Monat, 1/4 Pfd. Fett, im Monat, 3 Pfd. Brot die Woche. Dazu Demontagen der Fabriken, nicht nur der Rüstungsindustrien, nein, all´ unserer lebenswichtigen Industrien. Die Maschinen werden ausgebaut und in´s Ausland verschickt. An Wiederaufbau ist garnicht zu denken, es wird kaum ein Hausbau genehmigt. Wie soll das alles noch werden? Die

Wohnungsnot ist furchtbar. Tausende von Menschen hausen noch in Lagern, zu 12-15 Personen in einem Raum, fremde Menschen, blind zusammengewürfelt, Männer, Frauen u. Kinder.

-- Vor einigen Tagen ist auch Dr. Brunnberg aus franz. Gefangenschaft endlich zurückgekehrt. In den letzten 1 1/2 Jahren ist die Behandlung besser gewesen, aber anfangs, nach der Kapitulation, sind die Gefangenen sehr mißhandelt worden. Täglich haben anfangs die Offiziere antreten müssen und sind dann ausgepeitscht worden. Das, sagt Dr. Brunnberg, sei so furchtbar gewesen, so entehrend u. schimpflich. Und der Russe, in der Ostzone, im halben Deutschland, verschleppt heute noch Männer u. junge Burschen nach Rußland. Nachts werden die Leute einfach aus den Häusern herausgeholt und nach Rußland abtransportiert. Das ist wahr, es stand sogar kürzlich in unseren Zeitungen. So leben die Menschen in der Ostzone immer in so furchtbarer Spannung u. Ungewißheit, u. das treibt Tausende dazu, heimlich nachts über die Grenze zu gehen u. hier im britischen od. amerik. Sektor Zuflucht zu suchen.

26. Januar 1948.

Nun sind wir schon im Neuen Jahre, seit gut 3 Wochen im Jahre 1948. Mit so vielen Erwartungen und Hoffnungen geht man immer wieder dem Neuen Jahre entgegen, immer wieder vertrauend, daß doch einmal sich alles, alles wende, daß der Haß versiege in der Welt und die Völker friedlich nebeneinander leben möchten. Ob wohl solche Zeiten jemals kommen werden? Vorerst wären wir schon dankbar, wenn es uns nur ein bischen besser ginge, aber es wird nur täglich schlimmer. Aber mein Gottvertrauen bleibt unerschüttert, unser Vater im Himmel wird uns nicht verlassen. - Das alte Jahr ging für uns sehr sorgenvoll zu Ende. Die Adventszeit und die Weihnachtstage hatten wir, trotz aller äußeren Schwierigkeiten, doch froh und glücklich im Familienkreise verlebt. Zu Sylvester wollten wir dann alle nach Balve fahren und dort mit meinen Geschwistern und Onkel Aloys beisammen sein. Aber gleich nach Weihnachten erkrankte Berni und lag mit hohem Fieber zu Bett. Zunächst glaubten wir an eine Grippe, Berni versuchte auch nach 1 Tag Bettruhe, wieder Praxis zu machen, aber dann ging es nicht mehr bei dem anhaltenden Fieber von 39-40°. Der hinzugezogene Arzt bestätigte unsere Vermutung -: Typhus. Das waren bange und sorgenvolle Tage. Berni war so sehr elend und matt, aber ich wollte ihn doch selbst pflegen, schickte die Kinder nach Balve und traf alle Anstalten zur Isolierung, sodaß er doch im Hause bleiben konnte. Manchmal wollte mich die Angst schier niederdrücken, aber es mußte doch geschafft werden, Berni mußte gesund werden. Nach 14 Tagen ging auch das Fieber herunter, und nun ist Berni wieder so weit hergestellt, daß wir in den nächsten Tagen für einige Wochen nach Balve fahren wollen zur Erholung. Berni ist so schrecklich abgemagert, er wiegt noch 130 Pfd. Aber nachdem die ersten 14 schlimmen Tage überstanden waren, hat er sich doch recht schnell erholt, und so ist letztlich die schwere Erkrankung doch schnell verlaufen. Ich bin so glücklich und dankbar, daß unser lieber Vater uns erhalten geblieben ist. Aber einer fehlt in unserem Verwandtenkreise, unser lieber, guter Oheim, der Onkel Aloys. 8 Tage vor Weihnachten war er noch in Balve, um sich Lebensmittel für die Festtage zu holen. Gesund und fröhlich, gemütlich wie immer, haben die Geschwister schöne Tage mit ihm und Wolfgang, der gerade vorher aus dem Lager entlassen war, verlebt. Am 29. Dez. traf dann hier ein Telegramm ein, Ernst möchte doch sofort kommen, Oheim sei schwer erkrankt. Ernst fuhr sofort hin und kam am nächsten Tage zurück, mit guter Hoffnung für Oheims Genesung. Er erzählte dann, Oheim habe noch schön mit seiner Familie den Weihnachtsmorgen verlebt, sei nachts um 12 Uhr in der Christmette gewesen, habe dann im Krankenhaus mit Frau und Wolfgang u. d. Assistenten gefeiert, danach im eigenen Hause die Bescheerung gemacht. Mittags habe er noch fröhlich bei Tisch gesessen, sich an der Balver Gans erlabt, sei dann ins Krankenhaus gegangen und dort in seinem Zimmer zusammengebrochen. Schlaganfall. Als Ernst dann bei ihm war, ist er bei Besinnung gewesen und hat sich mit ihm unterhalten, und einige Tage lang schien es, als sollte er wieder genesen. Es war schon eine Reise nach Balve geplant nach einigen Wochen der Ruhe, da trat eine 2. Gehirnblutung ein, von der Oheim sich nicht wieder erholte, und am 5. Januar, am Todestage meines Vaters, Oheims ältestem Bruder, ist er dann gestorben. Wir waren alle vor Entsetzen und Kummer wir gelähmt. Oheim, der Gute, der fröhliche, oft strahlende Mensch, der soviel Behaglichkeit um sich verbreitete, der immer so interessant zu erzählen wußte, der Idealist, der Wortgewaltige, der an allen Familienfesten so fein zu reden u. zu dichten wußte, der so oft drollige Einfälle hatte, er sollte nicht mehr bei uns sein? Immer, wenn wir alle so schön in Balve beisammen waren, gehörte er doch dazu, war dabei, er durfte uns gar nicht fehlen. Wie konnte er mit uns lachen, wie begeistert singen, wie anregend und interessant war er in der Unterhaltung! Im Oktober noch, als Berni u. ich einige Tage in Balve waren, hatten wir mit ihm so herrliche Tage. An einem Tage nahm uns Franz-Josef alle mit auf's Kartoffelfeld, wir lasen auf, Oheim warf mit der Gabel die Strünke auf Haufen, da meinte Adalbert: "So'n Öhm könnten wir eigentlich immer auf d. Hofe haben." Wieviel Freude hatten wir doch auf dem Kartoffelfeld, und wie gemütlich waren unsere Abende. Damals sahen wir ihn zum letzten Mal, den guten Oheim. Zu seiner Beerdigung am 10. Januar bin ich trotz Bernis Erkrankung auf Bernis Drängen u. seinen Wunsch hin doch für 1 Tag nach Balve gefahren. Da sah ich ihn im Sarge wieder, den lieben Onkel, den Freund meiner Kindheit, (als Student hat er sich in den Ferien immer so viel mit mir befaßt, fuhr mich im Wagen, dem ein großer Hund vorgespannt war, spazieren und nahm mich überall mit hin.) - den für uns interessierten und uns stets geneigten Menschen in unseren reiferen Jahren, mit dem wir uns so herzlich gut verstanden haben und der auch so gerne mit uns zusammen war im gemeinsamen Balver Elternhaus. Wie treu hat er seine Heimat geliebt! Immer wieder kam er für einige Tage dorthin, und Sylvester u. Ostern waren ohne ihn gar nicht zu denken. Am Ostermorgen weckte er uns stets alle mit dem "Osteralleluja", das, von seiner schönen Stimme getragen, so feierlich im Hause erklang. Wie verstand er es, ein Fest zu feiern und sich mit uns zu freuen! Wir haben viel an ihm verloren, diesem Letzten aus dem alten Stamme, aus der vorigen Generation, von der nun nur Onkel Heinrich in Amerika noch lebt.- Ganz kurz will ich auch von seinem Leben berichten. Oheim war der Jüngste von 9 Geschwistern, 1884 in Balve geboren. Er machte den Weltkrieg mit und wurde danach Chefarzt des Philippusstiftes in Essen-Borbeck, verheiratete sich 1922 mit Dr. med. Marjo Wolf. 12 Kinder wollte er haben, aber das Schicksal verwehrte ihm eigene Kinder, so nahm er Wolfgang, Volker u. Waltraud an Kindesstatt an (Der junge Volker ist noch in Rußland.) Er war ein sehr tüchtiger, sehr geschätzter Chirurg, ein aufopfernder Arzt. Während des letzten

Krieges hat er Ungeheures an Arbeit geleistet, oft nächtelang unter Bombenhagel operiert u. sich keinen Urlaub gegönnt. Das mag seinen frühen Tod mit verursacht haben. Er war ein tiefgläubiger, frommer Katholik, ein aufrechter, gerader Charakter, ein treuer, hilfsbereiter Menschenfreund und Helfer. An seinem Grabe wurde in einigen Reden seine vorbildliche Berufsauffassung, sein großes Können gewürdigt u. herzlich seiner gedacht als des großen Arztes und großen Menschen. -- In den letzten Jahren hat er viel Schweres erfahren, den Verlust seiner beiden Häuser, die Gefangenschaft seiner beiden Söhne, u. tief gequält hat ihn das Unglück des geliebten Vaterlandes. Aber Mut und Vertrauen hat er nie verloren.- Nun ruht er auf dem Balver Friedhof in der Gruft bei seinen Eltern u. Geschwistern; nach den unruhevollen letzten Jahren ist ihm die Ruhe wohl zu gönnen. Wir aber werden ihn nie vergessen, u. immer, wenn wir in Balve beisammen sind, werden wir seiner gedenken u. ihn oft schmerzlich vermissen.

7. April 1948.

Heute war Karins erster Schultag. Stolz und erwartungsvoll ging sie heute Morgen, den Tornister auf d. Rücken, von mir und den Geschwistern geleitet, zur hl. Messe, an deren Schluß dann die Schulanfänger den

Segen bekamen. Vorher hatten wir alle, Vater, Mutter und Kinder gemeinsam Kaffee getrunken und wir Eltern unserem Töchterlein den Segen zu diesem neuen und wichtigen Lebensabschnitt gegeben. Ja, Kleines, nun ist auch für Dich die ungetrübte erste Jugendzeit dahin, heute beginnt der Ernst des Lebens. So schnell vergehen doch die Jahre! Mechthild wurde vor Ostern schon in die Quinta versetzt, sie brachte ein glänzendes Zeugnis, fast alle Fächer 1 und 2. Auch Gertrud und Bernd erfreuten uns mit guten Zeugnissen, obwohl Bernd die Schule noch nicht gerade liebt. Aber er macht doch gute Fortschritte. Vor kurzem kam er eines Nachts um 3 Uhr an mein Bett: "Mutter, es regnet so furchtbar, da brauche ich doch morgen nicht in die Schule?" - Die Ostertage, 28. u. 29. März haben wir in Balve verlebt, schön wie immer. Wir waren schon Karfreitag dort um am Karsamstag das ergreifende und wunderbare Hochamt in Balve miterleben zu können. Ich bin immer wieder bis ins Tiefste gepackt, wenn nach dem Schweigen der Kartage zum Gloria die Glocken ertönen und die Orgel so brausend u. jubelnd die Kirche durchtönt. Und dann das dreimalige Alleluja, die herrliche Segnung "Vespere autem Sabbati" und das Magnificat, von der ganzen Gemeinde gesungen -das ist immer wieder ein starkes Erlebnis und nirgendwo so feierlich wie in Balve. Die Ostertage waren warm und sonnig, alles war wie immer, Eiersuchen im Wachloh, Osterfeuer am Baumberg und hernach gemütliches Beisammensein auf dem Kleinen

Saal mit allen Geschwistern. Nur Ernst fehlte, und Grete, da sie am 26. März, Karfreitag, in Lippstadt ihr 4. Kindchen, die kleine Ulrike bekommen haben. Die Taufe wird in Balve sein, da werden wir dann wieder alle beisammen sein wie wir es stets waren, wenn ein Kindchen zum Taufbrunnen getragen wurde.

Die Zeiten sind recht bedrückend. Es ist zermürbend, einen so großen Haushalt zu haben und nicht zu wissen, was man auf den Tisch bringen soll. Hoffentlich haben wir in der Ernährungslage bald den Tiefstand überwunden, so kann es doch nicht weitergehen. seit 15. Dez. haben wir bis jetzt nur 2 mal Butter bekommen, pro Kopf 50 Gramm, und nur ganz selten, 2-3 mal, etwas Margarine. Ein einziges Mal bekamen wir Fleisch, pro Kopf 100 Gramm. Was soll man da essen? Kartoffeln und Gemüse ohne Fett, zum Würzen nur Salz u. Zwiebeln, es kommt mir oft vor wie Schweinefraß u. ist auch nicht besser. Wir bekommen ja hie und da etwas aus Balve, die tun was sie können, aber es reicht doch eben nicht für den großen Haushalt. Da es gar nicht mehr anders ging, haben wir uns 1 lb Mehl schwarz gekauft für 1500 Mk. Viel Geld, aber wir müssen doch etwas zum Leben haben. Aus Amerika erhielt ich einige Pakete mit Fett, Cacao, Kaffee, Milchpulver u. einer Dose Fleisch. Das hat gut getan und sehr geholfen. Auch Seife erhielten wir von dort u. Schuhbänder, Zwirn, Knöpfe, Zucker. Wer in einigen Jahren diese Sätze liest, wird es kaum glauben, daß es das alles nicht gab. Nein, es gibt hier nichts zu kaufen, gar nichts, außer eben Salz und den paar Nährmitteln u. dem bischen Zucker u. Margarine, das es auf Karten gibt. Seit Monaten kein Ei. Milch bekommt nur Ulrich, pro Tag 1/4 l., aber da helfen uns die Balver, sie geben uns von den Karten, auf die sie Milch verkaufen, dadurch haben wir doch tägl. 1 3/4 - 2 l., und das hilft uns sehr. Die Sorgen um die Ernährung der Kinder machen mich oft ganz niedergedrückt und traurig. In der Apotheke gibt es ein Eiweißpräparat aus Rinderserum, das ist zwar teuer, aber wir holen es und geben den Kindern täglich davon, damit sie keinen Eiweißmangelschaden bekommen. Lebertran ist leider auch nicht zu haben. Hoffentlich wird alles bald besser. Wer diese Zeiten nicht miterlebt, wird sie auch nicht verstehen können. Darum will ich zur Erläuterung noch einige Dinge klarer schildern. Man möchte denken, es wäre doch nicht so schwer z. Bsp. in Balve ein Schwein od. Kalb zu schlachten und uns davon zu geben, oder zu buttern und uns Butter zu geben. Aber es ist ja jedes Tier durch Kontrollen in d. Ställen erfaßt, die Milchmenge d. Kühe wird jeden Monat durch Kontrollen geprüft u. muß abgeliefert werden, und es stehen sehr hohe Strafen auf Verstößen. Eier müssen abgeliefert werden, man fragt sich nur, wo sie denn bleiben? Besatzungsmacht? Dazu kommt dann, daß man nicht einmal Nahrungsmittel von Balve nach hier schaffen könnte, auf den Straßen sind überall Kontrollen, die die Autos durchsuchen, auch jedes kleine Paket. Ebenso ist es in den Zügen. So kann es mal gelingen, daß man in einem Koffer etwas mitnimmt aus Balve, aber viel kann es nicht sein, und es ist immer ein Risiko. Dann die Sperrgebiete. Um Lippstadt herum, um Soest, u.s.w. sind Sperrgebiete eingerichtet an deren Grenzen die Kontrollen besonders scharf sind, damit eben nichts herausgeholt werden kann. So kann man monatelang, bes. in der Erntezeit, ohne Genehmigung nicht einmal in die umliegenden Dörfer herein, da sind überall Polizeistreifen. Daß manche Bauern nun doch Schwarzschlachtungen machen, ist wahr. Aber sie geben die Sachen nur gegen Kompensation ab, so sind sie für uns unerreichbar, wir haben ja nichts zu kompensieren. Ganz rühmlich muß ich aber meine Geschwister in Balve erwähnen. Sie leben selbst sehr bescheiden und einfach und geben von dem, was sie haben, ohne Gegenwert an alle ab, sie helfen, wo sie nur können. Darüber bin ich froh und glücklich.

Ein kleiner charakteristischer Nachtrag: in der Zeitung stand, daß deutsche Stellen gegen die geringe Fettzuteilung bei der Mil. Reg. protestiert haben. Darauf hat der engl. Gouverneur erklärt, Fett diene nur der Geschmacksverbesserung und sei als Nahrungsmittel nicht notwendig.

Sonntag, 9. Mai 1948.

Vor 3 Tagen, Christi-Himmelfahrt den 6. Mai, feierten wir hier ein schönes Familienfest, den Erstkommunionstag unserer Gertrud. Mit Ernst und Sorgfalt hatte Gertrud sich schon lange auf diesen Tag vorbereitet und der liebe Heiland hat gewiß sein Wohlgefallen an ihr gehabt. Von den Eltern gesegnet, vom Vater, den Geschwistern u. Verwandten geleitet, ging sie andächtig zur Kirche, ihr kindliches Herz wußte doch schon um die hohe Bedeutung dieses Tages. Die kirchliche Feier war würdig und ergreifend. Mechthild war Führerengel und trug Gertrud die Kerze voran, als sie zum Altare schritt. Karin war Engelchen, sie hatte ihren Platz am Hochaltar. Zur häuslichen Feier waren alle nahen Verwandten gekommen, Addi und Bernd aus Wattenscheid, Tante Fine, Alfons und Ika aus Münster, meine Schwestern und Brüder und ihre Frauen. Die Tafel war so prächtig geschmückt mit weißen Rosen, Maiglöckchen in Fülle, zartem Grün und Kerzen. Nach dem Kaffee sprach der Vater herzliche Worte, in denen er Gertrud ermahnte, dieses Tages stets eingedenk zu sein und den Treueschwur, den sie Gott gegeben, fest zu halten. Er gedachte auch der hohen Werte und der Freuden, die uns durch die Verankerung in unserem hl. Glauben geschenkt seien, der Prüfungen, die es im Leben zu bestehen gelte, u. gedachte der Großeltern, die aus dem Glauben heraus ihr Leben gestaltet hatten und bat dann alle, nun hier noch einmal, in Erinnerung an den eigenen Erstkommuniontag mit unserem Kommunionkind den Treueschwur zu wiederholen. Wir zündeten die Taufkerze an und sangen alle: "Fest soll mein Taufbund immer steh´n." Später sagte Mechthild ein Gedicht auf, dann sangen wir "Alleluja, voll Entzücken, darf ich nun zum Himmel blicken". Fein und würdig verlief der ganze Tag. Am Nachmittag waren natürlich alle mit zur hl. Andacht, und abends haben wir hier noch manches religiöse Lied gesungen. Es war ein schöner, ein inniger Tag, ganz so, wie ein Erstkommuniontag sein soll, voll Gehalt und Weihe und getragen von echter, tiefer Freude, und so wird er Gertrud in Erinnerung bleiben und ihr vielleicht auch manchmal im Leben Halt und Kraft geben.

10. Juli 1948.

Was lange vermutet, worüber so vielfach hin- u. hergeredet wurde, ist Wirklichkeit geworden. Am 20. Juni war die Währungsreform plötzlich, zuletzt doch noch unerwartet, wurde sie am Tage vorher verkündet. Wir waren gerade in Münster zum Stiftungsfest der Saxonen, das Damenfest, für den Sonntag geplant, wurde auf den Samstagabend verlegt und noch ganz fröhlich gefeiert. Am nächsten Morgen aber mußten dann alle abreisen, da ja nun das alte Geld keine

Gültigkeit mehr hatte. Sonntag, den 20. Juni, war der Geldumtausch, wir mußten pro Person 60 Mk. einzahlen und erhielten 40 Mk. pro Kopf zurück, für uns also 280 Mk. Die restlichen 20 Mk. sollen evtl. später ausgezahlt werden. Diejenigen, die kein Geld oder kein Konto hatten, erhielten die Kopfquote auch, sodaß nun jeder, ob reich, ob arm, über dieselbe Summe verfügte. Aber am Tag nach der Währungsreform waren plötzlich wieder die Läden gefüllt, die Haushaltungs- und auch viele Textilgeschäfte. Da wurden alle die gehorteten Waren angeboten, die man seit Jahren nicht kaufen konnte und die die Geschäfte wegen der unsicheren Währung auf Lager gelegt hatten. Das war eigentlich recht beschämend. Die meisten Leute kauften nun wir toll, aber wir haben doch sehr zurückgehalten, da wir ja nicht wußten, wann das nächste Geld einkam und müssen auch jetzt sehr sparen. 120 Mk. bekamen wir vor einigen Tagen von der kassenärztl. Vereinigung, das ist bis jetzt alles, aber am 1. Juli mußten Miete und Löhne bezahlt werden u. der Haushalt ist teuer, da ist das Geld bei uns sehr knapp. Einen einzigen kleinen Luxus haben wir uns gestattet, ich habe 12 Fl. Wein bestellt, der jetzt nach Jahren erstmalig wieder zu haben ist u. nicht teuer ist. So ein bischen muß man sich ja die Misere des Alltags verschönern. So, nun sind wir arm geworden. Die Währungsreform haben wir ja herbeigesehnt in der Hoffnung dann wenigstens wieder etwas kaufen zu können, aber daß uns das Geld so knapp wurde hätten wir nicht geahnt. Man sprach vorher davon, daß die Bankkonten auf 10% abgewertet würden, diese Hoffnung hat sich nicht erfüllt. Nur 6 1/2% bleiben bestehen, davon sollen 5% freigegeben werden, sie sind aber erneut gesperrt. So bleiben uns von unserem Gelde, das wir in 10 Jahren wirklich mühevoller Arbeit erspart haben, etwas mehr als 2000 Mark, die aber vorerst festliegen. 43000 Mk. hatten wir, gutes, redlich verdientes Geld. Immer haben wir gespart in dem Wunsche, mal ein eigenes Haus zu besitzen und den Kindern eine Heimat zu schaffen. Ob dieser Traum nun je noch in Erfüllung gehen wird? In der Kriegs- und Nachkriegszeit konnten wir das Geld nicht anlegen, da wegen der Unsicherheit niemand geneigt war, Grund und Boden oder Besitz zu verkaufen. Nun müssen wir wieder ganz von vorne beginnen. Aber mit Mut und Vertrauen werden wir es schaffen, wir sind ja noch jung und rüstig, und wenn wir es auch schließlich nicht zu eigenem Besitz bringen, so muß es uns aber doch gelingen, unseren Kindern eine gute Ausbildung zu geben. Dann werden auch sie im Leben schon fertig werden. Furchtbar bitter und hart ist diese Entwertung des Geldes für alte Menschen, für Witwen und Rentner u. Kriegsbeschädigte, die nun auch ihre letzten Spargroschen verloren haben und vor dem Nichts stehen. Sie sind ja auch nicht in der Lage zu verdienen, und sind nun auf die geringe Wohlfahrtsunterstützung angewiesen. Da gibt es viel Elend und Not und viel

Erbitterung. Und das ist auch ein Unrecht, aber die Militärregierung hat es eben so angeordnet, daß alles Geld wertlos wurde. Die deutschen Stellen hatten vorgeschlagen, 10% des Geldes zu belassen und weitere 10% später nach und nach freizugeben, dieser Antrag wurde aber abgelehnt. So sind die Sparer mal wieder die Dummen. - Nun, wir müssen auch durch diese Zeit hindurch. Zu solchem Wohlstand, wie wir ihn früher kannten, werden wir ja nie wieder gelangen, aber mit Gottes Hilfe werden wir schon durchkommen.

Vom 6. - 20. Juni war hier in der Nikolai- u. Elisabeth-Pfarre große Volksmission, geleitet von Dominikanerpatres. Das war wirklich ein Erlebnis, ein aufrüttelndes und bis ins Tiefste gehendes Erlebnis, vor allem die Predigten des Kölner Dompredigers Pater Wunnibald[25], der am Sonntag, den 13. Juni auf dem Marktplatz vor 10000 Zuhörern sprach. Die Themen der Predigten gingen um die Verchristlichung der Welt, dem Wiedererstarken des Christentums. Wir haben jede Predigt mitgemacht und waren sehr begeistert und ergriffen. Die allgemeine Beteiligung war sehr stark. Hoffentlich zeitige nun auch die Mission den erhofften Erfolg.

28. Juli 1948.

Vor einigen Tagen sind unsere Kinder, Mechthild, Gertrud, Bernd u. Karin nach Balve in die Ferien gefahren. Nur Ullispatz, der Kleine, ist hiergeblieben, er ist zu wild und unbändig, wer soll ihn in Balve bewachen? Und ihr Nesthäkchen muß Mutter ja auch bei sich haben. Die Vier sind allein gereist, Mechthild führte die Karavane, nachdem sie vor Pfingsten erstmalig allein die Reise nach Balve gemacht hat. So wachsen unsere Trabanten heran und werden langsam selbständig. Sie waren ganz beglückt bei der Aussicht, nun 4 herrlich freie und ungebundene Wochen in Balve verleben zu können. Wie dankbar bin ich doch, daß wir dieses schöne Asyl für uns und die Kinder haben.

15. August 1948.

Nach 9 Jahren wurde vor einigen Tagen am 7. 8. und 9. August in Balve wieder Schützenfest gefeiert in unserer lieben, alten Höhle. Das waren für uns ganz wunderschöne Tage. es war lange vorher hin- und herüberlegt worden, ob es auch zeitgemäß sei, nun schon wieder ein solches Fest zu feiern. Bei der allgemeinen Notlage, bei dem Leid in sovielen Familien, bei dem Gedenken an die vielen Kriegsgefangenen, die noch fern der Heimat schmachten, war bei Vielen nicht die rechte Stimmung da. Aber das Leben geht weiter und die Jugend, die sovieles entbehrt hat, will auch ihr Recht und ihre Freude. So war es denn beschlossen: ja, es wird wieder gefeiert, zumal die meisten Ortschaften schon 1947 wieder Schützenfest gehabt hatten. Und als es einmal beschlossen war, sagten wir uns: nun machen wir auch alle mit, damit das Fest wieder in alter Tradition und in feiner, guter Art gefeiert wird. Monate vorher gab es noch eine Schwierigkeit und Sorge ganz eigener Art. Als gegen Ende des Krieges wegen des anhaltenden Bombenterrors viele Rüstungsbetriebe in unterirdische Höhlen und Felsenlöcher verlagert worden sind, kam auch in die Balver Höhle ein kleiner Rüstungsbetrieb. Deshalb wollten nun die Engländer die Höhle sprengen[26], und es hat nicht viel gefehlt, sie hätten es getan. Was war das eine Aufregung, was wurde nicht unternommen, sie zu retten. Monatelang hat der Kampf gedauert, es wurde alles unternommen, auch an das Ausland appelliert, aber die Engl. wollten sprengen. Schon die Menschen der Urzeit hätten dort Waffen geschmiedet, haben sie einmal argumentiert. Schließlich, in letzter Stunde, als schon der Tag der Sprengung festgesetzt war, kam dann doch der Demontagestopp wegen der prähistorischen Bedeutung der Höhle.

Und nun haben wir wieder Schützenfest gefeiert, so fröhlich und urgemütlich, in echtem Humor, echter Freude und Verbundenheit, ohne jedes unangenehme Zwischenspiel u. Ausgelassenheit. Da der König von 1939 verzichtet hatte, mußte für den ersten Tag auch schon ein König geschossen werden, mit der Armbrust, da ja wir Deutschen kein Gewehr haben dürfen. Mein Bruder Adalbert wurde König, das war eine allgemeine Freude. So waren wir denn alle im Hofstaat, und als wir Sonntagnachmittag mit Musik in die Höhle einzogen nach alter Tradition, da schlug mir doch das Herz vor Begeisterung, und jetzt, wo ich dies schreibe, kommen mir fast die Tränen. Für solches Hochgefühl muß man wohl Balver Kind sein, aber auch die anderen alle waren restlos begeistert. Es gibt da so einige besondere Momente, die einem so das Herz erfreuen, die Ständchen am Samstag- Abend, den Zug, der Schützen durch Balve am Sonntag, der Eingang in die Höhle, das Wegbringen der Fahnen am Abend, die schöne, feierliche Messe am Montagmorgen, der Ritt des Adjutanten zur Königin nach dem Königsschuß. Adjutant ist seit Jahren mein Bruder Adalbert, da er nun König war, vertraten ihn Ernst u. Heini je 1 Tag u. ritten sehr schneidig. Nach diesen schönen, freudenvollen Tagen geht´s nun wieder mit neuem Mut an die Arbeit.

20. August 1948.

Heute haben wir ein kleines Familienfest: Bernis und Berndchens Namenstag. Da aber die Kinder noch in

Balve sind, werden wir mit ihnen am Sonntag nochmals feiern, der Eltern Namenstage, die gehören ja für sie mit zu den Hauptfesten des Jahres. Ulrich sagte ein Gedichtchen auf, von mir schnell im Stegreif verfaßt.

'Von der ganzen Kinderschar, ist heut' nur der Ulrich da,
Ruft für alle Fünf Hurrah, Vater, Du sollst leben! Vivat hoch!'

Heute Abend werden wir gemütlich beisammensitzen und ein Fläschchen Wein trinken, den wir nach Jahren des Entbehrens wieder schätzen gelernt haben. Doch jetzt können wir uns nun gelegentlich mal, bei besonderen Anlässen, eine Flasche leisten. Die Weinpreise sind, wie alle anderen Dinge auch, so stark angestiegen. Aber etwas Freude braucht man ja hie und da. Mein Vater meinte früher mal: "Das möchte ich Dir wünschen, daß Du jeden Abend Dein Gläschen trinken kannst." Und das ist auch was Schönes, abends ein Glas Wein u. dabei ein gutes Buch oder eine gemütliche Plauderstunde. Vor einiger Zeit las ich den Kindern mal das Gedicht vor "Der Sänger", und die Worte "O Trank voll süßer Labe" habe ich recht gut verstehen und mitempfinden können. 1946 erhielten wir eine Flasche Wein zu Weihnachten von Franz-Jos. geschenkt, der "schwarz" nach Ruwer in die franz. Zone gefahren war und 5 Fl. Wein mitgebracht u. gut durch die Kontrolle bekommen hatte. Wie haben wir diese Flasche gehegt, wie oft sie abends kaltgestellt, bis wir uns endliche entschlossen, sie zu trinken, - und wie haben wir sie genossen!

Sonntag, 5. Sept. 48.

Der erste Katholikentag nach dem Kriege findet heute in Mainz statt. Am Morgen hörten wir am Radio die Übertragung des Festgottesdienstes mit der Predigt des Bischofs v. Mainz, am Nachmittag nahmen wir am Gemeinschaftsemfang der Rede des hl. Vaters, die er in deutscher Sprache hielt, teil und empfingen über die Ätherwellen den päpstlichen Segen. Das Motto des Katholikentages lautet:
> Nicht klagen; -handeln!

8. Sept. 48.

Zwölf Jahre sind wir nun heute verheiratet. Was alles haben wir doch erlebt in diesen Jahren, wie wechselvoll waren die Geschicke, Freude, Glück, schwere Sorgen, Trennung, Leid. Und letztlich überwiegt doch bei allem wieder das Glück, das wir gemeinsam in diesen Jahren genossen. Darum können wir auch immer diesen Tag in Dankbarkeit und Freude feiern.

Samstag, den 11. Sept. werden wir für 14 Tage nach Balve in Urlaub fahren, wir Beide und unser Ulrich - Wir

232

freuen uns auf die Tage der Ruhe und Erholung in der schönen Heimat, den lieben Sauerländer Bergen und auf die frohen u. gemütlichen Stunden im Kreise der Geschwister.

22. November 1948.

Heute sind wir nach 4 in Balve froh verlebten Tagen wieder nach hier zurückgekommen. Am Freitag, dem 19. Nov., ihrem Namenstage, feierte meine liebe, jüngste Schwester Lisel ihre Verlobung mit Wilhelm Bathe, der am 29. Juni erst aus russischer Kriegsgefangenschaft zurückgekehrt war, wo er bittere u. schwere Jahre verbracht hat. Nur 2 mal hat er Post erhalten in all´ diesen Jahren und er selbst durfte auch nur ganz selten mal schreiben. Recht krank und elend kam er zurück, hat sich nun aber schon wieder leidlich erholt. Den Verlobungstag haben wir sehr fein im Kreise der Geschwister und nächsten Verwandten gefeiert und viel Freude gehabt in all' den Tagen.

7. Dezember 1948.

Seit dem 1. Dezember geht Ulrich zum Kindergarten. Es wird Zeit, daß er sich mal in eine größere Gemeinschaft einzuordnen lernt. Jeden Morgen um 9 Uhr zieht er, bewaffnet mit einer kleinen Butterbrottasche, los, aber jeden Morgen gibt´s auch erst Tränen. Den Kindergarten faßt er als Schule auf, er will aber hierbleiben und spielen. Wir sind jedoch erstaunt über die Fortschritte, die er in diesen wenigen Tagen schon gemacht hat, er hat schon kleine Liedchen u. Gedichtchen gelernt, die er hier nicht gelernt hätte, weil er nicht zuhört. Er ist so ein lustiger, übermütiger, kleiner Junge, sprudelnd vor Lebenslust; wir alle haben unsere Freude daran u. am lautesten kann Bernd über ihn lachen. - Sonntag Abend, d. 5. Dez., war der hl. Nikolaus persönlich hier. Ulrich hatte Angst u. wollte sich verstecken, fühlte sich dann aber doch in Mutters Armen geborgen. Es war zu reizend, wie die Kinder alle so gläubig und andächtig dem Nikolaus ihre Gebetchen und Lieder vortrugen. Sie sind ja alle noch in diesem Wunderland zuhause, außer Mechthild. Und dann der Jubel, als der Nikolaus den Sack leerte mit Plätzchen und Äpfeln! Schöne und beglückende Stunden haben wir da in unserem Familienkreise verlebt und viel Freude gehabt mit unserer beglückten Kinderschar.- Wie schön und traulich sind sie, diese Tage und Wochen vor Weihnachten. Die Vorfreude der Kinder bringt uns schon recht in die Weihnachtsstimmung hinein. Wir haben so manche schöne Stunde, wenn wir am Abend od. am Sonntagnachmittag die Lichter am Adventskranz anzünden, mit den Kindern singen u. ihnen erzählen od. vorlesen. Die Freuden des Familienlebens sind doch die schönsten, die tiefsten und reinsten, und sie sind uns in reichem Maße geschenkt.

3. Januar 1949.

Nach wunderbaren, in Balve verlebten Tagen, sind wir gestern wieder nach hier zurückgekommen. Die Weihnachtstage haben wir in unserem eigenen Heim gefeiert, in diesem Jahre doch schon wieder etwas üppiger als in den vergangenen schwersten Zeiten. Natürlich war alles einfach und bescheiden, aber unsere Wohnung so festlich geschmückt u. alles so behaglich und traut, daß wir alle den Zauber und die eigene Stimmung der Weihnachtstage recht empfunden haben, auch die Kinder schon.

Am 28. Dez. fuhren wir dann alle nach Balve, wo am 29. die Hochzeit meiner lieben Schwester mit Wilh. Bathe gefeiert wurde. War das doch ein schöner Tag, eine ganz besonders feierliche und stimmungsvolle Hochzeit! Eingeleitet durch das sehr, sehr feierliche und ergreifend schöne Hochamt, in der mit Tannen u. Kerzen so festlich geschmückten Kirche, unter den gewaltigen Klängen der Orgel, verlief der ganze Tag in solcher Hochstimmung. Als wir nach d. hl. Amte in´s Elternhaus einzogen in langem Brautzug, erstrahlte der große Saal, der Festraum, im Glanze von vielen, vielen Kerzen, die an den hohen Tannen, die d. Raum schmückten, und auf d.

Tafel entzündet waren. Während des Morgenkaffees sagte ich meinen Glückwunsch, den ich, teils aus Tante Elisabeth´s Hochzeitsgruß an mich, meist aber aus eigener "Schöpfung" verfaßt hatte.

Meiner lieben Schwester Elisabeth zu ihrem Hochzeitstage.

'Ein Zauber hält die Menschen all umfangen,

in diesen Tagen zwischen Weihnacht und Neujahr.

Voll lichten Glanzes ist die Welt!

Das Licht, das aus der Kripp' in Bethlehems Stalle,

nach des Adventes sehnsuchtsvollen Rufens so hell erstrahlt,

erfüllt alle Herzen, die guten Willens sind,

und macht sie liebereich und warm und froh.

Daß diese traulich, stillen Tage Ihr Euch zum Fest gewählt,

zum hohen Fest der Liebe, – will mir scheinen,

es habe seinen Sinn und eigene Deutung.

Nach langen, dunklen Jahren, die voll Ungewißheit,

voll bangen Zagens,

und auch voll Sehnens und erwartungsfrohem Hoffen,

ward nun Erfüllung Euch, ward Licht, ward Glück und Freude.

– Im morgendlichen Amte, da zum Bund Ihr Euch die Hände reichtet,

in dieser heilig-ernsten Stunde war'n innigst wir dabei

mit heißem Herzen Euch erflehend des Himmels Segen

und ein volles, reiches Maß des Glückes.

So leicht ist ja das Leben nicht, und jedem Tage schon ist seine Last

beschieden.

Doch trägt sich alles leicht, wenn Eure Herzen stark und fest in Lieb'

verbunden

und ihr an Gottes Hand, auf ihn vertrauend (von ihm geleitet) durch das
Leben geht.

—

Wie festlich hat das Elternhaus zur Feier sich bereitet,
wie strahlt's im Schmuck der Tannen und der Kerzen hellem Scheine,
das liebe alte Haus, – das unsrer Jugend treuer Hüter war,
darin wir – längst entschwunden – ach, so sorglos heitre Tage
im Eltern- und Geschwisterkreise froh verlebten!
Dies Haus, dem dann in spätren Jahren Dein Müh'n und Sorgen galt,
es will, Elisabeth, an Deinem Ehrentage, Dir heut den Dank erweisen
für Dein selbstlos liebend Schaffen.

Du verläßt nun all die trauten Räume.
Zwar wirst Du wiederkehren, doch im Vorübergehen nur.
Du willst, was Religion und Heimat, was Elternhaus und Schule
was Streben und Erfahrung Deiner reifer'n Jahre in Dir gebildt,
zu eignem , neuen Wirken nun gestalten.
Willst so, wie Du bisher dem Haus und den Geschwistern gern' gedient
vor allem nun dem Gatten leben, dem Heime, das Du Dir erschaffst,
und wohl auch einmal – möge Gott es geben – froher Kinderschar.

Nichts Schön'res weiß ich Dir zu wünschen, liebe Schwester,
denn daß Dein Leben sich so tief und reich entfalte,
wie unsrer lieben Eltern Weg uns in Erinnerung leuchtend steht,
damit auch Du, nach langen schaffensfrohen Jahren,
nach Jahren, die an echtem Inhalt reich und an Gewicht,
rückblickend bis zum heut'gen Tage aus vollem Herzen könntest sagen,

mit unsres Vaters gutem, oft gesprochnem Wort:
'Ich habe ein schönes Leben gehabt!'

Etwas später richtete dann auch Wilhelms Tante, Frl. Dr. Bathe, sehr feine und herzliche Worte an das Brautpaar, Bruder Heinrich gedachte der lieben Toten, der Eltern des Brautpaares, Wilhelms Brüder, Tante Elisabeth´s und Onkel Aloys, und unter den Klängen des "Heilig, heilig, heilig" richteten wir alle unsere Gedanken auf sie. Dann wurde die Hochzeitszeitung aufgelegt, die wir Lippstädter, Bruder Ernst, Berni u. ich verfaßt hatten, wir sangen einige Lieder, Schwägerin Grete las eine Traurede von Lippert vor, und so verlief der Morgen schön und stimmungsvoll. Zwischendurch gratulierte auch die ganze Kinderschar mit Liedern und Gedichten. Die Tischrede am Mittag hielt Bruder Adalbert. Der Nachmittagskaffee, im Dämmern, war auch besonders festlich. Alle Kerzen brannten und wir sangen all´ die lieben, trauten Weihnachtslieder, begleitet von Klavier und Geige, da inzwischen die Musiker angekommen waren. Der Abend verlief dann mit Tanz und Fröhlichkeit u. Liederklang in vollster Harmonie und echter Festesfreude und mit allerlei lustigen Darbietungen, wobei und Ernst und Berni mit ihrem "Höhlenlied" überraschten, das sie so ulkig vortrugen.[27] Eine Glanznummer war auch die Modenschau, von Maria inszeniert u. v. Berni, Heinrich, Grete u. Maria vorgeführt. Bis in die Frühe des nächsten Tages hinein haben wir gefeiert. Möge dieser schöne Hochzeitstag für das junge Paar der Auftakt sein zu einem reichen und vollen Glück in langen, gemeinsamen Jahren!

Nach dem Feste verlebten wir alle gemeinsam noch ein paar frohe und schöne Tage im Elternhause, saßen Sylvesterabend so traulich auf dem kleinen Saal beisammen, in froher Zuversicht das neue Jahr begrüßend. Wie einmalig schön sind doch solche Tage in Balve und wie sehr genießen die Geschwister immer wieder das Beisammensein im Elternhause. Da muß ich auch einmal dankbar der Geschwister gedenken, die uns diese schönen Tage immer wieder gestalten, uns das Elternhaus erhalten,- meines Bruders Franz-Josef, der rührend gut und besorgt ist, der "Mutter" von allen, meiner lieben Schwester Maria, und Lisels´ der schaffensfrohen, die uns ja nun verläßt, einstweilen aber noch nicht ganz, da sie ja das "Türmchen" bewohnt. Diesen Dreien ist es vor allem zu danken, daß wir die Balver Tage in solcher Freude und Behaglichkeit verleben können und uns dort immer so glücklich und wohl fühlen. Auch unsere Kinder haben da ihre zweite, sehr geliebte Heimat, sie verleben auch jetzt dort wieder ihre Ferien und werden erst in 8 Tagen nach hier zurückkommen.

Möge das Jahr 1949, das so glücklich und froh begonnen wurde, uns viel Gutes bringen, unserer Familie, all' unseren Lieben, all' denen, die in Not und Sorgen und Kummer sind. Möge es die Gefangenen u. Verschleppten befreien u. zu ihren Lieben zurückführen! Möge es unser Volk und Vaterland in hellere Tage, in glücklichere Zukunft weisen!

22. März 49.

Zum 19. März, dem Namenstag meiner lb. Eltern und des Bruders, waren wir in Balve. Das war früher immer so ein hoher Festtag im Hause Allhoff, der Eltern Namenstag, und dann kamen auch immer alle, die sich eben frei machen können, um festlich den Tag, nun mit Franz-Josef und im Gedenken an die Eltern zu begehen. Berndchen war auch mit in Balve, am Namenstag seines besonders geliebten Onkels Franz-Jos. wollte er doch gerne dabei sein. Eines Morgens, am Kaffeetisch, sagte er ganz unvermittelt: "Heute wird der Bochumer Verein demontiert." Wir waren alle erstaunt, "Junge, woher weißt Du das denn?" "Aus der Zeitung." Er mag aber wohl uns öfter darüber haben sprechen hören, und die Kinder spüren wohl auch den Ernst und die Sorge, die uns bedrücken wegen der schrecklichen Demontagen all' unserer hochwertigen Fabriken. Die Demontage des Bochumer Vereins, durch die Tausende brotlos werden, ist seit Wochen Tagesgespräch, da die deutschen Arbeiter sich geweigert haben, zu demontieren. Nun haben aber die Alliierten sich doch durchgesetzt. Das ist alles so sinnlos u. unverständlich u. trägt gewiß nicht zur

Verständigung der Völker bei. Man will uns ganz klein u. arm halten, und wir müssen es hinnehmen, was man über uns verhängt.

13. April 49.

Heute jährt sich zum 4. Male der Tag, der Schreckenstag, an dem die Amerikaner in Balve einrückten. Die Tage damals waren so geballt an Ereignissen, daß ich gar nicht alles niederschreiben konnte. Alles mochte ich auch nicht schreiben aus Angst, das Buch könne mal in unrechte Hände fallen. Da will ich denn nun aus meiner Erinnerung noch Einiges nachtragen.

In der 3. Nacht nach dem Einmarsch waren wir in großer Aufregung. Hermann Schulte-Vennbur, Gretes Bruder, der zur Zeit des Einmarsches noch im Krankheitsurlaub in Balve war, versuchte am Nachmittag vor dem Einmarsch noch, sich zu seinem Truppenteil durchzuschlagen. Das gelang nicht mehr, und so hatte er sich in den Balver Wäldern versteckt gehalten, war aber in der Nacht zu van Bömmels gekommen u. hatte gesagt, in der nächsten Nacht komme er zu uns. Mit schrecklicher Unruhe und Sorge warteten wir auf ihn, d. h., nur Eingeweihte. Was es damals bedeutete, einen Soldaten im Hause zu haben, kann heute keiner mehr verstehen. Es stand Todesstrafe darauf, immer wieder wurden die Häuser durchsucht. So waren wir in furchtbarer Aufregung. Nachts kam er dann, hatte allein von der Kreuzschlade bis zum Hause über 18 Std. gebraucht, da er bei jedem leisen Geräusch sich verstecken mußte. es durfte ja ohnehin nach 7 Uhr abends niemand mehr heraus, die Amerikaner hatten Streifen und Wachen ausgestellt. Da wir alle es für das Richtigste hielten u. wir Hermann doch nicht verborgen halten konnten, stellte er sich am nächsten Morgen freiwillig und wurde von 3 bewaffneten Amerikanern abgeholt vom Türmchen. Wir hatten nun gehofft, er komme auf Grund seiner Krankheit ins Lazarett, hatten auch den amerik. Arzt informiert. Aber nachmittags plötzlich sah Maria ihn ganz verschmutzt u. elend, ohne Mantel, auf einem Lastwagen durch Balve fahren. Hernach erfuhren wir dann, daß er Schreckliches mitgemacht hatte. Man wollte ihn über seinen Truppenteil vernehmen, da er aber die Aussage verweigerte, drohte man, ihn zu erschießen. So hat er sich auf Bercken Hof sein Grab schaufeln müssen, sich immer wieder hineinlegen, dann wurde er wieder vernommen, dann stand man wieder mit Pistolen vor ihm, dann mußte er weiterschaufeln. Nach Stunden hat man von ihm abgelassen und ihn dann nach Remagen transportiert, in diese Elends- Massenlager, wo Tausende von deutschen Soldaten vor Hunger umgekommen sind. Es war ein Bild des Grauens, als Tag für Tag Auto an Auto mit deutschen Soldaten durch Balve fuhr, die in Gefangenschaft gebracht wurden. Die

Läger am Rhein, wo die Soldaten im Freien lagen, sind berüchtigt durch ihr Massensterben.-

Von der Räumung so vieler Häuser in Balve berichtete ich schon, und auch, daß Viele bei uns Aufnahme fanden. Wir kochten täglich für 56 Personen, die im Hause waren. Kaum aber waren die anderen Häuser wieder freigegeben, da ereilte uns das Schicksal, Abends 10 Uhr kamen einige Amerikaner, darunter ein frecher Jude, u. erklärten, wir müßten binnen 1 Std. das Haus räumen. Für diese eine Nacht konnten wir die Räumung noch abwenden, da einer der Amerikaner, dem ich sagte, 10 kleine Kinder seien im Hause und mehrere alte, kranke Damen, ein menschliches Rühren zeigte und dem anderen, dem Juden, zuredete. Er ließ sich die Kinder und die alten Damen, die Oma, Siegener Marie, zeigen, strich auch den Kindern über den Kopf. Am nächsten Morgen um 9 Uhr am 23. April stand der freche Jude wieder da, alles Reden half nichts u. binnen 1 Stunde mußten wir das Haus räumen. Sogleich war halb Balve auf den Beinen und packte mit zu. Die Oma wurde ins Nachbarhaus zu Schneiders Damen getragen, die Siegener zogen zu Gercken, ich mit meinen Kindern zu Cramers, Maria und Lisel zu Falken, Grete mit Kindern zu Schulten, Maria, Heinis Frau, mit Kindern in ihr Elternhaus. Das Wichtigste an Möbeln u. Teppichen u. Truhen wurde erst mal in den Kuhstall getragen, wo Adalbert Stroh hingelegt hatte, und da wurde erstmal abgeladen, Wäsche, Kleider u. was uns dringlich schien.

Von da aus zogen wir später auf den Kornboden, richteten uns dort häuslich ein u. waren tagsüber dort. Das Essen kochten wir bei Falken, holten es aber mittags herüber. Wegen des Viehes durften wir Hof und Stall betreten, nicht das Haus. - Nach 1 Std. rückten dann die Amerikaner in´s Haus ein, 35 junge und teils auch recht wilde Kerle, und 3 Wochen haben sie dort gehaust. Alles haben sie auf den Kopf gestellt, nein, wie sah das später aus! Der große Saal war voll von Möbeln von Leuten, die ausgebombt waren u. ihre Sachen noch gerettet hatten. Das war nachher eine richtige Räuberhöhle, kein Schrank, keine Schublade ungeöffnet, die Sachen lagen zerstreut u. zerwühlt umher. u. alles Wertvolle nahmen sie mit. So ist auch Oheims sehr wertvolle Briefmarkensammlung abhanden gekommen. Die Matratzen hatten sie unten im Hause einfach auf den Boden gelegt, einige auch aus dem Hause herausgebracht. Aus fast jedem Zimmer erscholl Radiomusik, die Apparate wurden einfach aus anderen Häusern herausgeholt, und in allen Fenstern saßen die Kerle und ließen ihre Beine herausbaumeln. Als Brennholz verwandten sie schließlich auch die Kinderbetten und Bänke, überall hatten sie Öfen aufgestellt, die Pfeifen ragten zum Fenster heraus u. qualmten den ganzen Tag. Nur den kl. Saal haben sie eigenartiger -weise gar nicht benutzt. Diese Amerik. gehörten einem Kommando an, das die Wälder nach deutschen Soldaten durchsuchen mußte, und unseren

Keller hatten sie als Gefängnis eingerichtet. Da saßen die armen Deutschen in völliger Dunkelheit, wurden nur täglich mittags für 1/2 Std. auf den Hof geführt. Nein, was könnten wir von jenen Tagen nicht alles erzählen! Bei allem Ernst haben wir oft auch schrecklich lachen müssen, und in unserem Asyl auf dem Kornboden fühlten wir uns auch ganz gemütlich. Ein Bild des Behagens war es auch, wenn Siegener Onkel Walter auf dem Hof saß und die Butterkirne drehte. Die Milch wurde ja nicht abgeliefert in den Tagen, es ging ja alles drunter und drüber. - Die Siegesfeier haben sie auch in unserem Hause verlebt, die Amerikaner, u. die ganze Nacht toll gefeiert und gesoffen. Am Abend vorher promenierten 3 von ihnen in drolliger Verkleidung über die Straße, der eine hatte sich mein Kleid angezogen, Marias Strohhut auf dem Kopfe und eine Tulpe in der Hand. Zu Omas Ärger mußten wir über diesen Aufzug, den wir vom Nachbarhause her beobachteten, doch schrecklich lachen, es sah zu ulkig aus. Am Tage nach der Siegesfeier stibitzte Adalbert den Amerik. 2 Fl. Wein aus ihrem Auto u. legte leere hinein, und da haben wir denn auf d. Kornboden ein Gläschen getrunken.

20. April 49.

Gestern kamen wir von Balve zurück, wo wir ganz zauberhafte schöne Ostertage verlebt haben. Das gehört nun einmal so zum festen Programm: Ostern müssen wir in Balve sein! Die Tage waren sommerlich warm und sonnig, sodaß wir beide Nachmittage herrlich im Wachloh liegen konnten und dort noch einmal wieder all' die schönen Osterlieder sangen. Die Festesfreude und den inneren Jubel, der einem morgens in der Frühe im Gotteshause geschenkt wird, trägt man ja den ganzen Tag in sich. Abends, nach dem Abbrennen der Osterfeuer, saßen wir erstmalig nach Jahren wieder bei der traditionellen Waldmeisterbowle fröhlich beisammen auf dem Kleinen Saal, der ganze Geschwisterkreis war vollzählig da, ein einmalig schöner, harmonischer Kreis.

26. April 49.

Heute habe ich Ulrich, unseren Jüngsten, zur Schule gebracht. Am Morgen saßen wir alle zusammen am Kaffeetisch, die ganze Familie, danach zog dann der kleine Mann, nachdem wir ihn gesegnet, von den Geschwistern und mir geleitet, zur Kirche. Der Vater sah uns nach, als wir durch die Anlagen gingen. Kindlich froh und beglückt nahm Ulrich die neuen Eindrücke in sich auf, die kleinen Schulbänke, die Kameraden, das Leben und Treiben auf dem Schulhof. Er ist ja noch so ein richtiges Spielkind. Nun beginnt auch für Dich die Pflicht und der Ernst des Lebens, mein kleiner Junge. Mögest

Du zu einem tüchtigen, harmonischen Menschen heranwachsen!

1. Mai 1949.

Mein Bruder Ernst hat heute seine Stelle als Chefarzt am St. Josefshaus in Salzkotten angetreten. Wie froh und dankbar sind wir doch, daß es endlich gelungen ist und er eine seiner Ausbildung und seinen Fähigkeiten entsprechende Existenz gefunden hat. Bei der Überfülle an Ärzten in Westdeutschland ist es heute so sehr schwer, eine solche Stelle zu bekommen, und auch hier lagen wieder mehr als 200 Bewerbungen vor. Da ist es schon ein besonderes Glück, der Auserwählte zu sein. Schon 3 mal war Ernst bei einer großen Zahl von Bewerbern in der engeren Wahl, und immer scheiterte die Sache an irgend einer Nichtigkeit, polit. Einstellung, K.V. oder C.V. u.s.w. Nun aber ist es geschafft, und wir sind so herzlich froh, haben wir doch alle Sorgen u. Hoffnungen und Enttäuschungen gemeinsam getragen. In all' diesen Jahren, da Ernst hier als Oberarzt tätig war, saßen wir Abend für Abend bei uns beisammen und hatten es schön und behaglich miteinander u. waren treu u. fest einander verbunden. Da fällt auch uns der Abschied von Ernst nicht leicht. Berni sprach das auch in einer kleinen Rede aus, als wir vor ungefähr 14 Tagen ein Abschiedsfest für Ernst gaben, einen Abend im kleinen Kreise mit Ernst, Grete, Bruder Heinrich u. Frau. Es ist ja schön, daß Ernst in der Nähe bleibt, da werden wir uns oft sehen und auch weiterhin so gut zusammenstehen. Möge Dir, lieber Bruder, in Deiner neuen Tätigkeit viel Segen und Glück erblühen und möge Dir nun auch endlich ein Zusammenleben mit Deiner Familie vergönnt sein nach so langer Trennung.

Agatha u. Adalbert wurde im Februar eine kleine Tochter, Birgitta, geboren, wir waren alle zur Taufe in Balve, und heute fahren wir nach Körbeke zur Taufe von Heinrich´s und Maria´s 5. Kindchen, dem kleinen Heinrich-Josef. So herrscht nun überall Glück und Freude in den Familien der Geschwister, und wir freuen uns mit ihnen und tragen in uns die Zuversicht und die frohe Hoffnung, daß auch uns das Jahr 1949 noch ein großes Glück schenken werde.

21. Mai 1949.

Heute haben wir unser Auto bekommen, einen Opel Olympia. Froh und beglückt machten wir mit allen 5 Kindern eine Fahrt durch die blühende, grünende Welt. 3/4 Jahre sind nun seit der Währungsreform vergangen, die uns alle ja arm gemacht hat; da ist ein neuer Wagen eine große Sache. Aber es war so dringend notwendig, der alte tat es absolut nicht mehr, wir konnten eine größere Fahrt wegen seiner Verkehrsunsicherheit gar nicht mehr wagen. Wie hat sich Berni auf seinen

Praxisfahrten mit ihm abquälen müssen, dauernd Pannen und Reparaturen. So mußten wir es wagen, einen neuen zu kaufen. 7000 Mark - viel, viel Geld. Gott Dank, hatte ich in Balve noch Holz in der Kathmecke, davon haben wir einen Teil verkauft und die Hälfte des Wagens davon bezahlt, einen Teil des Geldes haben wir uns als Vorschuß von der K.V.D. geben lassen. Da es auch von Interesse ist, will ich kurz die Geschichte unserer bisherigen Autos erzählen. 1937, kurz vor unserer Niederlassung, kauften wir uns in Dortmund ganz kurz entschlossen einen D.K.W. Wie stolz waren wir damals mit unserem ersten, kleinen Wagen, und wieviel frohe und glückliche Stunden haben wir mit ihm verlebt. Herrliche Fahrten ins Sauerland; in den ersten Jahren fuhren wir fast an jedem freien Sonntag nach Balve mit Mechthild u. später auch mit Gertrud. 1942 im Januar kauften wir dann einen Adler-Trumpf-Junior[28]. Wir erhielten ihn am Tage vor Bernis Eintritt in den Kriegsdienst, machten einige Fahrten darin, und dann stand er während des ganzen Krieges in Lippstadt in der Garage. Hätte ich ihn nach Balve gebracht, so hätten wir ihn wohl gerettet, aber man konnte ja nicht alles voraussehen. Bei der Besetzung Lippstadts ist er von amerikan. Truppen nachts gestohlen worden. Als ich dann wieder mit der Praxis begann, konnte ich im Juni 45 einen ganz alten Opel kaufen, den aber später der alte Besitzer zurückerbat. Mir wurde ein Renault angeboten, u. da ich keine Wahl hatte, mußte ich ihn nehmen, ein alter, ausgedienter Wagen. Ich war aber froh, überhaupt einen zu haben, um die Praxis versehen zu können. Am Abend des 8. Sept. fuhr ich damit nach Balve, hatte unterwegs noch eine Reifenpanne, aber dann übergab ich Berni d. Schlüssel u. habe seitdem nicht mehr am Steuer gesessen. Wieviele Pannen, wieviel Ärger haben wir in den nächsten Jahren mit dem Kasten gehabt. Es gab ja keine neuen Reifen, keine Ersatzteile, - garnichts. Hätten uns die Balver Geschwister nicht die Reifen von ihrem Hansa, der still lag, gegeben, so hätte es gar nicht gegangen. Was waren das doch für schreckliche Jahre - man hatte ja auch kaum Benzin; es gab nur eine ganz kleine Zuteilung.- Als wir uns nun aber von dem alten Wagen verabschiedeten, war uns doch ein bischen wehmütig zumute. Bei aller Altersschwäche u. allen Fehlern hatte er uns doch die schwersten Nachkriegsjahre hindurch so treu gedient, wie er es eben vermochte. Ohne ihn hätten wir die Praxis nicht versehen können, und manche Hamsterlast, manchen Sack Kartoffeln, Gemüse u. Obst, haben wir mit ihm heimbringen können.- Mit dem neuen Wagen gehen wir nun hoffentlich auch einer freundlicheren Zukunft entgegen, frei von den Belastungen und Bedrückungen, die wir in den letzten Jahren erlebt haben.

Lippstadt, d. 30. August 49.

Nun sind wir alle seit einigen Tagen wieder daheim nach herrlichen Ferienwochen, die die Kinder ganz in Balve verlebt haben. Berni u. ich waren Anfang August zunächst einige Tage in Münster u. Handorf, wo wir uns mit Addi u. Bernd Seier trafen u. schöne Tage miteinander verlebten. Dann fuhren auch wir nach Balve und brachten dort unseren Urlaub zu. An einem schönen, sonnigen Tage führte uns unser Wagen auf einer wundervollen Fahrt durch's Sauerland, in Gegenden, die mir noch ganz unbekannt waren. Meine Schwester Maria, Mechthild u. Gertrud waren dabei, für die Kinder ein schönes, eindrucksvolles Erlebnis, da sie bisher kaum über Lippstadt u. Balve hinausgekommen sind. Sie würden ja auch auf die schönen Tage in Balve gar nicht verzichten wollen und fänden nirgendwo Ersatz für diese goldene Freiheit.Vor Ende d. Ferien zog die ganze Kinderschar am frühen Morgen schon mit Esel, Wagen u. Gepäck zur Sorpetalsperre, wo dann abgekocht, gelagert, gepaddelt u. im Wasser getollt wurde. Am Nachmittag waren wir alle auch dabei - ein Tag voll Sonne, Lachen u. Freude. Manch´ lieben Tag lagen Berni u. ich in der Sonne am Wachloh od. am Drütt, während die Kinder strolchten. Da habe ich dann die Briefe meiner Großmutter, Katharina Allhoff, geb. Hoff, mitgenommen u. alten, vergangenen Zeiten nachgespürt und nachgeträumt. Wie ich da im Grase lag und diese Briefe las, all´ diese Mutterbriefe, da ist es mir wohl aufgegangen, wie doch jede Generation ihr Teil an Glück u. Weh und Sorgen getragen hat. Von dieser Großmutter, meiner Patin, will ich nun ein wenig erzählen, so wie es mir gerade in die Feder fließt. Ich selbst habe sie ja nur als Kind gekannt, so kann es nur ein flüchtiges Bild sein, das mir aus den Erzählungen ihrer Kinder u. aus ihren Briefen her zugänglich geworden ist. Großmutter wurde am

in Seidfeld geboren. Dort steht noch heute das schmucke Bauernhaus, ihr Elternahaus, und immer wenn ich vorbeikomme, gedenke ich ihrer Jugendjahre, die sie dort in ländlicher Stille und Einfachheit verlebt hat. Der elterliche Hof fiel ihrer älteren Halbschwester zu, die später Frau Schmale in Frühlinghausen wurde; deren Sohn hat später den Seidfelder Hof verkauft. 1858 war Großmutter im Pensionat in Freckenhorst; aus dieser Zeit besitzen wir noch ein kleines Büchlein, in das sie mit feiner, wie gestochener Handschrift allerlei Gedichte niedergeschrieben hat, u. a. auch die "Kreuzschau" v. Chamisso. Aus der Brautzeit sind nur ganz wenig Briefe erhalten, Briefe voll Übermut und Neckerei, darunter einer an die zugeknöpfte Schwägerin Jung in dem höflichen u. liebevollen Stil der damaligen Zeit. Am 8. Sept. 1868 wurde in Balve die Hochzeit gefeiert mit meinem Großvater Franz Allhoff, der 1830 geboren war. Aus den ersten Ehejahren liegen nur eine Reihe v. Briefen des Großvaters an seine Frau vor. Der

Großvater war ein unternehmender Mann, er reiste weit in der Welt herum, in Schlesien, Ostpreußen, kaufte dort Kartoffeln u. Vieh auf. So war er oft wochenlang unterwegs, während Großmutter hier Haus und Hof verwaltete. Ihre Briefe sind leider nicht erhalten. Der Großvater weiß anschaulich zu erzählen von Land u. Leuten, von schönen Städten, von seinen Fahrten über Land, u. dann klingt es wohl einmal auf "ach, wenn Du nur bei mir sein u. mit mir durch diese schöne Gegend fahren könntest." Von Liebe wird nicht viel gesprochen in diese Briefen, aber man spürt die herzliche u. tiefe Verbundenheit, das gemeinsame Planen u. Sorgen, den Stolz auf die Tüchtigkeit seiner Frau. Viel spricht d. Großvater von seinem relig. Leben, oft geht er tägl. zur hl. Messe, in Berlin besucht er während des Aufenthaltes von einigen Stunden die Marienandacht. Immer gedenkt er der Kinder, "Tittis" (Tante Maria Stüecken) u. Josephchens,(mein Vater) u. fragt liebevoll nach allen Einzelheiten. Sonst wissen wir nichts aus diesen Jahren, nur eine alte Frau in Körbecke, die die Großeltern noch gut gekannt hat u. einmal mit ihnen auf einer Hochzeit in Meschede war, erzählte uns, der Großvater habe gesagt: "Katharina, Du warst doch wieder die Schönste", ob er´s nun in Platt od. Hochdeutsch gesagt hat, weiß ich nicht. Neun Kinder wurden den Großeltern geschenkt, Maria (Frau Stüecken), Josef (mein Vater), Franz (Onkel Franz i. Amerika), Anna (Lehrerin in Balve), Elisabeth (Studienrätin, Dr. phil.), Threschen (mit 24 j. gest.), Ernst

(Arzt i. Allendorf), Heinrich (in Amerika), Aloys (Chefarzt in Essen-Borbeck). Tante Maria erzählte einmal, nach der Geburt des 6. Kindes habe sich Großmutter ein Leiden zugezogen, sodaß sie weitere Kinder nur dann noch bekommen konnte, wenn sie sich einer Operation unterzog. Sie hat sich dann in Arnsberg operieren lassen, weil sie glaubte, es nicht verantworten zu können, weiteren Kindern das Leben vorzuenthalten. So hoch war ihre Auffassung von Ehe u. dem Wert des Menschenlebens, dem Wert der Seele. Im Okt. 1892 starb der Großvater, er war schon einige Jahre hindurch krank gewesen; deswegen mußte auch mein Vater das Gymnasium in Attendorn verlassen u. zu Hause tätig sein. Bei Großvaters Tode war die Älteste, Tante Maria, schon verheiratet, mein Vater 21 Jahre alt. Mit ihm zusammen hat dann die Großmutter

[2 leere Seiten und einige Notizen]

Letzte J. verdüstert d. Sorge um Onkel Ernst.
Sorgen: Onkel Franz, Onkel Ernst
Erschütternde Briefe in zittriger Greisenschrift
"Du mein Sorgenkind, Rosenkranzfest   geboren, nun lies

doch wenigstens diesen Brief, Schuldner und immer
wieder mütterliche   Liebe und Sorge
abends oft vor Kirche gekniet ... "dem lieb. Gotte weich
nicht aus"

Vater: "des. Helden in der Familie"
Rom und Lourdes

In einem Brief: es ist so schön hier, der schönste Flecken
auf der Welt (da beschreibt sie die
prozessionsgeschmückte Straße)

Hund nach Berlin. (zu Ernst geschickt)

28. Okt. 49.

Die Kinder haben Ferien bekommen, nur für ein paar
Tage. Berni brachte sie alle nach Balve. Ulrich hat sein 1.
Zeugnis gebracht, schon von weitem schwenkte er es,
als er durch die Anlagen gelaufen kam u. rief: "Mutter,
es ist rot." Das rote Heft, das war ihm die Hauptsache. Er
hatte "im ganzen gut" u. wurde tüchtig belobt, da war er
ganz stolz und glücklich. Er ist so ein drolliger, kleiner
Kerl, so kindlich und anhänglich, aber auch tapfer und
draufgängerisch, hat vor nichts Angst. "Ich glaub´ ich
werd immer besser - ich glaube es", meinte er vorige

Tage. - Gertrud war nach den Herbstferien recht krank, sie hatte sich eine Mittelohrentzündung zugezogen, die auf d. Knochen übergegriffen hatte. Wir waren recht in Sorge, da d. Ohrenarzt von einer evtl. Meißelung sprach, aber auf Penicillin ist d. Prozeß doch wieder ausgeheilt. - Anfang Sept. kam Volker Allhoff endlich aus russischer Gefangenschaft zurück. Er ist ganz unverändert, aber sehr gereift in diesen schweren Jahren. Wie traurig ist es doch, daß Onkel Aloys gestorben ist, Volker hing so sehr an seinem Vater. Durch Oheims Tod haben sich die ganzen Lebensverhältnisse so sehr geändert, der Reichtum ist durch die Währung dahin, die Häuser durch Bomben zerstört. Da ist es für die Kinder nicht leicht, ihre Ausbildung zu tätigen, aber es muß doch gelingen. Wir alle sind glücklich, daß Volker endlich der Gefangenschaft entkommen ist.

30. Okt. 49.

Christ. Königs- Fest. Welch tiefe Bedeutung hat doch dieser Tag in unserer Zeit. Christus der König - o, wäre er es nur in allen Herzen, bei allen Völkern, in unserem Volke - wie sähe die Welt so anders aus. Die Präfation des heutigen Tages ist so wunderbar - man sollte sie immer beten, denn dieses Anliegen ist doch wohl das Tiefste - daß Gott es aufrichte - das Reich des Friedens, der Gerechtigkeit, der Liebe.

Es ist so ein strahlender, leuchtender Herbsttag heute. Berni u. ich fuhren am Nachmittag ein Stückchen mit dem Wagen heraus u. machten dann einen Spaziergang durch die bunte, farbenprächtige Herbstwelt. Wir sind in froher Erwartung des großen Glückes, das uns in diesen Tagen geschenkt wird. Ein bischen Sorge ist auch dabei - aber der liebe Gott hat es immer so gut mit uns gemeint, er wird uns schon helfen. Oft wird mir ein bischen bange bei unserem Glück, wenn ich ringsum soviel Not u. Sorge u. Elend sehe. Wie tief sind wir deshalb auch Gott verpflichtet, zum Dank, zum Lobpreis, u. vor allem auch zur Güte u. Liebe gegen andere Menschen.

den 4. Dezember 49.

2. Adventssonntag. Zum ersten Male nehme ich heute wieder die Chronik zur Hand nach dem großen Familienereignis - der glücklichen Geburt unseres kleinen Sohnes Georg-Josef. Heute vor 4 Wochen, am Sonntag, d. 6. November, kam er abends um 20 vor 8 frisch und quicklebendig zur Welt, ein prächtiger Junge, 8 1/2 Pfd. schwer und 52 cm lang. Mittags kamen ganz zufällig meine Brüder Ernst u. Heinrich mit ihren Frauen angefahren, aßen mit uns und blieben zum Kaffee, danach mußte Heinrich fort, aber Ernst u. Grete warteten im Herrenzimmer auf die Ankunft des Kindchens. - Wie dankbar sind wir doch für dieses neue

Gottesgeschenk, für diesen kleinen Jungen, den Gottes Liebe und Güte uns anvertraute. Um wieviel Freude und Glück ist unser Familienkreis bereichert worden. Laut jubelnd strömten die 5 Geschwister durch den Flur in's Zimmer herein, als ihnen der Vater die frohe Botschaft verkündete und sie das Brüderchen sehen durften, und hernach sah Berni, wie sie im Flur Freudentänze aufführten. Sie sind alle Fünf ganz beseligt, umstehen oft das Bettchen, ergötzen sich an allem, an jeder Bewegung des Kleinen und sind ganz besorgt, wenn es mal weint. Und auch Berni u. ich bestaunen immer wieder das kleine Wunder, das uns nach 6 Jahren geschenkt wurde und unser Leben wieder sehr bereichert hat.

Am 15. November, Buß - u. Bettag, war die Taufe, an der die ganze Sippe teilnahm. Die kirchliche Feier war sehr schön und würdig, unter Harmoniumbegleitung haben alle Teilnehmer so tüchtig gesungen, daß Herr Dechant Steinbrück sein Lob darüber zum Ausdruck brachte, worauf mein Bruder Ernst meinte: "Ja, Herr Dechant, frisch importierte Sauerländer Nachtigallen." Ich konnte leider nicht mit zur Kirche gehen, habe aber meine Gedanken zum Tauftag schriftlich niedergelegt, u. Mechthild hat sie dann nach dem Kaffe vorgetragen. Die häusliche Feier war sehr schön. Nach dem Kaffee verlebten wir erst noch ein Stündchen in weihevoller Stimmung, dem religiösen Gehalt des Tages angepaßt, erneuerten alle stehend das Taufgelübde, während die Taufkerze brannte, lasen das Lebensbild des hl. Georg vor u. sangen religiöse Lieder. Das war so wunderschön u. festlich, daß Herr Dechant meinte, solch´ eine Taufe habe er noch nie erlebt. Abends kam dann aber auch der Frohsinn auf, bis nachts um 2 Uhr dröhnten Lieder und Lachsalven durch´s Haus. Ich trank aus einem roten Pokal, den ergriff in fröhlicher Laune mein Bruder Heinrich und rief: "Wer aus diesem Glase trinkt, bekommt im Heiligen Jahr ein Kind." Unter vielem Gelächter wurde der Pokal herumgereicht, von einigen gekostet, von anderen verweigert, aber Bruder Ernst trank ihn zweimal leer u. sprach: " Ich fürchte mich nicht, u.wenn´s Drillinge sind." Wie harmonisch und fröhlich verlaufen doch immer diese Festtage, wenn wir alle beisammen sind. Möchten doch auch unsere Kinder später einen so festen Zusammenhalt haben und daraus soviel Freude schöpfen, wie wir es in unserem Geschwisterkreise erleben. Das ist der Segen des kinderreichen Hauses. Wir sagen es uns oft, "Besseres kann man den Kindern nicht mitgeben, als viele Geschwister." Daß dazu natürlich eine sorgfältige Erziehung zum Erkennen der wahren u. echten Werte gehört, ist selbstverständlich. Aber die materiellen Dinge soll man auch nicht zu hoch bewerten, Geld u. äußere Sicherung, die sind zu vergänglich, das haben wir nun oft erlebt. In einem Geschwisterkreis aber, der zum Zusammenhalt u. zur Familienharmonie erzogen ist, wird immer der eine für den anderen einstehen und helfen. - Wachse ins Leben hinein, kleiner Sohn. Mögest Du zunehmen an "Alter, Weisheit und Gnade vor Gott u. den Menschen u. wie Dein hl. Patron im Reiche Gottes stehen, untadelig u. tapfer mit einem unbeugsamen Mut, mit wahrhaft göttlicher Kraft und mit einem unüberwindlichen Glauben!

15. Dez. 49.

Heute will ich berichten, was eigentlich die "Chronik" nicht angeht, aber einen Einblick gibt in die Tragik unsere Tage. Am 7. Dez. endlich ist Dr. Böckeler aus russ. Gefangenschaft zurückgekehrt, in die er beim Fall von Stalingrad, Februar 43 geraten war. Im August 42 hatte er seine Familie zuletzt gesehen, seine Frau u. den kleinen Sohn. Das Töchterchen wurde im März 43 geboren, und der Vater sah es zum ersten Mal. 7 Jahre in Rußland, in Gefangenschaft, in Elend, Hunger, Kälte uns Krankheit, in Sorge um die Familie- ist das nicht ein ganzer Lebensabschnitt? Über 3 Jahre lang ohne jede Nachricht und Frau B. erhielt erst Ende 1945 das erste Lebenszeichen von ihrem Manne. Wieviel Sorge u. Bangen, Jahre der Ungewißheit und des quälenden Jammers u. furchtbarer Erlebnisse waren das,- oft am Rande des Todes. Wir alle sind so von Herzen froh, daß diese Familie nun endlich wieder vereint ist. Aber Tausende leben noch heute in gräßlicher Ungewißheit um das Schicksal ihrer Lieben, Tausende von deutschen

Männern u. Frauen sind noch in Sibirien und müssen dort schwere Fondienste tun. Wieviele Familien kenne ich, die bis heute keinerlei Nachricht von ihren Lieben haben, die hoffen und warten. Und so geht ihr Leben dahin, leidvoll und bedrückt. "Aus hartem Weh die Menschheit klagt" - oh, daß doch ihrem Sehnen Erfüllung werde - das ist mein Gebet in diesen Tagen des Advent.

7. Januar 1950.

Nun sind sie wieder dahin, die traulichen Festtage der Weihnachtszeit mit all` ihrem Zauber, den man in jedem Jahre wieder neu und tief erlebt. Am 2. Weihnachtstage hatten wir einen "Heimkehrer" aus Rußland eingeladen. Junge Menschen, die ihre Heimat in der russ. Zone haben und wegen der Verschleppungen u. der Unsicherheit nicht dorthin können, werden hier in Lägern untergebracht, wenn sie aus russ. Gefangenschaft zurückkehren. Und um auch ein bischen Behagen und Weihnachtsfreude zu schenken, hatten wir hier einen dieser jungen Männer gebeten, den 2. Feiertag mit uns zu verleben. Wie hat er sich gefreut - und wie sehr die Stunden genossen in unserer gemütlichen Häuslichkeit. - Sylvester waren wir wieder, wie alljährlich, alle in Balve. Da stattete unser kleiner Georg dem lieben, alten Hause seinen ersten Besuch ab.

Der Sylvester-Abend war ganz einzigartig schön u. behaglich - wir alle saßen so friedlich und in feinen Gesprächen auf dem Kleinen.Saal beim brennenden Weihnachtsbaum. Gegen 12 Uhr holten wir auch die Kinder dazu, sangen Weihnachtslieder und kurz vor 12 dann "Das alte Jahr verflossen ist." Tief ergriffen lauschten wir den Glocken, als das Jahr 1950, das heilige Jahr, eingeläutet wurde, sangen dann "Lobpreiset all´ zu dieser Zeit", beteten stehend das Gebet "zu Beginn des neuen Jahres" u. dann erklang feierlich, v. Klavier u. Geige begleitet "Großer Gott, wir loben Dich". Das war eine erhebende Neujahrsfeier und nachdem dann die Kinder wieder im Bett waren, saßen wir noch sehr gemütlich eine Weile beisammen.

11. April 1950.

Heute Morgen kamen wir aus Balve zurück, wo wir, wie es ja nun schon Tradition geworden ist, die Ostertage mit der ganzen Allhoff´schen Sippe verlebt haben. Freitag Nachmittag schon fuhren wir hin, eine herrliche Fahrt durch das Sauerland, wo es in den Bergen so eben zu knospen beginnt. Als wir so gegen 3 Uhr an Stockum vorbeifuhren, der Heimat meiner lieben Großmutter, wurde uns so erschreckend deutlich, wie sehr doch der moderne Zeitgeist auch schon im Sauerlande, im guten, kath. Sauerlande, Fuß gefaßt hat. Da spielte die Jugend

Fußball, um 3 Uhr, in der Todesstunde unseres Heilandes. Um diese Zeit ging man früher allgemein in die Kirche, in Balve ist es ja auch heute noch Brauch, u. dann geht die ganze Gemeinde um den Husenberg u. betet den Kreuzweg. Wir haben auf der Fahrt auch mit den Kindern gebetet u. waren abends in Balve in der Andacht, in der alten Kirche, wo die Lamentationen ganz ergreifend gesungen werden. Der Karsamstag in Balve ist mir immer ein besonderes Erlebnis, das Hochamt morgens hat ja wohl auch die schönste und erhebendste Liturgie des ganzen Kirchenjahres, u. die erlebt man dort so besonders tief. Wenn das Gloria erklingt, die Glocken läuten, die Orgel erbraust unter Pröppers Meisterhand, dann ist man wirklich in andere Sphären entrückt. Und dann das dreimalige Alleluja, der herrliche Tractus, das Magnificat am Schluß des Hochamtes - das alles wird so besonders tief erlebt, weil es vom Volk gesungen wird und man so seinen Jubel u. seine innere Ergriffenheit hineinlegen kann. Und ein Orgelspiel wie in Balve hört man ja so leicht auch anderswo nicht. So ist der Karsamstag schon ein herrlicher Auftakt und eine rechte Einstimmung in die Osterfreude. Die Ostertage verliefen in alter Tradition, mit dem Wecken durch die Brüder in erster Morgenfrühe, die, begleitet v. Geige u. Bandonium, durch's Haus ziehen u. das Osteralleluja u. Osterlieder singen. Dann die Prozession um die Kirche, das feierliche, jubelnde Hochamt, das gemeinsame Kaffeetrinken mit Singen der Osterlieder, das festliche

Mittagessen, bei dessen Beginn Franz-Josef, der Älteste, den Tisch u. alle daran mit Weihwasser segnet, das anschließende "Pälmen" des Hauses unter dem Gesang des Liedes "Singt d. König Freudenpsalmen." Nach der Vesper zogen wir dann alle in den Wachloh zum Eiersuchen, und da schallte das feierliche Geläut der Osterglocken, eine Stunde lang "Pfannekuchenläuten", so schön zum Wachloh herauf. Abends sahen wir dann das Osterfeuer und saßen noch fröhlich u. behaglich alle auf dem Kleinen Saal beisammen.

17. April 1950.

Gestern, am 16. April, war ein großer Fest- und Freudentag für unsere Familie; Bernd´s Erstkommuniontag. Mit Eifer und Hingabe hat unser Junge sich auf diesen Gnadentag seiner Jugend vorbereitet, sodaß wir ihn wirklich mit Dank und Jubel feiern konnten. Ganz erfüllt von der Bedeutung des Tages war sein kleines Herz, als ich ihn früh am Morgen weckte und während des Ankleidens mit ihm betete. Dann empfing er andächtig unseren Segen, u. wir alle geleiteten ihn zur Kirche. Nach der herrlichen Feier, deren Verlauf wir tief ergriffen miterlebten, saßen wir dann im großen Familienkreise sehr schön beisammen. Alle waren sie gekommen, Seiers, meine 6 Geschwister, die Frauen der Brüder und Lisels Mann. Nach dem Kaffee stand Berni auf und hielt folg. Rede:

"Mein lieber Bernd, Ihr Lieben alle! - Heute ist wieder unser Haus voller Freude. Zum dritten Mal feiern wir den Tag der Erstkommunion eines unserer Kinder. Und wieder seid Ihr alle gekommen, um diesen, für unseren Jungen so wichtigen und schönen Tag, mit uns gemeinsam zu begehen. Ich danke Euch herzlich für Euer Kommen, einmal, weil es die enge Verbundenheit unserer Familie beweist, vor allem aber, weil es unserem Bernd vor Augen führt, welche Bedeutung wir alle diesem Tage beimessen. Wir, die wir aus unserem Glauben heraus den Sinn des Lebens sehen, wissen, daß dieser Tag eines der strahlendsten Lichter ist, die Gott an unseren Weg gestellt hat. Daß Du, lieber Bernd, heute in diesem Lichte Gottes stehst, ist unser aller Freude und Deiner Eltern Glück. Wir haben aber an Deiner Feier nicht nur teilgenommen, um uns mit Dir zu freuen, sondern wir waren auch Zeuge Deines Bekenntnisses zu Gott, Deines Treueschwures an ihn. Er wird Dir die Kraft geben, nun auch zu Deinem Bekenntnis zu stehen. Darum halte Gott und Deinem hl. Glauben die Treue durch Dein ganzes Leben, damit das Licht, das heute entzündet wurde, nie erlösche. Dies ist ja wohl der Tag, den Gott gemacht hat. In Frohlocken und in Freude wollen wir ihn feiern." -

Danach zündeten wir die Taufkerze an und sangen noch einmal alle gemeinsam "Fest soll mein Taufbund immer steh´n." Hernach sagte eines der Kinder ein Gedicht auf, wir sangen noch einige religiöse Lieder u. hatten so auch hier im Hause eine feine und würdige Morgenfeier. In diesem Sinne, der hohen Würde des Tages angemessen, verlebten wir den ganzen Tag, der für Bernd mit dem Liede ausklang "Unserem Herzen soll die Stunde, ewig unvergeßlich sein." Wir Erwachsenen saßen dann am Abend noch einige Stunden gemütlich und froh beisammen. Es war ein schöner Festtag, ein rechter Freudentag der Familie, und für unseren Bernd, so hoffe ich, ein Markstein für sein Leben.

2. Mai 1950.

Nun ist Bernd auch Meßdiener geworden. Am Sonntag waren wir alle im Hochamt, wo wir ihn zum ersten Mal am Hochaltar im Ministarantenröcklein als "Flambo", Kerzenträger, sahen. Das war für uns ein ganz stolzer Tag und Bernd war sich auch seines Auftrages als "minister", als Diener Gottes, bewußt, das sah man an seiner Haltung und seiner Andacht. Nun lernt er mit Eifer die lateinischen Meßtexte. "Introibo ad altare Dei..." Ich will hintreten zum Altare Gottes, zum Gotte meiner Jugendfreude."--
Ja, jetzt sind sie alle so fromm und gut und so empfänglich für religiöse Dinge, unsere 5 Größeren. Wie schön ist es doch, wenn sie am Abend vor dem Schlafengehen andächtig hinknien und gemeinsam ihr

Abendgebet verrichten, all diese lieben Kindergebete. Wenn sie dann ihr Gewissen erforschen, muß ich über Ulli fast lächeln. Er schlägt die Hände vor das Gesicht, aber er denkt gewiß garnichts dabei, doch dann fällt er ganz laut mit ein: "Hab ich Unrecht heut´ getan, sieh es, lieber Gott, nicht an..." Hernach singen wir dann öfter noch ein paar Lieder, das alle mit Begeisterung tun. Nur der Ulrich ist so unmusikalisch, er singt zwar sehr laut, aber völlig falsch. Er ist noch so sehr kindlich, unser kleiner, drolliger Stupps.

30. Juni 1950.

"Geschlechter wachsen und blühen" - dieser Vers kommt mir eben in den Sinn, da ich vom Zuwachs im Allhoffschen Stamme berichten will. Im Mai wurde das erste Kindchen meiner lieben Schwester Elisabeth geboren, die kleine Elisabeth-Maria Bathe. Hoch oben auf dem "Türmchen" kam das kleine Mädchen zur Welt, freudig und dankbar begrüßt von uns allen. Ich war schon 14 Tage vorher in Balve, um das kleine Wesen zu erwarten und hatte eine schöne Zeit mit den Geschwistern. Pfingsten haben wir die kleine Elisabeth zur Taufe getragen, die, wie immer, sehr festlich gestaltet war und an der wieder die ganze Sippe teilnahm, Allhoffs und Bathen. Ich hatte einige Gedanken zum Tauftag, im alten Stammhause, schriftlich niedergelegt und sie beim Kaffee vorgetragen. Im Juni kam dann in Körbeke bei Allhoffs das 6. Kindchen an, der kleine Ernst, dessen Taufe wir vor einigen Tagen wieder alle gemeinsam feierten. Sehr schön war der Text der Geburtsanzeige: "Der liebe Gott vertraute uns das sechste Kindchen an..." Ja, das ist eine positive Haltung, die Kinder werten als Gottesgeschenk, wann und wie Gott sie uns anvertraut. Das rechte Gottvertrauen, das fehlt heute so überall, und es ist doch die einzig richtige Grundlage. -- Wachset nun ins Leben hinein, Ihr beiden Kleinen, wachset froh und glücklich heran in unbeschwerter, reicher u. goldener Jugendzeit!

6. August 1950.

Was ist das doch heute ein strahlender, sonniger Tag, so ein rechter August Sonntag! Ich bin allein zu Hause mit meinem kleinen Georg, die 5 "Großen" sind in Balve, Bernhard mußte zu einer Tagung des Hartmann-Bundes. Ganz festlich ist´s hier im Hause mit all´ den schönen, bunten Blumensträußen. Wie dankbar bin ich doch, dies alles genießen zu können, das schöne Heim, die gesunde, große Familie mit all dem Reichtum des Glückes und der Freude an den Kindern, doppelt kostbar und wertvoll heute nach all den Bedrohungen der letzten Jahre. Und doch bin ich bedrückt heute in dem Gedanken: hast Du all´ das verdient und weißt Du Gott genug Dank für dieses alles? Nein, so ist es wohl doch falsch gesagt, richtiger wohl: Dir geht´s so gut und in der Welt ist noch das viele, viele Leid, immer noch, nach so vielen Jahren des Kriegsendes! Heute Morgen wurde in der Kirche ein Hirtenschreiben verlesen, daß das Schicksal von über 1 Million Vermißter, darunter 360000 Frauen, noch nicht geklärt sei. Wie viele, viele Tausende davon leben heute noch in russ. Gefangenschaft, und ihre Angehörigen erfahren nichts von ihnen. Wieviele Frauen kenne ich doch, die immer, immer noch auf die Rückkehr ihres Mannes, des Vaters ihrer Kinder, warten. Wieviel Leid - wieviel traurige, einsame, düstere Stunden. Und da ist die Welt so schön - und diese Armen, die Angehörigen hier, die Gefangenen dort - leiden, leiden, leiden!

Am 27. Juli, gleich zu Ferienbeginn, brachte Bernhard unsere "Fünf" mit einem Mädchen, das sie dort mitbetreuen soll, nach Balve. Das ist so das Ferienasyl für unsere Kinder, ein schöneres und besseres können wir ihnen nicht geben und möchten sie auch nicht haben. Dort, in der herrlichen Freiheit, im geräumigen alten Hause, in der liebevollen Obhut der Tante Maria und des Onkels Franz-Josef und der Tante Lisel, liegt ein großer Teil ihres Jugendglückes. So können sie denn auch nie schnell genug fortkommen, wenn die Ferien begonnen haben. Als ich am Nachmittag mal eben telef. mit Heinrich in Körbeke sprechen wollte, sagt das Mädchen: "Herr Doktor ist nach Balve gefahren und hat

4 Kinder hingebracht, und Herr Dr. aus Salzkotten kam auch hier vorbei mit seinen 4 Kindern". Mein Gott, dachte ich, 13 Kinder heute in Balve angekommen - wie mag das nur gehen? Als ich dann aber in Balve anrief, meinte Maria: "Ja, das ist doch schön. Wir wollten sie alle zusammen mal hierhaben." Für die Kinder ist das ja herrlich, wenn sie alle mit Cousinen und Vettern dort beisammen sind, und diese schönen Erinnerungen werden ihnen auch gewiß für ihr Leben viel bedeuten. - - Hier im Hause ist´s ja nun ganz still und friedlich, aber für Berni und mich ist es fast zu still und leer. Wir freuen uns schon sehr auf die Zeit, wenn wir wieder mit den Kindern beisammen sind. Lärm und Unruhe gibt es ja viel - aber es ist schon wahr -- wie schön ist doch eine gefüllte Kinderstube.

20. Sept. 1950.

Nach herrlichen Ferienwochen sind wir vor einigen Tagen wieder in unser Heim und in die Arbeit zurückgekehrt. Ende August fuhren Berni und ich nach Balve, wo wir fast 14 Tage mit den Kindern gemeinsam verlebten. 2 schöne, sonnige Tage waren wir mit unseren 3 Töchterlein mit dem Auto unterwegs; das wollte ja der Vater sich doch nicht nehmen lassen, seine Kinder selbst in die Schönheiten der Welt, des deutschen Landes, einzuführen und sich an ihrem kindlichen

Staunen u. Glück zu erfreuen. Der Altenberger Dom war das erste Reiseziel, dieses edle u. wundervolle Bauwerk aus deutscher Frühzeit im engen Waldtale, im Tale des Schweigens. Heute sind dort Lärm u. Trubel, viele Autos, viele Besucher, Radiomusik u. Budenstand, und nach kurzer Besichtigung des Domes geht es weiter. Wieviele mag der Dom zur Besinnung mahnen, zu kurzer, innerer Einkehr? 700 Jahre lang ertönte dort das Glöcklein, das die frommen, weißen Mönche Tag u. Nacht alle paar Stunden zum Gebete rief, 700 Jahre lang war das enge Waldtal ein Tal des Gebetes, der Arbeit, des Schweigens. Wer denkt noch daran in der Hast und Unruhe unseres heutigen Lebens? Sind sie nicht Mahner und Rufer, diese Bauwerke aus deutscher christlicher Frühzeit? - Weiter ging die Fahrt über Köln - Dom u. Rhein! - nach Bonn, wo ich den Kindern die mir so vertrauten Stätten zeigte, das Poppelsdorfer Schloß, die schöne Poppelsdorfer Allee, an der ich 2 Jahre lang wohnte, während meiner Bonner Schulzeit, das schöne Münster, die Universität u. Schloßgarten, den alten Zoll mit dem herrlichen Blick auf Rhein u. Siebengebirge. Wieviel liebe, alte Erinnerungen wurden so auch in mir wach, frohe Erinnerungen aus goldener Jugendzeit! Am Nachmittag fuhren wir rheinaufwärts, stellten in Niederlahnstein den Wagen unter u. fuhren per Bahn nach Rüdesheim, wo wir einen schönen Abend verlebten. Am nächsten Morgen ging es dann mit dem Dampfer zurück nach Lahnstein; wie herrlich war diese Fahrt auf der schönsten und meist besungenen Strecke des Rheins, wo von allen Bergen die Burgen grüßen und die schönen, alten Städtchen sich so traulich an die Berge kuscheln. Für die Kinder war das ein sehr schönes Erlebnis, u. auch wir genossen sie wieder recht von Herzen, diese Fahrt auf unserem lieben deutschen Strom.

-

Einen sehr schönen Abend verlebten wir mit den Kindern im Wachloh. Am Nachmittag schon waren wir dort, die Kinder mußten Holz herbeitragen, und dann wurde ein Feuer gemacht, um das wir alle uns lagerten. Maria u. Lisel brachten Butterbrote und Getränke, für uns ein Gläschen Wein; stundenlang saßen wir so am Feuer, erzählten, träumten in die Glut hinein od. sangen die stimmungsvollen, innigen Volkslieder. Später zog dann der Mond herauf, von Ulli jubelnd begrüßt, und da erlebten die Kinder mal den Zauber der Mondnacht, ganz so, wie es Claudius in seinem herrlichen Liede sagt: "Der Mond ist aufgegangen, die goldnen Sternlein prangen am Himmel hell und klar. Der Wald steht schwarz und schweiget, und aus den Wiesen steiget der weiße Nebel wunderbar."
Ende August starteten dann Maria, Berni u. ich zur großen Fahrt nach Süddeutschland in unserem Wagen; unsere erste größere Reise seit dem Kriege. Daß wir da besonders froh und erwartungsvoll all dem Schönen entgegenfuhren, ist ja klar, und wir sind auch nicht einen einzigen Tag enttäuscht gewesen. Eine herrliche Fahrt

war es durch deutsche Lande, über Fulda, die alte Bischofsstadt, durch die Rhön, am Main entlang nach Bamberg mit seinem ehrwürdigen Dom und dem reichen Domschatz, darin noch der Krönungsmantel der hl. Kunigunde, das Trinkhorn Kaiser Heinrichs und das kostbare Gewand enthalten waren, darin Kaiser Heinrich bei festlichen Hochämtern das Evangelium vortrug. Wie eigenartig mutet es einen an, da Dinge zu sehen, die einst, vor grauen Zeiten, Verbindung hatten zu diesen großen Menschen unserer Geschichte. Sie kommen einem auf einmal so nahe. Von Bamberg aus, diesem Juwel, fuhren wir nach Würzburg. Wie ein schöner Traum liegt es mir noch in Erinnerung wie es früher war, mit seinen alten Häusern und Gassen, so traulich und versponnen, dem Geläut seiner Glocken (Würzburg hatte mehr als 40 Kirchen) dem ganzen Zauber und der Romantik der alten, deutschen Stadt. Davon war nun gar nichts geblieben; ich habe wohl nie eine so zerstörte Stadt gesehen,- ein einziger Weg durch Ruinen u. Trümmerhaufen. Am 15. März 1945 ist Würzburg, das bis dahin unversehrt war, durch Bomben vollständig zerstört worden, es hatte Tausende von Toten, da es als Kirchen - und Lazarettstadt gar nicht mit einem Angriff gerechnet hatte u. kaum Schutzmaßnahmen getroffen waren. Als der Sieg der Alliierten schon absolut sicher war, als sie längst in Deutschland Fuß gefaßt hatten, haben sie noch eben all unsere alten Kulturgüter vernichtet, unsere schönsten Städte zerstört,

Hildesheim, Münster, Dresden, Paderborn, Würzburg u. viele andere sind erst in der allerletzten Phase des Krieges bombardiert worden.---

Aber zurück zur Reise! Schön war´s im Lande der Franken - Creglingen, das verträumte, kleine Kirchlein im Herrgottstal, birgt einen der größten Schätze unsere Bildschnitzerkunst, den Marienaltar des Tilman Riemenschneider, der die Aufnahme Mariens in den Himmel zeigt. Lange haben wir dort verweilt und dieses wunderbare Werk auf uns einwirken lassen; der Eindruck läßt sich gar nicht wiedergeben, das muß selbst erlebt und erfühlt werden. Dann sahen wir das bezaubernde Rothenburg, wohnten dort im "Hirschen", erlebten Dinkelsbühl - das deutsche Mittelalter steht rein u. unverfälscht erhalten vor einem in diesen beiden Städtchen. Einige Tage verbrachten wir in Karlsruhe u. machten dort einen Ärztekongreß mit, fuhren von dort in die schöne Umgebung, in d. Schwarzwald - u., ein ganz großes und herrliches Erlebnis- nach Maulbronn, einer alten Cistercienserabtei, die aber in der Säkularisation den Mönchen enteignet wurde. Maulbronn war wohl das Schönste mit, das wir auf der Reise erlebt haben, man möchte es wieder und wieder erleben mit all´ seinen Kostbarkeiten und seinem Zauber, möchte im Kreuzgang sitzen und dem Rauschen der schönen Brunnen lauschen, möchte das Kreuz sehen, das die Passion des Herren in so einzigartiger Weise wiedergibt.-

Herrlich war die Fahrt über die Schwarzwaldhochstraße

mit dem Blick in die Rheinebene und die tiefen Täler des Schwarzwaldes, schön der Tag in Wildbad, die Fahrt am Neckar entlang, durch den Odenwald nach Miltenberg, der alten, deutschen Stadt am Main Dann ging's durch den Taunus, über Limburg mit seinem schönen Dom, und endlich durch Sieger- und Sauerland nach Balve zurück. Lange noch werden wir von dieser schönen Reise zehren, auf der wir ein weites Stück des schönen, deutschen Landes mit seinen Naturschönheiten, seinen Baudenkmälern und seinen Kunstschätzen erlebt und gesehen haben.

4. Nov. 1950.

Der Allerheiligentag dieses Jahres, des heiligen Jahres, brachte ein Ereignis von großer Bedeutung, ein Ereignis, das nur selten eine Generation miterlebt. Der hl. Vater verkündete ein neues Dogma: "Maria, die Gottesmutter, ist mit Leib und Seele in den Himmel aufgenommen worden". Uraltes Glaubensgut der Kirche, - die frommen Künstler des Mittelalters wußten um diese Wahrheit, die auch jetzt nicht angezweifelt wurde, aber die Verkündigung zum Dogma hat doch viele Meinungsverschiedenheiten gezeitigt, vor allem von Seiten der Protestanten. Für uns heißt es: "Credo" - und dieses Credo fällt uns nicht schwer. Warum wohl hat der hl. Vater dieses Dogma verkündet? Die Begründung dafür ist noch nicht heraus, aber es wird wohl so sein, daß er der heutigen Welt, die so den diesseitigen Dingen, dem Materialismus, dem Atheismus mit all´ seinen Folgeerscheinungen verhaftet ist, zeigen will, daß es für uns Menschen auch noch ein Jenseits gibt, u, daß der Leib am ewigen Leben teilhat. Ein Mahnruf an die heutige Zeit: Seht, so kostbar ist der Mensch, das Ebenbild Gottes, berufen zur Teilnahme an seiner Herrlichkeit. Ein Weckruf, die Würde des Menschen zu achten, in dieser Zeit, da der Einzelmensch nichts, da nur die Masse gilt.-

Wir waren sehr festlich gestimmt und der Bedeutung des Tages uns voll bewußt, u. so haben wir auch unseren Kindern von der Wichtigkeit und Größe des Ereignisses erzählt. Am Nachmittag waren wir in Münster am Grabe der Großeltern Felker, die Übertragung aus Rom haben wir dann in der Stille und Abgeschlossenheit von Tante Fine´s Zimmer angehört, tief beeindruckt u. ergriffen knieten wir alle nieder bei den bedeutungsvollen Worten und dem Segen des hl. Vaters, und dem Gebete an die Gottesmutter, das der Papst zu diesem Tage eigens verfaßt hat.

6. Dez. 1950

Nikolaustag - Adventszeit! Wie traulich ist es wieder in diesen Tagen der frohen Erwartung. Der hl. Nikolaus kam heute nicht, wie in den vergangenen Jahren, persönlich in´s Haus, die Kinder stellten ihre Teller auf und wurden bescheert. Der Glaube an den hl. Nikolaus ist bei den Kleineren, abgesehen v. Ulrich, so ein bischen wankend, da würden sie ihn zu kritisch betrachten. Georg, unser lieber, kleiner Mann, erfüllt die ganze Familie mit Freude. Er ist so ein lebhafter, kleiner Junge u. sieht so reizend aus mit seinen braunen Augen und dem blonden Lockenkopf. Er versucht sich eben an den ersten, selbständigen Schritten, zum Entzücken und Stolz seiner Geschwister und Eltern. Wieviel Glück u. Freude hat doch der kleine Mann wieder in Haus gebracht. Solche Freuden, die Fortschritte und die Entwicklung eines kleinen Menschlein zu beobachten, eines geliebten Kindes u. Geschwisterchens, sind doch die schönsten und kostbarsten für die Familie.- Maria, meine Schwester, ist vor 2 Tagen zu ihrer Pilgerfahrt nach Rom abgefahren. Uns anderen war es leider nicht möglich, diese Reise zu mache, obwohl sie ja in diesem Jahre, dem hl. Jahr 1950, ein besonders Erlebnis ist. 1900 war die Großmutter Allhoff in Rom, Wir sind froh, daß nun doch wenigstens ein Glied der Familie in diesem Jahr an den ehrwürdigen Stätten weilen darf.

3. Januar 1951.

Nach den glücklichen und gemütlichen Tagen der Weihnacht, die wir im eigenen Heim verlebten, brachen wir am Tage vor Sylvester alle nach Balve auf, um dort im größeren Familienkreise das Ende des alten und den Beginn des Neuen Jahres gemeinsam zu begehen. Sylvester Abend saßen wir alle so behaglich und besinnlich auf dem kl. Saal beisammen; Maria erzählte von den großartigen Erlebnissen ihrer Romfahrt, von dem erschütternden Eindruck, den die Person des hl. Vaters, dieses großen und bedeutenden Papstes, auf sie gemacht habe, und von all´den Schönheiten und den erhebenden Tagen in der hl. Stadt. Um 12 Uhr beteten wir das Gebet des hl. Jahres, des Jahres 1950, das nun zu Ende war, sangen das Lied "Lobpreiset all´zu dieser Zeit" und flehten Gottes Segen auf das neue Jahr herab. Dann brachte Maria zu aller Überraschung einige große Korbflaschen Fascati, eines ländlichen edlen Weines, den sie aus Fascati selbst mitgebracht hatte. So tranken wir, rückblickend auf das Jahr 1950, dessen besondere Charakteristik wohl die war, daß es das heilige Jahr war, das Jahr der Dogmaverkündigung, mit dem Wein aus Italiens Fluren, dem Wein der Pilgerfahrt, dem Heilig-Jahres-Wein, auf ein gutes und segensreiches und friedvolles Neues Jahr.

31. Januar 1951.

Am 19. Januar wurde in Salzkotten der kleine Ernst geboren, Bruder Ernstens´ u. Schwägerin Gretes´ Sohn. Nach 4 Töchterchen nun der Junge - da haben wir uns alle herzlich mitgefreut, was natürlich ebenso der Fall gewesen wäre bei der Geburt eines Mädchens. Mensch ist Mensch - Mädchen ebenso gut wie Jungen - beide ein großes u. herrliches Gottesgeschenk u. vollkommen gleichwertig, nur anders veranlagt und geartet. Aber da die Erziehung im Elternhause sich da am harmonischsten u. ganz natürlich vollzieht, wo ein großer Geschwisterkreis, Mädchen u. Jungen, heranwachsen u. gemeinsam die Jugend durchleben, freut man sich eben, wenn Mädchen u. Jungen da sind. Die Taufe war sehr feierlich in der Klosterkirche; Geistlicher Rat Hilker betete alle Gebete im deutschen Text, wobei die Größe u. Herrlichkeit des Taufvollzuges so recht eindringlich und ergreifend offenbar werden. Die ganze Sippe war natürlich wieder vollzählig beisammen, die Allhoffsche Sippe. Sehr fein und würdig war auch die häusliche Feier, bei der sich nun schon so ein gewisser Stil herausgebildet hat. Schwägerin Grete las Gedanken zur Geburt des Sohnes, die sie sich bei der Lektüre von d. Schriftwechsel Pfleger- Wust gemacht hatte, - ich trug auch eine kleine, gute Lesung vor - wir sangen passende Lieder u. hatten eine feine u. gute Unterhaltung. - Mögen nun die Erwartungen u. Hoffnungen, die mit der

Geburt des kleinen Jungen gestellt wurden, sich in reichem Maße erfüllen.-

14. Februar 1951

Wie schön ist doch eine gefüllte Kinderstube! Ja, gewiß - wieviel Freude u. Frohsinn u. Leben im Hause - wieviel Rummel natürlich auch und Spektakel. Und wo Kinder sind, da finden sich auch Freundinnen u. Freunde ein, u. so ist bei uns oft ein toller Betrieb. Der kleine Georg wirbelt wie ein Quecksilber durch Flur u. Zimmer. Jetzt wird er oft von den Größeren, von Karin, Ulrich u. Bernd dressiert. An der Tür des Kinderzimmers hängt ein gemaltes Schildchen: "Theater. Vorführung von Karin u. Georg Felker" Wir wurden hereingebeten, und da mußte dann Georg seine Dressuren vorführen: auf einen Stuhl klettern und mit erhobenen Händchen grüßen, wie ein Hund ins Bett klettern und Wau-wau rufen u. derlei mehr. Es war ganz ergötzlich, und seine größeren Bewunderer u. Belacher sind die Geschwister, die von Stolz auf ihn geschwellt sind. Der Ulrich ist auch so ein drolliger Junge. Sonntags nimmt er nun das Gesangbuch mit in die Kirche, den Text kann er lesen, aber von der Melodie hat er keine Ahnung. So singt er einfach drauf los, natürlich ganz falsch, u. am Sonntag war's so laut, daß sich einige nach ihm umsahen und lächelten, wodurch ich dann darauf aufmerksam wurde.

19. März 1951.

St. Josefs-Tag. Heute Morgen war ich mit Bernd in der hl. Messe, Bernd u. ich gingen zur hl. Kommunion, und dann zogen wir Beide zum Gymnasium, wo Bernd seine Aufnahmeprüfung machen mußte. Er war ganz unbesorgt und fröhlich; ich dagegen hatte doch etwas Sorge, aber als wir Eltern dann Mittags wieder zur Schule kamen, saß Bernd ganz fröhlich in der Aula. Dann wurden die Namen der Schüler verlesen, die glatt bestanden hatten. Bernd war dabei, und so gingen wir denn glücklich u. froh nach Hause, wo die Sache im Familienkreise ein bischen gefeiert wurde. Nun hat wieder ein neuer Lebensabschnitt für Dich begonnen, mein Junge, so wächst Du langsam in den Ernst und die Pflichten des Lebens hinein. Ganz leicht wird das nicht immer für Dich sein, Du bist ja noch so ein richtiges Spielkind, das stundenlang sich mit kleinen, ausgeschnittenen Tieren erfreuen kann u. im Herzen u. in Gedanken nur Bauer ist u. mit Tieren lebt. Man möchte Dir so gerne diese Deine selige Kinderwelt noch belassen, aber so ganz geht das ja nicht, Du mußt ja fürs Leben gerüstet u. gebildet werden.

28. April 1951.

Karfreitag fuhren wir, wie alljährlich, mit unserer ganzen Kinderschar nach Balve. Die beiden Kartage, wie sie dort noch so in alter Tradition u. in der Stille verlebt werden, stimmen so recht ein für die große Osterfreude. Kartage sollte man immer auf dem Lande verbringen, wo einem noch der ganze Ernst, der tiefe Inhalt dieser Tage recht aufgeht. Ostern war schön wie immer in Kirche, Elternhaus u. Wachloh. Am 2. Ostertage feierten wir dann Marias 40. Geburtstag. In aller Heimlichkeit hatten wir dieses Festchen für sie vorbereitet, Lisel die Feier im Hause, was Trank und Speisen anging, Agatha einen Teil des Programms, wir, Berni, Ernst, Heini, Grete u. ich die Festzeitung mit den Liedern und Gedichten. Während Maria am Nachmittag eben eine alte Frau im Krankenhause besuchte, wozu wir sie überredet hatten, trat alles an, u. in Eile wurde eine große Tafel aufgeschlagen, der Tisch festlich gedeckt, Blumen u. Geschenke herbeigeholt. Als dann Maria zurückkam, setzten wir sie in den Sessel auf d. Kleinen Saal (wie war sie überrascht!) und dann zog die ganze Neffen- u. Nichtenschar herein, 18 Kinder, alle mit Blumen i. d. Händen zogen sie in Prozession um den runden Tisch herum u. sangen nach der Melodie "Fuchs du hast die Gans gestohlen" folg. Lied:

Heut zu Deinem Wiegenfeste, sind wir alle hier

Nichten, Neffen, frohe Herzen – gratulieren Dir.' –

Das war ein ganz reizendes Bild, wie sie alle in ihren Festkleidchen singend u. fröhlich um den Tisch herumzogen u. dann der lb. Tante Maria ein Küßchen gaben. Dann sagte ich einige Worte, in denen ich im Namen der ganzen Familie Maria, der "Mutter der Familie" unseren Dank aussprach für alles, was sie in all´ den langen Jahren, in denen sie dem Elternhause vorstand, für uns alle getan hat. Daß es dort immer so besonders behaglich war, daß wir alle, alle uns immer dort zusammenfinden konnten, in solcher Harmonie u. Fröhlichkeit, das ist zumeist Marias Verdienst u. ihrer opferwilligen Art, die nur Freude geben will, zu danken. Es war uns allen ein Bedürfnis, das alles mal zum Ausdruck zu bringen u. Maria ein Fest zu bereiten, ihr, die uns soviele Feste u. frohe Stunden bereitet hatte. Wir alle gemeinsam schenkten ihr ein Eßservice. Dann ging es an die Kaffeetafel, u. hernach saßen wir mit d. Kindern noch 1 Stündchen alle beisammen, sangen schöne Lieder, die Kinder produzierten sich - da waren wir 35 Personen auf dem kl. Saal, 18 Kinder, wir 12 Allhoffs, Tante Marjo mit Volker u. Wolfgang, Lisbeth Cordes u. Flües Tante Thres. Dann kam das festliche Abendessen, u. dabei wurde auch die Festzeitung "aufgelegt", und dann gab´s ein so frohes Fest, so wunderbar harmonisch u. fidel - wirklich ein Glanzpunkt in der Reihe all´der schönen Feste, die wir im Elternhause verlebt haben. Jeder trug das Seine zum Gelingen bei, u. jeder war voller Humor u. Stimmung. Eine sehr schöne Nummer hatte Agatha vorbereitet, "die drei Zigeuner" Im Nu war ein Zigeunerlager hergerichtet, u. die Brüder, Ernst, Ad. u. Frz-Jos. lagen am Feuer, ganz so, wie es in d. Liede heißt, mit Fiedel, -Pfeife, unter d. Cimbal schlafend u. träumend, dazu sangen Agatha, Wilhelm u. Wolfgang d. Text. Das war ganz wunderbar - Nein, wie haben wir gelacht, gesungen, getanzt - die Scherze jagten einander nur so. Berni hatte sich auf seine Glatze mit Kohle den Namen "Maria" geschrieben, er meinte, wir alle hätten zur Vorbereitg. des Festes nur kurze Zeit gebraucht, aber er habe sich eigens für den Tag die Glatze in langen Jahren hergerichtet.

2. April 1951.

Gestern feierten wir ein Hochfest unserer Familie: Karins Erstkommuniontag. Solche Feste sind doch die schönsten und erhebendsten, so rein und innig u. ungetrübt. Würdig war die Feier im Gotteshaus, tief ergriffen waren Berni u. ich, als wir unser kleines Töchterlein so andächtig zum Altare gehen u. zurückkommen sahen. Karin hatte sich ja auch sehr gut u. brav auf diesen Tag vorbereitet, es war wirklich eine Freude, mitzuerleben, mit welchem Eifer u. welcher Innigkeit sie an sich gearbeitet u. mit welchem Ernst sie die Wochen der Vorbereitung verbracht hatte. So wußte sie wohl um die Bedeutung dieses Tages u. war selbst auch bewegt, als sie am Morgen unseren Segen empfing u. Tante Lisel, ihre Patin, ihr das Kreuzchen anlegte. Bernd war Meßdiener. Als die Erstkommunion d. Kinder am Hochaltar vorbei war, mußten Bernd u. ein andere Meßdiener bei der Austeilung der Kommunion an d. Erwachsenen die Osterzettel austeilen, währenddes die anderen Meßdiener am Altare kommunizierten. So geschah es dann, daß er selbst nicht kommuniziert hatte, als die hl Kommunion an alle ausgeteilt war. Da sahen wir, daß er sich am Hochaltar hinter den Herrn Dechant kniete, diesen ab u. zu am Meßgewand zupfte, aber dieser begriff nichts, u. als nun alles vergeblich war, zog Bernd dann ab, da habe er bitterlich geschluchzt, erzählte uns ein Meßdiener. Das war ihm doch bitter, daß er am Festtage seiner Schwester nicht hatte kommunizieren können. Nach der Feier habe ich dann aber dafür gesorgt, daß Herr Vikar Dröge ihm allein noch die hl. Kommunion gereicht hat. Unsere häusliche Feier war sehr stimmungsvoll u. fein. An der Haustür empfing Georg das Schwesterchen mit einem Blumenstrauß. Da in Körbeke Roswithas Erstkommunion gefeiert wurde, war der Kreis der Gäste dieses Mal kleiner, Adalbert u. Agatha, Liesel u. Wilhelm u. Ermanns. Dafür saßen dann aber auch alle Geschwister mit am Tische. Mechthild sagte ein schönes Gedicht auf, Berni hielt eine kleine Ansprache, deren Inhalt der Text zugrunde lag: "Ich trete hin zum Altare Gottes, zu Gott, der meine Jugend froh macht", und ermahnte die kleine Tochter, diese Freude in Gott, in der hl. Religion durch ihr ganzes Leben sich zu erhalten. Wir zündeten dabei die Taufkerze an und sangen danach noch einmal gemeinsam "Fest soll mein Taufbund immer steh´n". So innig u. besinnlich war die Feierstunde am Morgen hier in unserem Heim, und so froh und fein verlief auch der ganze Tag. Bei der Prozession der Kinder in der Andacht konnte man sich an Karins andächtiger Haltung wirklich freuen und erbauen. Mögest Du so sein, so kindlich gläubig u. froh durch Dein Leben gehen, mein liebes, kleines Mädchen!

Am nächsten Tage kam dann Tante Maria zu uns, die tags zuvor in Körbeke war. Sie wollte doch auch ihr liebes Karinchen im Kommunionkleid sehen u. ein paar Stunden mit uns verleben.

Mittwoch in aller Frühe fuhr ich zu einer Tagung der Dekanatsvertreterinnen d. Frauen- u. Müttervereine d. Diözese nach St. Meinolf. Es war mir gar nicht leicht, mich nach den festlichen Tagen aus der Familie zu lösen, zumal auch am Donnerstag der Schulbeginn für die Kinder war. Aber ich konnte nicht absagen, u. als ich erst einmal in St. Meinolf war u. all´ die schönen Vorträge u. Anregungen auf mich einwirken ließ, war ich doch froh, dabei zu sein. Es waren wirklich geistig anregende und fruchtbare Tage inmitten des Kreises von etwa 40 Frauen. Der Hochw. Herr Erzbischof verbrachte auch einen ganzen Nachmittag mit uns. Freitag Morgen fuhr ich dann mit 2 geistlichen Herren zu einer Tagung nach Dtmd.-Brakel, zu der nur ein ganz kleiner Kreis von Geistlichen und Laien geladen war, u. wo über Ehefragen, Einwirkung v. kath. Eheberatungsstellen u. dergl. gesprochen wurde. Innerlich sehr bereichert u. mit guten Vorsätzen gespickt u. voller Anregungen, die nun zur Tat werden sollen, kam ich Freitag Abend wieder zu Hause an, jubelnd begrüßt von den Kindern, ganz besonders von Georg, der mich gar nicht loslassen wollte, mich immer wieder mit seinen Ärmchen umschlang u. "Mama, Mama" schmeichelte.- Nun habe ich gleich für Morgen unsere Geistlichen und die Vertrauensfrauen geladen, um ihnen von der Tagung zu berichten, sie anzueifern und mit ihnen die Aufgaben für diesen Sommer zu besprechen.

N.Marsberg, d. 15. II.69

Liebe Frau Bathe!
Ihr freundlicher Gruß hat mich sehr erfreut. Nehmen Sie herzlichen Dank! Auch ohne diese feine Karte von Ihnen hatte ich vor, Ihnen zu schreiben, Ihnen etwas zu erzählen: vor Weihn. durfte ich im Immaculata-Haus an einem Helferinnenbildungstag mitwirken. Auch der Franziskanerpater Johannes (ich glaube, er war früher in Werl) hielt einen Vortrag - und - hören Sie- in einer langen Einleitung sang er das Loblied Ihrer lieben heimgerufenen Schwester Frau Dr. Felker, wie oft sie ihm bei Kursen (für Eheleute od Verlobte?) geholfen habe wie großartig ihr Wirken gewesen sei, wie beispielhaft für die wichtige Rolle der Frau - nach Gottes Willen! - Mir wurde das Herz warm vor Freude- ich hätte Ihnen schon eher geschrieben, wenn meine Krankheit für ein paar Wochen nicht dazwischen gekommen wäre. Jetzt bin ich aber wieder "fit" - und freue mich auf unser Wiedersehen in St. Meinolf. Ihnen und ihrer lieben Familie herzliche Grüße,

Ihre Thea Rubarth.

5. Mai 1951.

Nur so ein paar kleine Notizen will ich heute niederschreiben. Vor einigen Tagen standen ein paar Zeilen in der Zeitung, die doch so tragisch u. inhaltsschwer u. leidvoll waren. 40000 Kinder seien noch in Norddeutschland, die nach ihren Eltern suchten - ihren Eltern, von denen sie durch die Einwirkungen des Krieges - Flucht, Verschleppung, Verschickung d. Kinder in Heime, um sie vor Bomben zu schützen - getrennt waren, und die nun bis heute nicht wieder zusammengefunden haben. Welch namenloses Leid verbirgt sich hinter diesen wenigen Zeilen!

-Vorigen Sonntag war Berni in Münster, um als Trauzeuge bei der kirchlichen Trauung unseres Freundes Dr. Baumeister zu fungieren, der nach langen Jahren der Trennung doch zur Kirche zurück gefunden hat. Wir sind glücklich und dankbar für diese Fügung.

-Vor einigen Tagen war ich in Hardehausen, wo ein Bräutekursus für verlobte, junge Mädchen stattfand, eine ganze Woche hindurch. Ich hatte einen ganzen Tag zur Verfügung für meine Ausführungen über Ehe und Familie - und das hat mir sehr viel Freude gemacht, zu sehen, wie aufgeschlossen diese 45 Mädchen für all´diese Fragen waren, u. ich hoffe, ihnen auch etwas mitgegeben zu haben.

- Gestern wieder eine Notiz in d. Zeitung: 29 Frauen u. Männer sind aus russ. Lägern zurückgekehrt, sie erzählen, daß sich noch Tausende dort befinden u. zurückgehalten werden. Grausames Schicksal für diese armen Männer u Frauen u. auch für ihre Angehörigen, die in der schrecklichen Ungewißheit um das Los ihrer Lieben ihre Tage i. Qual u. Sorge verbringen.

16. Mai 1951

Schöne Pfingsttage haben wir alle gemeinsam in Balve verbracht. Zu unserer großen Freude kam Samstag ein Brief von Onkel Heinrich aus New-York - nun ist er also unterwegs zu uns. Wie lange haben wir uns gesorgt, ob er wirklich die Reise wagen würde - wie waren wir in Freude, in Zweifel - in Sorge - aber nun kommt er wirklich. Adalbert und Agatha sind gestern schon nach Hamburg gefahren, ihn dort zu erwarten. Wir alle sind sehr in Spannung u. Erwartung u. freuen uns sehr.- Mechthild ist Dienstag zu ihrer ersten größeren Radtour mit 2 Freundinnen aufgebrochen. Sie und Gertrud hatten sich während eines ganzen Jahres das Geld gespart, um ein 2. Rad zu kaufen. Nun ist sie flügge geworden, unsere älteste Tochter - 6 Tage lang wollen sie radeln u. wandern zum Teutoburger Wald u. zur Weser. Berni hat die Fahrt bis in alle Einzelheiten geplant u. festgelegt, u. dann haben wir Mechthild mit unserem Segen entlassen. Mir macht es ja ein bischen Sorge, aber man kann ja die Kinder nicht immer festhalten, sie wollen in die Welt hinaus, und da wäre es ja nicht richtig, ihnen in ängstlicher Sorge diese Freuden zu verwehren.- Die Jungen sind in Balve, dort ist ihr Jugendparadies, und Bernd wird glücklich sein, für einige Tage nichts von Schule und dem "bösen Latein" hören zu müssen.

31. Mai 1951.

Nun ist er wirklich da, der liebe Onkel Heinrich aus Amerika! Am 17. Mai nachmittags 1/2fünf rief Maria ganz aufgeregt bei uns an, soeben sei ein Telegramm gekommen, Onkel Hrch. sei soeben i. Unna u. kurz nach 5 in Fröndenberg. Was tun? Franz-Josef irgendwo i. Wald od. Feld, Adalbert mit dem "Hansa" unterwegs, um Onkel Hrch. in Hamburg abzuholen, der vorher geschrieben hatte, er käme von London nach Hamburg, in London dann aber erfuhr, daß er besser über Holland fuhr. Einen Taxifahrer wollten wir ihm natürlich nicht nach Fröndenberg schicken, u. so setzte ich mich denn eilends mit Ernst in Verbindung, packte mein Köfferchen, Berni ließ seine Pat. im Stich - u. kurze Zeit darauf waren wir unterwegs u. jagten nach Fröndenberg. Ich lief durch die Sperre - u. da stand er denn da, der Onkel Heinrich - u. gleich schon bei der

291

Begrüßung war keinerlei Fremdheit zwischen uns, vom ersten Augenblick an waren wir miteinander bekannt und gut vertraut. Berni kam dann auch hinzu, u. dann fuhren wir langsam der Heimat entgegen. In Binolen kam Ernst angebraust, der inzwischen schon in Balve gewesen war, u. in Sanssouci fuhren Franz-Jos. u. Heini mit Kutsche u. Pferden vor. So wickelte sich alles noch programmäßig ab, binnen 1 Std. waren wir alle aus Lippstadt, Salzkotten u. Körbeke herbeigeeilt. Onkel Hrch. stieg in die Kutsche ein mit Heini u. mir, er ergriff die Zügel, und dann ging's in munterem Trabe Balve entgegen. Vor Balve nahm Heini die Zügel, ganz langsam fuhren wir in Balve ein, Onkel Heinrich war sehr bewegt, als er nach fast 40 Jahren seine liebe Heimat wiedersah. An der Straße standen viele Leute, winkend u. grüßend - u. dann waren wir vor dem Elternhause, u. die alte Kastanie hatte festliche Kerzen aufgesteckt. Das Haus war prächtig geschmückt, ein schöner Kranz um die Haustür u. alle Räume prangten im Schmuck der Blumen. In der Haustür begrüßten die Kinder den Onkel mit folg. Gedicht, das Roswitha u. Karin aufsagten:

Willkommen in der Heimat im schönen Monat Mai!
Die Zeit der langen Trennung ist nun für dich vorbei.
Die 40 Jahre flogen vorüber wie ein Traum.

Es grüßt in schönsten Blüten dich der Kastanienbaum.

Bernd, Ulrich u. Hathumar überreichten dann Vaters Stock, der mit einem Blumenstrauß geschmückt war, u. sagten:
"Wonnig ist´s, in Frühlingstagen, nach dem Wanderstab zu greifen, und, den Blumenstrauß am Hute, alte Heimat zu durchstreifen! Willkommen im alten, lieben Balve!!"
Und dann ging´s ins Haus. "Bo es de Trappe?" Ja, gewiß, es hatte sich manches verändert in all den langen Jahren, aber die alte Traulichkeit u. Behaglichkeit war dort geblieben. Durch alle Räume ging er hindurch, dann über den Hof in die Kreuzschlade - und später saßen wir dann alle auf dem kl. Saale beim festlichen Mahle beisammen - u. da wurde erzählt, erzählt - gesungen - getrunken - u. schließlich war es 1/2 3 nachts. Wir konnten des Erzählens gar kein Ende finden. Dann sangen wir auch die schönsten Volkslieder "Am Brunnen vor dem Tore" u. manches andere, Onkel Heinrich kannte sie alle u. sang so wundervoll mit seinem schönen Tenor. Die Allhoffs der vorigen Generation hatten alle so gute u. schöne Stimmen, nur mein Vater nicht, aber auch er sang gerne u. voller Begeisterung.- Ja, da war er nun da, der lieben Onkel - u. es war uns allen, als sei er immer dagewesen. Ein richtiger Allhoff - mit den schönen, tiefblauen Augen - im Äußeren sah er

meinem lieben Vater ähnlich, in der Stimme auch etwas an Onkel Aloys erinnernd. Er spricht ein völlig accentfreies Deutsch u. kann auch noch d. Plattdeutsche so gut wie ehemals. Wie prächtig können wir uns mit ihm unterhalten, er ist eben ganz von unsrer Art im Denken, Sprechen u. Fühlen. Wie er die Hände bewegt, wie er die Augen aufschlägt, das ist genau so wie bei meinem lb. Vater, und das macht ihn mir nun so besonders lieb u. vertraut. Wir sind nun sehr oft in Balve, diesen einen Sommer mit Onkel Heinrich, dem letzten der alten Generation, wollen wir recht auskosten. In der nächsten Woche wird er für einige Tage zu uns nach Lippstadt kommen.

29. Juli 51.

Gestern waren wir mit unseren Kindern in Paderborn, um das erste Geläut der neuen Dom-Glocken und die Aussetzung des Libori-Schreins mitzuerleben. Eine sehr erhebende Feier im Dom mit dem prachtvollen Bläsertusch! Warm u. herrlich das neue Geläute, zu dem wir eine besondere Stellung hatten, da ich Patin der zweitgrößten Glocke, der Regine-pacis Glocke bin, die den Frauen u. Müttern der Diözese geweiht ist. Es war ein sehr ehrenvoller Antrag für mich, die Frauen u. Mütter als Patin bei der Glockenweihe zu vertreten, u. ich habe auch der Regina pacis alle Anliegen der Frauen recht anvertraut. Die Glockenweihe war am 14. Juli. Berni, Mechthild u. ich fuhren nachmittags hin, tranken Kaffee bei Diöz. Präses Nüschen und gingen dann zum Dom, der mit Menschen gefüllt war. Die vorderen Bänke waren für die Paten reserviert. Nach den feierlichen Ceremonien im Dom u. der Ansprache des Hochw. Herrn Erzbischofs gingen wir in feierlicher Prozession nach draußen, wo die 6 neuen Glocken, festlich geschmückt, aufgestellt waren. Die Regina-pacis Glocke, mein Patenkind, ist die zweitgrößte Domglocke, der Hockw. Herr Erzbischof nahm die Weihe vor, die Waschung, Ölung, Taufe, bei der wir Paten die Hand auf die Glocke legen mußten. Es war ein sehr feierlicher Akt. Danach war im Dom Tedeum und Segen, und dann waren wir auswärtigen Paten bei Herrn Domprobst Brockmann zum Abendessen geladen, wo ich die einzige Dame unter 10 Herren war. Auch der Hochw. Herr Erzbischof nahm am Abendessen teil und war sehr aufgelockert und fröhlich. Es wurden ein paar Ansprachen gehalten, die Unterhaltung war sehr interessant, waren es ja doch alles Herren, die im öffentlichen Leben u. in der Wirtschaft eine Rolle spielen, Herr Landtagspräsident Gockeln, 2 Direktoren des Bochumer Vereins, die Oberbürgermeister v. Bochum u. Paderborn. Als Erinnerung an diesen Tag überreichte uns Herr Domprobst Br. eine Liboriplakette in Silber, die nur alle 100 Jahre einmal zur Liborifeier hergestellt wird.- Spät am Abend fuhren dann Berni u. ich noch zum

Schützenfest nach Balve.- Es war mir doch ein großes Erlebnis u. eine hohe Freude, diese einmalige Begebenheit - Weihe der Domglocken - gesehen zu haben und als Patin dabei gewesen zu sein.

3. September 1951.

Gestern, Sonntag Abend, kamen wir alle von Balve zurück, (Mechthild u. Gertrud kommen erst morgen mit dem Rad zurück, mit dem sie auch in d. Ferien gefahren sind. Gertruds 1. größere Radtour, aber sie haben es gut geschafft.), wo die Kinder die ganzen Ferien, wir unseren Urlaub, 2 1/2 Wochen, verlebt haben. Ich bin ganz erfüllt von den herrlichen Tagen, die uns dort geschenkt wurden. In diesem Sommer sind wir ja Onkel Heinrich´s wegen fast jeden Sonntag in Balve gewesen, ich fuhr oft schon donnerstags hin, und samstags kamen dann Berni, Ernst u. Heini. Waren das frohe Stunden, wenn wir mit dem lieben Onkel am Wachloh saßen oder abends auf dem kl. Saal, wie haben wir erzählt, gesungen und so recht nach Herzenslust gelacht, "Jetzt weiß ich, was Totlachen ist, Kinder hört op" - sagte Onkel Hrch. öfter und schüttelte sich vor Lachen. So schöne Zeit habe er in 40 Jahren nicht erlebt, meinte er. Und nun waren wir über 14 Tage dort, so ganz frei und ungebunden. Wir verbrachten ganze Nachmittage im Balver Wald, wohin d. Eselfuhre die Kleinkinder u. Futteralien brachte, lagen am Feuer, kochten Kaffee am Feuer, sangen Volkslieder zur Mundharmonika od. Akkordeon, während die Kinder auf den Eseln ritten u. den Wald durchstreiften. Einmal sagte Onkel Hrch., als er auf d. Heimweg ein Stück vorangegangen war: "Ich habe dem lb. Gott so recht aus Herzensgrund gedankt, daß ich dies alles noch einmal erlebt habe." Wie manchen Abend saßen wir alle am Wachloh um das knisternde Feuer, worin die Kartoffeln brieten. Mond und Sterne ergossen ihren Zauber, wir genossen die herrlichen Abende bis 11- 12 Uhr, erzählten und sangen stimmungsvolle Lieder. Fahrten machten wir ins Bergische Land, zur Burg Wupper u. zum Altenberger Dom, durch's Sauerland, nach Winterberg, Rothaargebirge,- und gegen Abend lagerten wir dann irgendwo am murmelnden Bach, kühlten darin den Wein und hielten einen prächtigen Schmaus. Gestern Nachmittag hatten wir noch ein ganz besonderes Erlebnis. Zum Abschluß der Höhlenspiele wurde in der Höhle die Neunte-Symphonie aufgeführt. Das war gewaltig und ergreifend; ich habe die Neunte öfter gehört, in Köln u. München, aber nie war ich so gepackt und beeindruckt. Die Höhle hat eine so herrliche Akustik, diesen starken Eindruck werde ich wohl nie vergessen. Bei den Höhlenspielen hat auch Onkel Hrch. mitgewirkt, er mußte am Schluß als der "letzte Mensch" auftreten ein "Luzifer", mußte einige plattdeutsche Sätze sagen, u. hat das so gut gemacht, daß er sogar in der Zeitung abgebildet war.- Gestern Mittag waren wir alle am

Husenberg, wo wir die ersten Spatenstiche zum Bau v. Maria's und Liesels Haus taten. Jeder sagte dazu seinen Spruch, einen guten Wunsch, teils besinnlich, teils launig.- Als wir spät abends wieder hier ankamen, wurde Georg wach u. freute sich so sehr, uns alle wiederzusehen. Er umarmte uns alle, lachte so froh, rief "Mama-Pappa" und wußte sich vor Freude gar nicht zu lassen. Und wie glücklich waren auch wir, als wir unseren kl. Lockenkopf wiedersahen!

Sonntag Morgen, 9. Sept. 1951

Unseren 15. Hochzeitstag haben wir gefeiert, fein und ruhig, mit unseren Kindern. Am Morgen waren wir alle in der hl. Messe, dann mußten die Kinder zur Schule, aber am Nachmittag und Abend saßen wir mit ihnen zusammen, haben erzählt, aus der Chronik vorgelesen und die Hochzeitslieder gesungen. Das genießen die Trabanten so sehr. Hernach tranken dann Berni u. ich noch 1 Fl. Sekt und haben uns recht unseres Glückes gefreut. Wie dankbar könne wir doch auf all'die Jahre zurückblicken, die wir gemeinsam verlebt haben. Manche Jahre waren schwer u. voll großer und banger Sorgen, aber wie gnädig hat doch Gott uns beigestanden und durch alle Gefahren uns gut geleitet. Wie wissen wir es nun doppelt zu schätzen, daß wir wieder beisammen sind. Und wie reich sind wir doch mit unseren Kindern;

sie sind unser Glück und unsere größte Freude. Jetzt sind sie alle noch klein, gehören uns noch ganz, und wir besitzen auch ihr ganzes Vertrauen. Diese schönen Jahre mit den kleineren Kindern genießen wir auch ganz bewußt. Interessant ist es ja, sie in ihrer Art u. ihrer Verschiedenheit zu beobachten. Ja, da denkt man oft "Woher haben sie nur Dies und Jenes?", u. hier und da macht man sich auch seine Gedanken u. Sorgen. Da erinnert man sich des alten Goethe, des Weisen. "Wir können die Kinder nach unserem Sinne nicht formen, so, wie Gott sie uns gab, so muß man sie haben und lieben, sie auf's beste erziehen und Jeglichen lassen gewähren, denn der Eine hat die, der Andere hat jene Gaben." Ja, und das denken wir doch, daß wir uns um die Erziehung unserer Kinder mühen, daß sie in Liebe und Vertrauen bei uns geborgen sind, und so hoffen wir auch, daß sie zu guten, anständigen, religiösen, tüchtigen u. frohen Menschen heranwachsen mögen.

17. Sept. 1951.

Vorigen Sonntag fuhren Berni u. ich noch am Mittag nach Balve, da ich Lisel bei der Ankunft ihres 2. Kindchens beistehen wollte. Am Abend saßen wir wieder fröhlich alle beisammen auf dem Kleinen. Saal, wo wir im Gedenken an unseren Hochzeitstag auch noch einmal all´ die schönen Hochzeitslieder sangen. In der

Mittwoch-Nacht, am 12. Sept., Mariä Namensfest, kam dann der kleine Franz-Jos. Bathe auf dem Türmchen gesund und glücklich zur Welt. Gestern, Sonntag haben wir ihn zur Taufe getragen und in traditioneller Weise im Kreise der gesamten Baten u. Allhoffs Sippe den Festtag begangen.

28. Sept.1951.

Heute fährt Onkel Heinrich von Le Havre ab wieder nach Amerika zurück. Das war für ihn und für uns alle ein schwerer Abschied. Am Samstag, dem 22. Sept., fanden sich wieder alle in Balve ein; ich war schon 2 Tage früher hingefahren und bin bis zum 26., dem Abschiedstag aus Balve dortgeblieben. Samstag kamen auch zufällig noch Onkel Walter u. Tante Erna aus Siegen. Am Abend haben wir dann ein Fest gefeiert, ein wunderschönes Fest. Wir haben Lieder gedichtet u. alles gut vorbereitet. Während des festl. Abendessens hielt ich eine kleine Ansprache, etwa des Inhaltes, daß wir heute Abend nicht den Abschied feiern wollen, der soll uns noch nicht beschweren, sondern das Geschenk dieses Sommers, die Begegnung unserer Herzen. Ich ließ dann kurz noch einmal Onkel Heinrich´s Ankunft und die frohen Begebnisse des Sommers vorüberziehen, wie wir uns gefreut hätten, einen echten Allhoff, einen Mann, der dem Elternhaus u. der Heimat in Liebe und Treue angehangen, der sogar noch Platt spreche, erlebt zu haben. Und so würden wir verbunden bleiben, auch wenn ein Ozean uns trenne, und so dankten wir ihm, dem lb. Onkel, für sein Kommen und für alles, was er uns in ds. Sommer gegeben habe. Dann wurden nachher bei frohem Umtrunk die eigens für den Abend verfaßten Lieder gesungen, kleine Aufführungen wurden gemacht, und noch einmal "die drei Zigeuner", und bis tief in die Nacht hinein waren wir alle sehr fröhlich. Am Sonntag Nachmittag hatten Adalbert und Agatha zum Kaffee am Feuerchen im Balver Wald eingeladen. Da hatten sie ein schönes Plätzchen ausgesucht, ein runder Rasenplatz, ganz von Tannen umgeben u. windgeschützt, und Agatha, die Sorgliche, hatte Torten u. Sahne, Tassen, Teller, Getränke, und was das Herz begehrte, dort hingeschafft. Auch die Kinder waren alle dabei. Abends fuhr dann Berni mit den Kindern nach Lippstadt zurück, kam aber Mittwoch Mittag noch einmal wieder. Die letzten Tage gingen im Rummel so dahin, ich begleitete Onkel Heinrich bei seinen Abschiedsbesuchen, und wir hatten noch schöne, besinnliche Stunden alle miteinander am Husenberg, am Wachloh u. auf dem kl. Saal. Der letzte Morgen war schwer. Da stand der gute Onkel auf dem kl. Saal vor dem Bild meines Vaters, dann sah er wieder zum Fenster heraus, und die Tränen liefen ihm über's Gesicht. Ich legte den Arm um ihn, aber sprechen konnten wir Beide nicht. Hernach kamen die anderen herein, dann wurde es besser. Wir haben dann zusammen gefrühstückt, ein festliches Mittagsmahl gehalten, dann kamen Ernst u. Berni - gegen Abend fanden sich Stüecken ein- wir sangen noch ein paar Lieder - und dann kam der Aufbruch,- schwer, schwer der Gang aus dem Elternhaus. In 3 Wagen fuhren wir mit bis Düsseldorf, waren dort zu 13 Personen auf dem Bahnsteig, nachts um 1 Uhr. Heini fuhr mit nach Paris.- Ein letztes Umarmen, ein Kuß, ein letztes Winken - da war er schon fort, der Nachtexpreß u. mit ihm der liebe, gute Onkel Heinrich.

30. November 1951.

Ein Namenstag kehrt in jedem Jahre wieder und wird auch fast immer in der gleichen Art gefeiert. Wir haben hier im Hause auch für diese Tage unseren Brauch, zünden gegen Abend, wenn alle beisammen sind, die Taufkerze an, lesen die Lebensgeschichte des Heiligen und erinnern uns des Sinnes der Namenstagsfeier durch die Tauferneuerung. So wäre von meinem u. Karins Namenstag weiter nichts zu berichten, denn daß wir ihn schön gefeiert haben, ist ja selbstverständlich. Maria war auch hier.- Aber ein Gedicht, das der Vater verfaßt hat u. das Mechthild vortrug, will ich doch eben festhalten.

'Ob der Herbstwind die Bäume rüttelt,
Ob die Welt sich in Kriegsfurcht schüttelt,

Wir Felkers lassen in unser Heim,

Nur Sonne und Glück und Liebe hinein.

So heute, da, Mutter, Dein Namenstag ist,

Dir, die Du die Seele des Hauses bist,

Dir wünschen wir Freude und Liebe und Glück.

Gott segne Dich! – und geb Dir zurück,

Die Freude u. Liebe, die Du uns gebracht,

Durch die Du dies Heim uns zur Heimat gemacht.'

(Wie habe ich doch heute Abend geschmiert. Es ist aber auch schon gleich 12 Uhr.)

15. Dez. 1951

Gestern hat Ulrich seine erste hl. Beichte abgelegt. Mit Ernst u. Eifer hat er sich auf diesen Tag vorbereitet. Sein Lehrer hatte die Kinder so sehr fein in dieses Sakrament eingeführt und mir war es eine Freude, die Gedanken, die er alle in ein Heft eingetragen hatte, zu vertiefen. Gemeinsam haben wir Beiden dann sein Gewissen erforscht und Sonntag Nachmittag kniete Ulrich neben mir und sagte seine Sünden auf. Zum Vater sagte er dann: " Vater, ich meinte, meine Hauptsünde wäre Faulheit, aber Mutter meinte, Ungehorsam, da habe ich sie beide genommen." Montag Morgen waren wir dann alle mit zur hl. Messe, danach war die Beichte, und dann konnten wir ein strahlendes, glückerfülltes Kind mit nach Hause nehmen.

26. Dez., 2. Weihnachtstag.

Jubel und Trubel in allen Ecken schon seit gestern Morgen, wo die Kinderschar mit Erwartung u. Freude das Weihnachtszimmer betrat. Wie wunderbar sind doch diese Tage im kindervollen Hause. Am Vortage des Weihnachtsfestes haben wir nachmittags wieder, nachdem die Kinder gebadet waren, uns alle am adventlich gedeckten Kaffeetisch zusammengefunden, den Adventskranz abgebrannt, die Äpfelchen von den Kerzen durchschmoren lassen, Adventslieder gesungen u. das Läuten der Glocken durch's geöffnete Fenster in's Haus hereinschallen lassen. Der stille Abend dann im Weihnachtszimmer ist für Berni und mich immer so besonders schön im Genießen gerade dieses stimmungsvollen Abends u. in der Vorfreude auf den Morgen. Bei der Bescheerung war bei aller Freude auf die Geschenke doch vor allem aller Erwartung u. aller Augen auf Georg gerichtet, und der kleine Mann beglückte uns auch alle so sehr durch seine Hüpfer u. Freudenkundgebungen u. seine erstaunten Augen beim Anblick des Lichterbaumes, auf den er mit den Fingern wies u. rief: " O da -da" Das große Zimmer gehört nun für diese Tage ganz den Kindern, die sich ihren Spielen mit Begeisterung hingeben, u. der Vater sitzt auch dabei auf dem Teppich u. spielt mit der Autobahn. Mechthild u. Gertrud haben uns sehr erfreut durch ihre musikalischen Künste, Mechthild am Klavier, Gertrud mit Geige und Flöte, womit sie jedes Lied begleitet. Berni u. ich wurden von den Kindern auch sehr nett bescheert, Mechthild hatte dem Vater ein Sofakissen in Khelim gestickt u. mich überraschte sie mit einem gestrickten Trachtenanzug f. Georg mit Federhütchen dabei, in dem der kleine Mann reizend aussieht. Gertrud hatte für Georg einen Pullover gestrickt, der Vater bekam

, Bernd u. Ulrich schenkten Cigaretten, Kaffeesiebchen, 2 Teelöffel (Stück 20 Pfg., was Ulrich sehr betonte) u. ein Marzipanglücksschweinchen, wobei ein Zettel lag: "Ein frohes Weihnachtsfest wünscht Dir das Glücksschweinchen." Alles war hübsch verpackt. Die Kinder hatten einige Tage vor Weihnachten d. Keller geräumt, Flaschen gespült u. verkauft u. Altpapier weggebracht. Von dem Erlös bekamen Ulrich u. Bernd 1,30 Mk. Damit zogen sie stolz los zum Einkaufen. Ich hörte etwas von Wein, u. sagte dann, sie möchten aber keinen Wein kaufen. "Nein" sagte Karin, "die wollen bei Zimmersbach leere Flaschen für 10 Pfg. kaufen u. in der Sonnenau für 15 Pfg. wieder verkaufen" Diese Preise hatten sie beim Flaschenverkauf erfahren, u. nun war das Händlerblut in ihnen erwacht. Wir haben doch herzlich gelacht. Karin erfreute uns

Georg bekam auch eine lange rote Manchesterhose[29] mit Taschen drauf. Heute Morgen zog er sie an, stellte sich dann i. Flur, beide Hände in den Taschen, strahlend vor den Vater hin u. sagte: "Da, Barni" Das ist überhaupt drollig, wie er seinen Vater nennt, ganz nach Gelegenheit mal Papa - Vater, - Barni - Doktor. Morgens in alter Frühe schon kriecht er zu mir in´s Bett, zeigte dann vorige Tage auf Berni, dann auf mich, u. sagte: Da Dokker - da Dokker - Dokkers üpe-all" Als ich ihn mal aus meinem Bett wieder in seins schicken wollte, lehnte er ab mit der Begründung, "Naß üpe-all" was dann aber gar nicht wahr war. Abends kniet er so lieb zwischen den Geschwistern beim Abendgebet, faltet fromm die Hände u. das Kreuzzeichen macht er so drollig, faßt an die Stirn und dann betupft er mehrmals beide Arme, u. beim "Gelobt sei Jesus Christus" macht er eine tiefe Verbeugung. Er hat einen reizenden Lockenkopf, den ganzen Kopf voll dicker, ganz heller Locken, zum Stolz u. zur Freude aller Geschwister. Munter u. fröhlich hüpft er durch´s Haus und hat viel Glück u. Freude in die Familie hereingebracht, unser jüngster, kleiner Sohn.

6. Januar 1952

Sylvester und Neujahr waren wir wieder alle in Balve, wo die größeren Kinder auch jetzt noch ihre Ferien verleben. Schön und traulich war es wieder auf dem kl.

Saal, dem geliebten Raume i. Elternhaus. Wir feierten Sylvesterabend die Verlobung v. Franz-Josef und Lisbeth Cordes, ganz im Geschwisterkreise, ein sehr schönes Fest. Um 12 Uhr waren auch alle Kinder dabei, unsere Trabanten u. Ernstens u. Heinis u. Lisels. Nur Adalbert u. Agatha verlebten die Stunde des Jahreswechsels im neuen, eigenen Heim, das wir am Neujahrstage feierlich eingeweiht haben. Die Feier war so schön vorbereitet, mit Dankliedern, Reden, Haussprüchen und der feierlichen Segnung des Hauses durch Herrn Pastor Böddicker. Wir gingen alle, auch die Kinder, mit durch das ganze Haus, Stall u. Garten, betend u. singend. Hernach gab´s dann eine frohe Feier im neuen Hause, in dem Gott der lieben Familie Allhoff-Cramer viel frohe u. glückliche Tage schenken wolle!

- Vom Onkel Heinrich kamen auch Grüße zu Weihnachten. Wir haben daher seiner in diesen Tagen so oft gedacht - er kann sich in Amerika gar nicht mehr zurechtfinden nach diesem schönen Sommer in Deutschland. Sein erster Brief war ganz ergreifend, vom Schiff aus schrieb er, wie schwer ihm doch der Abschied gewesen sei, u. am letzten Tage habe er fast gehadert mit Gott; "warum hast Du mich hinausgeschickt in dieses kalte, herzlose Land, und wenn es schon sein mußte, warum habe ich dann dieses weiche Herz bekommen, das so an der alten Heimat hängt?" Und als er in Paris von Heini Abschied nahm, schrieb er " als ich dann sein liebes Gesicht nicht mehr sah, wollte mir das Herz fast brechen vor Weh und Leid." - Ja, das ist das Los der Auswanderer - ihre Seele, ihr Gemüt bleibt doch meist der alten Heimat verhaftet und findet im neuen Lande auch keine Nahrung,- und dann leiden sie zeitlebens an der großen Sehnsucht.

Montag, 4. Februar 52.

Zum Wochenende waren wir wieder, jetzt schon zum 2. Male, mit Kind u. Kegel in der herrlichen Schneelandschaft in Balve. Seit Anfang Januar ist herrlicher Winter im Sauerland, während hier keine Schneeflocke fällt. Die Kinder haben an beiden Tagen eifrig gerodelt, wir waren am Wachloh u. im Balver Wald, wo wir durch tiefen Schnee stapften, dafür aber auch durch zauberhafte Blicke belohnt wurden. Der Schnee lag so dick auf Ästen u. Tannen, es war eine richtige Märchenlandschaft. Samstag, auf der Hinfahrt, hatten wir im Auto eine nette Unterhaltung mit den Kindern. Wir sprachen so von dem schönen Zusammenhalten zwischen uns Geschwistern, und daß sie, die Kinder, das später genau so halten müßten, vom Jahr 2000, wie gerne ich da den Sylvesterabend wohl mit allen verleben möchte u.s.w. Bernd meinte, dann seien wir natürlich alle bei ihm, "ja, und dann schlachte ich wohl 3 Gänse", und Karin meinte: "Ha, wir haben es später genau so schön wie Ihr." Das wollen wir hoffen, kleine Karin.

11. Februar.

Gestern, am 10. Februar, haben wir in Adalbert's u. Agathas neuem Hause den Tauftag ihres 3. Kindes, des kleine Dirk, gefeiert, der am 4. Februar, am Vorabend des Festes der. hl Agatha, im neuen Hause gesund zur Welt gekommen ist. Natürlich waren auch unsere Kinder wieder alle mit in Balve, sie konnten nun einmal d. Freuden des Winters dort genießen. Die Feier war so schön u. gut vorbereitet, in der Kirche festlich wie immer, aber auch die häusliche Feier sehr würdig u. fein. Das ist nun das 23. Enkelkind meiner Eltern. Wir haben uns alle so herzlich mitgefreut über die Geburt dieses kleinen Jungen u. über das Glück dieser Familie, wo im schönen, neuen Hause 3 frohe, gesunde Kinder heranwachsen.

1. März 52.

In den vorigen Tagen hat Ulrich wieder gebeichtet. Bei der Vorbereitung sagt er plötzlich zu mir: "Wenn ich aber ein "Gegrüßet seist Du, Maria" als Buße kriege, dann sage ich einfach:"Ich bitte um eine andere Buße, da ich das Gebet nicht kann."" Ich war ganz erschrocken - was, Junge -Du kannst das nicht? Mit etwas Nachhilfe betete er es dann aber doch u. lernte es firm, und dann hat er tatsächlich 2 "Gegrüßet seist Du, Maria" zur Buße bekommen. Nein, dieser Junge, - so ein Einfall! Und so eine Blamage für die Mutter - aber der Bursche hätte das wirklich fertiggebracht. Er ist auch so ein drolliger u. natürlicher kleiner Kerl, und noch so ganz kindlich.

12. März 52.

Zwei Ereignisse im Leben meiner Geschwister: am 9. März hat Ernst in Salzkotten ein Haus gekauft mit großem Garten. Abends waren Adalbert, Ernst u. Grete hier, um mit uns das frohe Ereignis bei einem Glase Sekt gebührend zu feiern. Am 11., gestern, begann der Bau des Hauses am Husenberg, das Maria u. Lisel gemeinsam bauen. So ist nun dieses Jahr das Jahr der "Heimstätten", Adalbert, Ernst, Maria u. Lisel. Wir freuen uns sehr herzlich mit, wenn auch für uns selbst keinerlei Aussicht auf ein eigenes Haus besteht. Aber neidlos mitfreuen können wir uns von Herzen; das tun wir auch so recht und wünschen viel Glück u. Freude u. Gottes reichen Segen. Uns selbst aber bleibt die Aufgabe, unseren Kindern hier, wenn auch in d. Mietwohnung Heim u. Heimat u. Geborgenheit zu geben, u. darum bemühen wir uns doch sehr.

17. März 52.

Heute feiert Gertrud ihren Namenstag. Alle Geschwister kramten ihre Geschenke aus, die Schwester zu erfreuen. Nur Ulli war noch eifrig im Nebenzimmer beschäftigt mit seinem Geschenk, und als dann die traditionelle Gratulation war, überreichte er strahlend und ganz durchdrungen von dem Wert seiner Gabe ein Quartett, das er selbst bemalt (aber bisher nur ein Bild) u. zu dem er Spielregeln geschrieben hatte. Das ist so originell, daß ich es der Chronik einschreiben will. Wir haben ganz herzlich gelacht. Kürzlich wollte er sich an einem "NIVEA" Wettbewerb beteiligen, da entstand ein Bild "Mutter macht sich schön", das ist auch des Aufhebens wert. Er selbst fand es großartig.

Gleich werden wir alle noch ein wenig mit Gertrud beisammensitzen, die Taufkerze anzünden, das Glaubensbekenntnis erneuern, die Lebensgeschichte der hl. Gertrud lesen u. froh erzählen u. singen, so eine besinnliche Namenstags-Feierstunde halten.

15. April 52.

Nach schön verlebten Kar- und Ostertagen in Balve sind wir heute mit unseren beiden Jüngsten nach hier zurückgekehrt. Die anderen verleben noch ein paar Ferientage in Balve, die sie nach guter Versetzung zu

Ostern voll auskosten. Karin ist jetzt Sextanerin, Bernd Quintaner, Gertrud in Quarta, Mechthild in d. Untersekunda. Ulrich bereitet sich mit Ernst und Eifer auf seinen großen Tag vor.

22. April 1952.

Am Sonntag, den 20. April, feierten wir wieder so ein beglückendes und inniges Familienfest, Ulrich´s Erstkommuniontag. Mit ganzer Hingabe und kindlichem Eifer hat er sich auf diesen Tag vorbereitet, unser kleiner Junge, und wir waren recht bewegt, als wir ihn morgens, von uns und der Geschwisterschar umgeben, zur Kirche geleiteten. So andächtig war er dabei, bei der Erneuerung des Taufgelübdes und beim Hinschreiten zum Altare. Für die Eltern sind das ja die Augenblicke tiefsten Ergriffenseins und heißester Wünsche und Gebete. Die häusliche Feier war schön und würdig, ganz dem religiösen Charakter des Tages angepaßt. Der Vater sprach nach dem Kaffee, in der festlichen Morgenstunde: "Im religiösen Leben der Familie ist der Tag der ersten hl. Kommunion eines der schönsten Feste, ein Tag voll beglückender Freude. Gott erfüllt wieder eines der Kinder ganz mit seiner Gnade, an diesem festlichen Tage wird das Kind zum Gottesträger und bringt Gott mit in die Familie hinein, und so ist auch der Familie ein großes Geschenk gegeben. Wir feiern heute diesen großen Ehrentag unseres Ulrich, und Euch allen, die Ihr gekommen seid, um diesen Tag mit uns zu begehen, danken wir für Euer Kommen.- "Lasset die Kinder zu mir kommen, denn ihrer ist ja das Himmelreich." Glaubte man nicht, himmlisches Leuchten auf den Gesichtern der Kinder zu sehen, als sie vom Altare kamen in ihrer kindlichen Frömmigkeit und völligen Hingabe? Sie waren erfüllt und durchleuchtet von dem Großen und Wunderbaren, das sich an ihnen vollzogen, und so warst auch Du, mein lieber, kleiner Sohn. Gott ist in Dir und will in Dir bleiben. Gib Dich seiner Führung hin, wenn Du Dein Leben in Glück u. Frieden leben willst. Halte Dich an ihn in allen Lebenslagen, wie sie sich Dir auch gestalten mögen. Halte Deinem Glauben die Treue und sei allzeit ein frohes und vertrauendes Kind unseres himmlischen Vaters. Sei ein Christ, der seine Überzeugung stets mutig und stark bekennt. Christus, das Licht der Welt, ist heute zu Dir gekommen. Sei ein Träger dieses Lichtes an allen Deinen Tagen."

Zur Feier des Tages waren Tante Maria aus Balve, Onkel Ernst und Tante Grete aus Salzkotten, Tante Addi u. Onkel Bernd aus Wattenscheid gekommen. Onkel Heini, der Pate, konnte leider nicht kommen, da Hildegard, mein Patenkind, in Körbeke ihren Erstkommuniontag feierte. - Und nun ist er dahin, dieser schöne Festtag, der letzte dieser Art für lange Jahre, bis wir ihn dann noch einmal mit Georg feiern. Aber in Dir, mein kleiner Ulrich, möge dieser Tag nachklingen Dein ganzes Leben hindurch.

5. Juli 1952.

"Eine Seefahrt, die ist lustig--" Froh starteten wir am Mittwoch, Ende Juni, nach Münster, wo uns der Sonderzug der K.V.D. aufnahm und uns zur See führte, Vater, Mechthild, Gertrud, Karin und ich. Die Körbeker mit 3 Kindern waren auch dabei, so war eine fröhliche Gesellschaft beisammen. Die Überfahrt nach Borkum war sehr stürmisch, es hatte überhaupt den ganzen Tag in Strömen geregnet, aber das tat der Freude keinen Abbruch. Wir wollten gerne unseren Kindern selbst das Erlebnis des Meeres vermitteln, deshalb hatten wir zunächst mal die Mädchen mitgenommen. Auf Borkum wurde dann das Wetter so sonnig u. strahlend, daß wir den ganzen Tag im Meer und Dünen uns austobten u. alle einen tüchtigen Sonnenbrand bekamen. Nur ein paar Tage waren wir dort, aber für die Kinder war es doch ein schönes und starkes Erlebnis.

16. Juli 52.

Ulrich ist nun auch Meßdiener. Es ist zu ulkig, wenn er seine lateinischen Texte lernt und aufsagt, die er ja ganz mechanisch lernen muß, unser kleiner Stropp. An einem der vorigen Sonntage mußte er in der Christenlehre dienen, "rechter Hauptdiener", davon war er ganz voll und erzählte mir immer davon. Als aber der Sonntagmittag herankam, 1/4 nach 1, war Ulrich weg. (1/2 2 Andacht.) Die ganze Familie hetzt los, ihn zu suchen; Vater nahm das Auto und brachte ihn denn auch eben noch im letzten Augenblick an. Waschen, Kämmen, Im Auto zur Kirche gebracht,- da hat´s dann eben noch geklappt. Ich war natürlich auch in der Andacht, als einzige Erwachsene, aber dies große Ereignis mußte ich doch miterleben, meinen kleinen Ministranten zum ersten Mal am Altar zu sehen.

15. August 1952.

Mariä-Himmelfahrt. Leider ist auch dieses schöne Hochfest dem Materialismus der Zeit zum Opfer gefallen und auf den Sonntag verlegt. Aber im Gedenken der Gläubigen wird es doch noch gefeiert, und in unserer Familie hat es besondere Geltung, da wir an diesem Tage auch Mechthilds Namenstag feiern. Aber heute sind die Kinder alle in Balve, wo sie ihre Ferien verleben.
Am 6. August hatte das liebe, alte Haus einen großen Festtag: den Hochzeitstag unseres ältesten Bruders Franz-Josef mit Elisabeth Cordes. Festlich, wie immer an solchen Tagen, war das Haus geschmückt und hatte viel

frohe Gäste in sich versammelt, die ganze Sippe, auch die Kinder alle, Cousinen und Vettern, Freunde und Nachbarn. Es war ein schönes, strahlendes Fest in froher Stimmung, zu der Jeder das Seine beigetragen hatte. Wir, der Dichterbund, hatten die Hochzeitszeitung vorbereitet, in der das Lied "Der kleine Saal", v. Bruder Heinrich verfaßt, wohl das Eindrucksvollste war. Adalbert hielt eine gute Festrede, ich hatte mir aus Guardinis Brautbriefen etwas zum Vortrag zusammengestellt, Onkel Heinrich hatte einen sehr zu Herzen gehenden Brief geschrieben, den ich bei Tisch vorlas. Unsere Kinder brachten auch ihre Glückwünsche dar, Mechthild u. Bernd in einem Gedicht, Gertrud sang das Lied: "Ich bin Dein, Du bist mein." Die Polonaise nach Tisch ging durch den blühenden Garten, über die Kreuzschlade und endete mit einem Tänzchen auf der Bleiche. Bis zum Morgengrauen haben wir fröhlich gefeiert, getanzt, gesungen und gelacht.

20. Sept. 52.

Vor einigen Tagen sind wir, Berni und ich, von unserer Reise zurückgekommen. Zunächst waren wir in Karlsruhe auf dem Therapiekongreß, der recht interessant war. Von da aus haben wir auch wieder unser geliebtes Maulbronn besucht. Danach verlebten wir 10 Tage in Wildbad, wo wir badeten, wanderten, eine schöne Fahrt nach Tübingen und durch die Schwäbische Alb machten. Unseren Hochzeitstag, d. 8. Sept., wollten wir recht festlich begehen, waren morgens in der hl. Messe und machten am Nachmittag eine Wanderung. Dabei haben wir uns aber so sehr verlaufen, mußten in der Dunkelheit noch über einen hohen Bergsattel und kamen müde und erschöpft in unserem Hotel wieder an, nachdem wir 13 klm. in gut 4 Std. durch Täler und über Höhen gelaufen waren. Am 12. Sept., Marias Namenstag, landeten wir in Balve, wo ich noch 2 Tage blieb, während Berni mit Erich Baumeister einige Tage in Münster verbrachte, wo er die Stätten seiner Jugend und seiner Studienzeit mal wieder besuchen wollte.

7. November 1952.

Ein neues Blatt der Chronik - ein neues Blatt im Leben der Familie Felker! Wir sind Grundbesitzer geworden, - ein kleines Stückchen Land ist unser eigen, klein zwar nur, aber es reicht doch für den Bau eines eigenen Hauses. Wie glücklich sind wir über diesen Erwerb. Nun danket alle Gott! Gestern Nacht, um 11 Uhr, haben wir endlich den Vertrag unterschrieben - und nun gehört es uns, das Gärtchen an der Wilhelmstraße. Es war ja immer unser Wunschtraum, uns und unseren Kindern einmal ein Haus zu erbauen, eine richtige Heimat zu schaffen, aber die Möglichkeiten dazu waren so gering, daß wir an die Verwirklichung kaum glaubten, - es müßte denn schon ein besonderer Glücksfall sein. Und nun ist dieser Glücksfall doch gekommen! Aber viel Sorgen hat es doch gekostet, viel Hangen und Bangen und manche schlaflose Nacht. Als wir im Frühjahr in der Zeitung die Annonce lasen, an der Wilhelmstraße sei ein Bauplatz zu verkaufen, waren wir uns gleich darüber im Klaren, daß es für uns wohl die einzige Möglichkeit sei, an ein Haus zu kommen, und wir wollten und mußten diesen Platz haben. Wieviel Bewerber aber waren da,- 7 Ärzte und einige Geschäftsleute. Einige sprangen nach kurzer Zeit ab, aber andere hielten mit Ausdauer und Zähigkeit durch, und der Preis stieg immer höher und höher. Es war wirklich ein schwerer Kampf, eine Nerven- und Geduldsprobe. Wie oft bin ich nach Soest gefahren zur mündlichen Besprechung, wieviel dringliche und bittende Briefe habe ich geschrieben,- und immer wieder Hinhalten und Steigerung des Preises. Aber schließlich sind wir dann doch Sieger geblieben - schwer war es, sehr schwer und man hätte oft verzagen mögen bei den steigenden Forderungen. Aber immer wieder sagten wir uns: wenn dies nicht klappt, bekommen wir nie ein Haus, wir müssen durchhalten, müssen jede Forderung erfüllen, so schwer es auch sein mag. Schließlich war es dann soweit: Berni und mein Bruder Adalbert führten die letzten Verhandlungen, sie mußten noch um jeden Meter Boden kämpfen (man wollte uns, da nun der Preis so hoch war, nur ein kleineres Stück verkaufen) und endlich wurde dann im August der Vorvertrag unterschrieben. Gestern, am 6. Nov., haben wir dann den notariellen Vertrag gemacht, der auch noch schwierig war in seinen Verhandlungen wegen der Forderung der Gegenseite, aber endlich, nach 11 Uhr wurde ich herübergerufen zu Burgers und mußte mit unterschreiben. Wir haben dann alle bei uns hier noch eine Fl. Wein getrunken auf den glücklichen Abschluß. Wie froh und glücklich sind wir doch nun. Jetzt könne wir planen und froh in Gedanken an unserem Hause bauen, unserem eigenen Hause, das einmal, so Gott will, uns allen Heimat und Geborgenheit geben möge. Gott gebe seinen Segen dazu!

Lippstadt, d. 3. Januar 1953.

Nach den so schön und harmonisch verlebten Weihnachtstagen fuhren wir zu Sylvester traditionsgemäß nach Balve, wo wir nun erstmalig Einzug hielten im neuen Haus am Husenberg. Gerade noch vor Weihnachten ist es fertig geworden, das schöne Heim dort oben auf der Höhe, im Schutze des Muttergottes Kapellchens, mit all den herrlichen Ausblicken auf Höhen und Täler, auf Wiesen, Feld und Wald. Und behaglich die Räume,- man fühlt sich gleich heimisch und geborgen in diesem Haus meiner beiden Schwestern. Unsere Jungen schlafen auch weiterhin im

Elternhaus, während Berni, unsere Töchter und ich am Husenberg bei Maria unsere Zelte aufgeschlagen haben. Zum Essen gehen wir dann mittags herunter ins Elternhaus. Dieses Heim da oben auf dem Berge bedeutet für uns alle wieder eine Bereicherung. Wenn es auch immer, in all den Jahren, so wunderbar war, wenn wir alle im Elternhause beisammen waren und dort oft wie die Pickelheringe beisammen schliefen, so wäre doch nun, da die Kinder heranwachsen, nicht mehr für alle Raum gewesen, und da ist nun diese Lösung für alle so schön und beglückend. Vor allem aber freue ich mich, daß meine beiden Schwestern nun ihr eigenes Heim haben und ich wünsche ihnen darin viel frohe u. glückliche Tage. - Gewiß, ein kleiner Wermutstropfen ist schon der Freude beigemischt,- denn trotz allem ist ja so ein bischen Abschied vom lieben, alten Hause damit verbunden, wenn wir auch immer wieder uns dort mal alle zusammenfinden. Aber wie herrlich war es doch, wenn wir vor Ostern od. zu Sylvester alle anrückten, Ernst, Heini u. wir mit unserer ganzen Kinderschar. Alle Schlafzimmer waren doppelt und dreifach belegt, aber es ging immer und gab soviel Spaß. Auf dem großen Zimmer neben d. Saal schliefen wir oft zu 7 od. 8 Personen, das nannten wir die "Kolonie", und da wurde dann auch mal gewechselt: "Heute will ich mal in der Kolonie schlafen." Nein, wie war das schön und lustig - und was hatten wir viele frohe und gemeinsame Stunden auf d. kl. Saal. Das alles war aber auch nur möglich, weil unsere liebe Maria es so wunderbar verstand, allen Behagen und Geborgenheit zu geben und ihr nie etwas zu viel wurde wenn es galt, uns allen die Tage im Elternhause schön zu gestalten. Das ist nun vorbei, daß wir alle unter dem gleichen Dache schlafen, wenn wir in Balve sind, aber beisammen sind wir ja doch und die schöne Harmonie ist ja auch erhalten, und das ist ja die Hauptsache.-

Sylvester Abend waren wir alle wieder auf dem kl. Saal beisammen, alle Geschwister mit Anhang und Mechthild und Gertrud. Um 1/2 12 durften auch die Kinder hereinkommen, und es war wieder so ein wunderbar schöner und inniger Abend im lieben, alten Hause. Lisel u. Wilhelm gingen kurz vor 12 Uhr fort, da sie den ersten Jahreswechsel im eigenen Hause erleben wollten, und Lisel war das Fortgehen aus unserem Kreise und aus dem Elternhause so schwer, daß sie weinte. Wir anderen saßen noch ein gutes Stündchen beisammen, und dann gingen auch Maria, Berni, Mechthild, Gertrud und ich durch die sternenhelle Neujahrsnacht herauf zum Husenberg, und da oben saßen wir in Marias Zimmer noch eine ganze Weile an dem großen Fenster, blickten heraus in die Sternennacht, dankbar des Guten gedenkend, das das alte Jahr gebracht u. voller Hoffnungen u. Wünsche für das neue Jahr. Gott gebe uns weiterhin seinen Segen!

12. Februar 1953.

Das ist nun so ein rechter Winter in diesem Jahr mit herrlichem Schnee. Weihnachten haben unsere 4 Ältesten Skier bekommen und in den Ferien, die sie nach Neujahr in Balve verlebten, konnten sie jeden Tag Ski laufen und haben es schon ganz schön gelernt. Im Januar waren Mechthild, Gertrud und Bernd auch mal einen ganzen Sonntag mit dem Ski-Sonderzug in Willingen und kamen abends ganz begeistert zurück.- Karin ist gesundheitlich nicht gut daran, deshalb haben wir uns nun entschlossen, sie aus der Schule herauszunehmen und bis Ostern nach Balve zur Erholung zu bringen.

Muttertag, Mai 1953.

Wie schön ist doch eine große Kinderschar! Jeder einzige Tag bringt viel Freude durch die Taten, die Erzählungen, die drolligen Einfälle der Kinder. Gibt es auch hier und da mal kleine Sorgen und Kümmernisse, so werden sie aber doch reichlich aufgewogen durch all´das Glück und die Freuden, die die Kinder schenken. Zum Muttertag hatten sich Bernd, Karin und Ulrich überlegt, mich durch ein selbstverfaßtes Gedicht zu erfreuen. Ulrich saß schon früh am Morgen am Tisch u. "dichtete" u. alle paar Minuten kam er zu Mechthild u. fragte: "Soll ich noch eine Strophe machen?" Am Mittag konnte er es garnicht abwarten, bis er seine "Schöpfung" anbringen konnte, er sagte zu mir: "Mutter, ich <u>freue</u> mich. Ich glaube, Karin u. Bernd haben Quatsch geschrieben." Am Nachmittag war dann der feierliche Augenblick da, wo sie mir ihre Geschenke u. Blumen überreichten und die Gedichte aufsagten. Sie sind es wohl wert, in der "Chronik" eingeheftet zu werden, u. ich habe mich ganz schrecklich gefreut. - O mein glückliches, noch so sehr kindliches Ullilein!

Peter u. Paul, d. 29. Juni 1953.

Es ist doch ein Jammer, daß dieses große und schöne Apostelfest auch dem Zeitgeist zum Opfer gefallen ist und nicht mehr als öffentlicher Feiertag begangen wird. Wir bemühen uns natürlich, ihn in der Familie noch als Festtag hochzuhalten, waren am Morgen alle in der hl. Messe u. gestalten den Tag als Feiertag, aber die Kinder müssen in die Schule, die Praxis läuft - da geht doch Vieles von dem Festcharakter des Tages verloren,- so schade, so traurig. - Vor einigen Tagen sind Berni u. ich aus Fredeburg zurückgekommen, wo wir in der Stille der Sauerländer Berge 8 erholsame u. schöne Tage verlebt haben, viel gewandert sind, gelesen und recht tüchtig mal ausgeschlafen haben. - Am 25. und 26. Mai, 2. u. 3. Pfingsttag, war das 75. Stiftungsfest der "Saxonia", zu dem wir Mechthild mitgenommen haben, eben deshalb, weil dieses 75. Stiftungsfest doch ein besonderer Tag war. Vorher bekam Mechthild einige Privattanzstunden, das Tanzkleid stiftete, einem alten Versprechen gemäß, Onkel Ernst. Nachdem wir die anderen Trabanten alle nach Balve gebracht, und den Pfingstmorgen dort verlebt hatten, fuhren wir drei frohgemut nach Münster, wo wir dann sehr schöne Tage im lieben Freundeskreise verlebt haben. Zu diesem Feste waren ja die meisten unserer alten, guten Freunde erschienen, und da gab es kein Ende des Erzählens und der Freude. Nach dem Festball verließen Robby de Vries, Moppel Aßhoff u. Frau, Mechthild, Berni u. ich als Letzte den Festsaal u. kehrten dann noch auf dem Saxenhaus ein, wo wir bis morgens um 6 Uhr noch bei Frohsinn und Liedern vergnügt zusammensaßen. Mechthild war ganz begeistert von diesem, ihrem ersten Fest, das ja auch wirklich so schön verlief, u. so mancherlei Höhepunkte hatte, den Kommers mit den vielen Chargen, den Gottesdienst in Lamberti und der Farbenbummel zu den Zoosälen über den Prinzipalmarkt u. durch die Stadt, den stimmungsvollen Frühschoppen u. das Damenfest. Uns war es ganz eigen zumute, daß wir nun schon unsere Tochter zum Fest mitnahmen,- ist es uns doch, als sei es eben erst gewesen, da wir selbst so jung waren. Aber das junge Herz ist uns ja geblieben, das Herz zum Frohsein, zum Singen, zur Begeisterung.-

Gleich nach den frohen Tagen wurde Berni recht krank. infolge einer Entzündung a. Zahn bekam er eine Mundbodenphlegmone, die uns einige Tage hindurch doch Sorge machte. Nach Abklingen der Entzündung ist dann Berni nach Balve gefahren und danach waren dann wir beide in Friedberg.

Lippstadt, d. 8. Sept. 1953.

Unser Hochzeitstag! 17 Jahre sind wir nun heute verheiratet. Es ist ein so strahlender, sonnig-warmer Herbsttag heute, der das Herz froh macht. Auch in mir ist heute alles hell und froh und ich bin so dankbar gestimmt, da ich zurück denke an all die Jahre, sie wir nun gemeinsam verlebt haben. Wie stark ist er heute in meiner Erinnerung, der schöne Festtag in meinem Elternhause, im Kreise all 'der Lieben, von denen so viele schon bei Gott sind. Ich denke ihrer aller, meiner lieben Eltern, Bernis Mutter, Onkel Franz und Tante Maria Stecken, Tante Elisabeth und Onkel Aloys,- wie lebensvoll und fröhlich waren sie dabei an unserem Festtage. Aber 17 Jahre sind ja auch dahingegangen, man kann es kaum glauben. Und wie wechselvoll waren diese Jahre, was für ungeheure Umwälzungen haben sie gebracht, wieviel Not und Leid ist über die Erde hinweggegangen. Wenn wir heute all´diese Jahre überdenken, so müssen wir Gott aus tiefstem Herzen danken, daß er uns so gesegnet und geholfen hat. Sechs gesunde Kinder wachsen heran, unser Vater ist trotz vieler Gefahren aus dem Kriege glücklich heimgekehrt, wir haben unser gutes Auskommen, unser schönes Heim, unser glückliches Familienleben - sollen wir nicht froh und dankbar sein? Heute Morgen früh waren wir mit den 5 Größeren in der hl. Messe - am Nachmittag und Abend werden wir den Tag noch im Familienkreise feiern und den Kindern von unserem Hochzeitstag erzählen.- Es ist so festlich hier im Zimmer mit all'den schönen Blumen, Rosen, Sonnenblumen, Astern und Goldwedel; ich freue mich so daran, aber die tiefste, innere Freude lebt doch heute in mir im dankbaren Rückblick auf 17 gesegnete Jahre.

9. Sept. 53.

Nur eine kleine Notiz: Am 6. Sept., letzten Sonntag, waren die Wahlen zum Bundestag. Die CDU hat einen großen Wahlsieg errungen und mehr als die Hälfte aller Stimmen auf sich vereinigen können. Wir waren vorher etwas in Sorge, aber nun sind wir wirklich glücklich und vertrauen fest darauf, daß es in unserem geliebten Lande weiter aufwärts geht und die vielfältigen Innen- und Außenprobleme aus christlicher Sicht gelöst werden. Unsere Kinder, auch die Kleineren, saßen Sonntag Abend am Radio u. hörten mit wachem

Interesse die ersten Teilergebnisse an, klatschten und lachten vor Freude, wenn die CDU große Erfolge hatten und machten ganz bestürzte Gesichter, wenn die SPD irgendwo noch viele Stimmen hatte, und am Montag bildete das Wahlergebnis die Unterhaltung des Tages für unsere Kinder. Einen solchen Wahlsieg hätten wir uns nie träumen lassen. Das ist das Verdienst unseres großen Kanzlers Adenauer, der mit seinen 78 Jahren so klug und weise die Geschicke der Bundesrepublik führt und leitet, und der es verstanden hat, unserem Volke in der Welt wieder Ansehen u. Vertrauen zu gewinnen. Gott erhalte ihn uns noch recht lange und er wolle es auch geben, daß doch eines Tages auch der deutsche Osten wieder eingegliedert werde zu einem einigen Deutschland.

10. Sept. 53.

Aus den Herbstferien möchte ich doch noch ein bischen erzählen, waren es doch die ersten Ferien, in denen unsere drei Großen aus unserer oder der Verwandten in Balve Obhut entlassen waren und auf eigene Faust in die "Welt" entlassen waren. Zunächst allerdings waren sie alle 2 Wochen im lieben Balve, außer Ulrich, dem hier die Mandeln gekappt wurden. Ein harmloser Eingriff und doch,- ich hatte solche Angst. Wie glücklich war ich, als mein kleiner Junge aus dem Krankenhaus zurückkam, blaß - aber lebend. (So töricht bin ich oft in meiner Angst.) Er war so tapfer gewesen, der kleine Bursche, hatte keinen Ton gesagt, und nun wurde er 3 Tage lang gepflegt und mit Eis gelabt, was ihm sehr gefiel. Dann, am vierten Tage, wollte er gerne zur Meßdienerstunde, ich zog ihm den Sonntagsanzug an u. bat ihn, hernach gleich zurückzukommen. Aber unseren Wildling lockte es doch zu sehr, mit seinen Kameraden die wiedergewonnene Freiheit zu nutzen, und da ging´s über Mauern und Zäune,- und wie kam er dann nach Hause? Die Hose zerfetzt, an der Jacke ein Ärmel mittendurch auf- und halb abgerissen, total schwarz im Gesicht und an den Händen u. Beinen. Der Anzug war hin - es gab auch etwas Schelte, aber dann haben Berni und ich uns doch hingesetzt und laut gelacht über diesen Stromer.

Am 14. August fuhren Mechthild und Gertrud mit einer Jungmädchengruppe aus dem Rheinland, unter Leitung eines Geistlichen, Bundesbruder v. Berni, für 3 Wochen in die Schweiz, wo sie auf dem Stoos, oberhalb des Vierwaldstätter- Sees, herrliche Ferientage verlebt haben. Ganz beglückt kehrten sie von dieser, ihrer ersten größeren Reise, zurück und mehrere Abende lang saßen wir hier beisammen und ließen uns erzählen von all den schönen Wanderungen, Besichtigungen und den interessanten Vorträgen,- von all´dem Schönen, das sie erlebt und gehört hatten.

Bernd kam am 16. August aus Balve zurück,- und wie strahlte er, als er in seinem Zimmer ein neues Rad vorfand, das er zu seinem Namenstag bekam. Am nächsten Tage fuhr er dann mit seinen Freunden aus dem N.D. in ein Zeltlager bei Warstein. Vater packte ihm den Affen, half ihm, alles am Rade fein aufzuschnallen, und am nächsten Morgen fuhr er dann fröhlich ab. Das war für die Jungen natürlich ein Erlebnis, im Zelt zu schlafen, selbst zu kochen und 8 Tage lang mal ganz in freier Natur zu leben. An einem Nachmittag fuhren wir auf der Fahrt nach Balve mal dort vorbei, fanden schließlich auf einem freien Wiesenplatz, umgeben von hohem Buchenwald, auch das Lager. Aber die Jungen waren nicht da, und da legten wir in Bernds Affen ein paar Rollen Drops. Frisch und braungebrannt kam er zurück, es hatte ihm gut gefallen, aber dann war er auch froh, wieder am Mutters Kochtopf sich erholen zu können. Bernis Namenstag haben wir drei allein gefeiert, Berni, Georg und ich. Nur unser kleiner Strops brachte etwas Leben ins Haus, und sosehr wir die Ruhe mal genossen, haben wir die Kinder doch sehr entbehrt und waren glücklich, als wir sie nach den Ferien alle wieder im Nest beisammen hatten.

15. November 1953.

Vor einigen Tagen haben wir ein neues Mädchen bekommen, Anneliese Plane, die wir aus dem

Flüchtlingslager Massen b- Unna abgeholt haben. Wie erschütternd war doch der Einblick in dieses Lager: große Baracken, alles ordentlich und sauber, aber soviel Menschen darin, die alle aus der Sowjetzone über Nacht geflohen waren und nun auf engstem Raume wohnten. Dort, in dem Lager, leben dann all diese Menschen, bis sie nach Tagen oder Wochen irgendwo Unterkunft bekommen. Meist waren es Bauernfamilien, die in der Sowjetzone ihr "Soll" nicht erfüllen konnten, und um der Verhaftung zu entgehen, in aller Heimlichkeit bei Nacht und Nebel alles im Stich gelassen haben und geflohen waren. So hatten auch Annelieses Eltern mit ihren drei Töchtern ihren 260 Morgen großen Hof im Bez. Brandenburg nachts verlassen, und nun wohnten sie im Lager in einem kleinen Raum. Schrecklich war das alles, was sie von "drüben" erzählten. Es war gewiß kein leichter Entschluß, der sie dazu trieb, den ererbten Besitz, das Haus, das Vieh, Felder u. Wiesen,- alles das zurückzulassen und ins "Nichts" zu gehen. Aber sie zogen doch die Freiheit all den Bedrohungen dort in der Heimat vor, dort, wo täglich die Verhaftung drohte wegen des unerfüllten "Soll", der unmöglichen Abgaben.- Gebe Gott, daß doch einmal d. deutsche Osten wieder frei werde!

28. Dez. 1953.

Die drei Weihnachtstage sind vorüber - und wie schön waren sie wieder, diese trauten und innigen Tage, die ja jedes Jahr ihren gleichen Ablauf haben, aber immer wieder doch neu und dankbar erlebt und genossen werden. Georg trabte mit mir so freudig und erwartungsvoll durch den dunklen Morgen zur Kirche, wo er während der zweiten Messe ganz andächtig vor der Krippe kniete und seine "großen Brüder" bewunderte, die als Meßdiener fungierten. Und dann die Freude und der Jubel bei der Bescheerung. Alle freuten sie sich ja über ihre Geschenke, aber aller Hauptfreude war es doch, den kleinen Bruder in seinem Glück und seiner Seligkeit zu erleben, als er mit staunenden Augen, mit den Märchenaugen, in denen das ganze Kinderglück lebt, das Weihnachtszimmer betrat. Ganz stolz war er auf seinen Roller, "Mama, das ist ein Sauser" - und auch der neue Struwwelpeter", den er schon ganz auswendig kannte, freute ihn so. Am zweiten Tage kam Uwe Barner herunter, mit einem dick bereiften u. sehr teuren Roller, aber Georg war doch überzeugt davon, daß sein einfacher Roller besser sei, der sause besser und habe auch einen Winker. und er sauste auch die ganzen Tage damit durch den Flur mit wildem Getöse,- das muß man sich schon gefallen lassen und darf die Freude nicht stören. Unsere Anneliese war doch recht traurig im Gedanken an die verlassene Heimat, aber dann habe ich mich mit ihr hingesetzt und das Album besehen mit all´ den Bildern von ihrem Zuhause, das sie als kostbares Gut mitgebracht hatte, und da erzählte sie und es tat ihr gut, daß man ihr zuhörte.- Am Tage vor Heiligabend waren wir in Körbeke, um dort unsere Gans u. unser Paket aus Balve abzuholen und unser Paket für die Balver dort abzugeben. Unsere Maria war dort, und abends kamen auch Franz-Josef u. Lisbeth, um noch beim Einrichten des Hauses zu helfen. Gerade vor Weihnachten sind sie in´s schöne neue Haus am Möhnesee eingezogen, die Körbeker, - aus ihrer furchtbaren Enge heraus in das helle, weiträumige Haus mit dem herrlichen Ausblick auf See und Berge. Mögen sie darin nur frohe und glückliche Tage verleben und möge es Eltern u. Kindern wirkliche Heimat werden!

Lippstadt, d. 3. Januar 1954.

1954! Nun ist es da, das bedeutungsvolle Jahr für unsere Familie, das auch uns, so Gott will, das eigene Haus bescheeren soll. Daß es im Marianischen Jahre erbaut werden soll, der Gedanke beglückt uns sehr und gibt uns viel Mut und Vertrauen.-
Unsere Kinder sind alle in Balve bis auf Georg, der doch noch am liebsten bei Vater und Mutter ist.

Sylvesternachmittag fuhren wir alle nach Balve, und wie in jedem Jahre, saßen wir abends wieder alle beisammen auf dem Kleinen Saal. Es ist so schön, wenn dieser Raum, der uns Allhoffs so viel bedeutet, am letzten Abend des Jahres uns alle beisammensieht, Groß und Klein,- denn auch die Kinder durften in der letzten Stunde dabei sein. Wie ganz besonders innig und traulich sind doch immer diese Sylvesterabende! Die letzten Minuten verbrachten wir schweigend, im Rückgedenken an das alte Jahr, bis die Turmglocken 12 Schläge gaben, die so schön in das Zimmer hereinhallten und dann das volle Geläut das neue Jahr anzeigte. Wir beteten das Gebet zu "Beginn des neuen Jahres", sangen "Lobpreiset all zu dieser Zeit", und dann wünschten wir alle uns gegenseitig Glück zum neuen Jahr. Ein Stündchen saßen wir noch gemütlich beisammen, und dann gingen wir "Husenberger" durch die stille, sternenhelle Neujahrsnacht herauf in Marias Heim.

Neujahrsmorgen wurden wir früh schon telef. geweckt durch einen Anruf aus Salzkotten, der Ernst dorthin beorderte. Um 10 Uhr kam dann Adalbert´s und Agathas kleiner Sohn dort zur Welt ein froher Beginn des neuen Jahres.

17. Januar 1954.

Zur Taufe des kleinen Adalbert waren wir alle in Balve, da es nun einmal Brauch ist, all´ diese Familienfeste gemeinsam zu begehen und auch alle an der kirchlichen Feier teilzunehmen. So eine Tauffeier ist ja ergreifend und wir gestalten sie ja auch immer besonders feierlich,- und die alte Taufkapelle in Balve hat so ihre ganz eigene Stimmung. Wir alle sind drin getauft worden, unsere Eltern und viele unserer Vorfahren, all´die Allhoffs seit über 300 Jahren, die Eltern meiner Mutter und viele deren Vorfahren - ein langer, langer Zug in der Geschlechterreihe - und auch die Mutter des Täuflings und viele ihrer Ahnen. Und alle haben immer fest und treu zu Gott und zur Kirche gestanden.- Der kleine Adalbert ist nun das 24. Enkelkind meiner lb. Eltern - wie schade ist es doch, daß sie diese frohe Schar, die nun heranwächst, nicht mehr erleben.

24. Jan. 54.

In den vorigen Tagen wurde die erste Fuhre Ziegelsteine für den Bau unseres Hauses aus Balve gebracht. Das war ein großes Ereignis. Unsere Kinder mußten alle zum Bauplatz und die Steine fein säuberlich aufstapeln - das taten sie mit Freude und haben tüchtig zugepackt - und immer nun, wenn unsere Fuhren kommen, müssen wir an die Arbeit und leisten damit auch einen kleinen Beitrag zum Bau des eigenen Hauses.

3. Februar 1954.

Am 30. Januar war ich zur Tagung des "Familienbundes deutscher Katholiken" in Rhöndorf am Rhein. Aus jeder Diözese Westdeutschlandes waren 2-3 Vertreter dort anwesend, und es waren sehr anregende und bereichernde Tage mit interessanten Vorträgen v. Familienminister Würmeling u. mehreren Bundestagsabgeordneten, die alle das Thema "Familie" behandelten. Kardinal Frings nahm auch einen Abend daran teil.- Am Freitag schon war ich hingefahren und hatte mir den Nachmittag dafür freigehalten, Bonn, die Stätte meiner 2 letzten Schuljahre, mal wiederzusehen. In Erinnerungen versunken bin ich all die alten Wege gewandelt - und schließlich fand ich in einem zerbombten Hause, das noch nicht wieder ganz aufgebaut war, auch eine Mitschülerin wieder, mit der ich täglich den Weg zur Schule gemacht hatte. Sie hat 5 prächtige Kinder, war aber doch recht vom Leben mitgenommen, und nach zweistündiger Unterhaltung hatte ich soviel Einblicke bekommen, daß ich doch recht erschüttert war. Wie verschieden laufen doch die Wege der Menschen. Immer wieder erlebe ich es, wenn ich mit früheren Mitschülerinnen zusammenkomme oder von ihnen höre, daß doch nur ganz wenige zum vollen Glück und zur vollen Erfüllung gekommen sind. "Die einen, sie weinen,- die andern, sie wandern - die dritten noch mitten im Wechsel der Zeit. Schon viele am Ziele..."

Noch lange ging mir das traurige Gesicht beim Abschied nach, und nach solchem Erlebnis bin ich voller Mitgefühl, aber auch voll des großen und tiefen Dankes im Erkennen meines eigenen reichen und glücklichen Lebens.- Auf der Rückfahrt verlebte ich in Köln noch einen sehr schönen Abend mit Frl. Kley u. Frl. Goertz, die mir als liebe Bekannte v. Tante Elisabeth nahestehen und mit denen ich in meiner Kölner Zeit viele frohe und geistig-anregende Stunden verlebt habe.

23. Febr. 1954

Gestern, Karnevalsmontag, haben wir mit unseren Kindern Fastnacht gefeiert. Am Nachmittag schon hatten die Kinder sich kostümiert, ganz prächtig, und Georg war sehr eifrig dabei. Das Zimmer war ganz bunt geschmückt mit Luftschlangen. Am Abend dann wurden auch wir "Alten" närrisch. Berni klebte sich einen Spitzbart aus Watte an, setzte sich eine Matrosenmütze auf, ich zog Bernis Hose an, Hemdbluse u. Schlips, auf d. Kopf eine Studentenmütze, und so kamen wir Beide dann per Arm ins Zimmer. Das gab aber ein Halloo und ein Gelächter. Dann haben wir gesungen, getanzt, Apfelsaft getrunken - bis endlich die Kinder - müde vom Lachen u. der Freude - zu Bett mußten. Solch häusliche Fastnacht macht doch viel Spaß! Hernach saßen wir Vier, Berni, Mechthild, Gertrud u. ich noch bei 2 Fl. Sekt bis 1 Uhr beisammen, und wir erzählten den Kindern von "alten Zeiten" und hatten einen sehr behaglichen Abend.- "Verkleiden" und Theaterspielen, das tun unsere Trabanten zu gerne. Vor einiger Zeit führten sie die "drei Zigeuner" auf, im Herbst war das. Aus dem Walde hatten sie einen großen Birkenbusch mitgebracht, der wurde im Zimmer aufgepflanzt. Dann kam Gertrud herein, als Zigeuner verkleidet, den kleinen Zigeunerjungen Georg an der Hand, lehnte sich an den Baum u. spielte auf der Geige ein "feuriges Liedel". Karin sang den Text. Bernd war Zigeuner mit der Pfeife, die er in Brand setzte und tüchtig qualmte und Ulrich legte sich unter d. Baum zum "behaglichen" Schlaf. Sie sahen alle ganz köstlich aus, verrußte Gesichter, bunte Flicken an d. Kleidern, die Arme bemalt und mit Herzen, in dem b. Ulrich "Mechthild" zu lesen war.- In Balve haben sie sich in den Weihnachtsferien produziert und mit den Körbekern u. Adalberts Kindern ein Stück aufgeführt. Die Onkel und Tanten mußten sich das ansehen u. auch Eintritt bezahlen, u. Bernd hat dann eine Ansprache gehalten vor Aufführung des Stückes. Die "Balver" waren ganz begeistert, und Adalbet hat dann noch allerlei Leute eingeladen, die zur zweiten Aufführung kommen mußten.

11. März 1954.

Ereignisreiche Tage liegen hinter uns. Samstag, den 6. März haben wir meinen - wie schrecklich - schon 48. Geburtstag gefeiert. Am 7. März, Sonntag gingen wir alle gemeinsam zur hl. Messe, die in unserer Meinung gelesen wurde, und in der wir alle die hl. Kommunion empfingen. Nach dem gemütlichen, ausgedehnten Sonntagmorgenkaffee ging's dann, mit Schüppe bewaffnet, zum Bauplatz, um dort den ersten Spatenstich zu tun. Alle der Reihe nach - Vater als erster - warfen einen Spaten Erde auf und sagten ihren Segensspruch - Segen für das Haus u. alle seine Bewohner, und auch der Gottesmutter gedachten wir, da wir ja das Haus im Marian. Jahre erbauen. Georg fühlte sich sehr wichtig, als er als Letzter den Spaten hob. Dann beteten wir noch gemeinsam,- und so haben wir feierlich den Beginn des Hausbaus eingeleitet,- und heute sind die Leute eingetroffen, die mit d, Ausschachten beginnen.

Montag, Dienstag u. Mittwoch mußte Ulrich seine Aufnahmeprüfung für das Gymnasium machen. Frohgemut trabte er Montag Morgen an meiner Hand zum Gymnasium. Heute Mittag war in der Aula die "feierliche Urteilsverkündigung". Ulrich hat bestanden und ist nun angehender Sextaner. Ich war doch ein bischen aufgeregt, als ich zum Gymnasium ging um den "Richterspruch" zu empfangen, denn mit der

Rechtschreibung kann Ulrich sich immer noch nicht anfreunden. Sonst ist er ja ein guter Schüler, besonders fein und sicher im Rechnen - aber in der Rechtschreibung geht's oft wir Kraut u. Rüben durcheinander,- ganz wie es ihm in den Sinn kommt,- manchmal absolut fehlerfrei, dann wieder ganz toll.- Na, nun ist die Aufnahmeprüfung geschafft, um die allerdings nur ich mir Sorge machte, während die anderen alle ganz sicher waren, daß er es gut schaffen würde. Und nun beginnt wieder ein neuer Lebensabschnitt für Dich, mein lieber, kleiner Junge, und der Ernst des Lebens und seine Anforderungen treten in stärkerem Maße an Dich heran. So geht stufenweise der Weg in's Leben, immer mehr in die Verantwortung hinein. Daß doch alle unsere Kinder ihren Weg finden, den Weg, den Beruf, die Aufgaben für die Gott sie haben will und für die er sie ins Leben gerufen hat, das ist mein inniges Gebet an allen Tagen. "Herr, Deine Wege zeige ihnen und Deine Pfade lehre sie."

[Notiz auf dem Fetzen einer Zigarettenverpackung ATOS Auslese Export Format:

40j. Geburtstag, Gedicht 3 März 20J Abitur, von Bonn i schönen Zeiten erzählen:
Wie ein Märchen aus uralten Tagen.

Hugo, Wolfgang, Volker]

Lippstadt, d. 26. Juli 1961.

Heute Abend sitzen wir gemütlich beisammen im großen Wohnzimmer, Berni, Ulrich und ich. Vor einigen Tagen habe ich mal wieder die "Chronik" hervorgeholt, darin geblättert und gelesen und viel Freude daran gehabt. Über 7 Jahre lang aber habe ich keinen Federstrich darin getan - wie schade, wie schade! Was hat sich doch alles ereignet in diesen Jahren! Einiges läßt sich ja noch aufzeichnen aus der Erinnerung heraus, aber ich weiß nicht, wo beginnen. Seit über 6 Jahren sind wir nun schon im eigenen Hause, in das wir am 16. November 1954 einzogen. Am 22 Mai 1954 hatten wir Richtfest gefeiert, unten im Keller mit all´ den prächtigen Leuten, die unser Haus erbaut hatten und mit Maria, Heini, Ad. u. Ernst, die auch sich zu diesem Ereignis eingefunden hatten. Das war ja ein froher und glücklicher Tag, denn es hatte Schwierigkeiten genug gegeben. Nach dem Ausbaggern kam Grundwasser hoch, der ganze Bauplatz war ein richtiger, kleiner See. Alles Pumpen half nichts; wie waren wir doch zunächst verzweifelt. So mußten Betonklötze in d. Boden herein und darauf eine feste Betondecke gemauert werden, eine ganz erhebliche Verteuerung, die ja bei der Planung des Hauses nicht bekannt war.- und wir mußten doch mit jeder Mark rechnen damals. Aber da half nun alles nichts, und das mußte gemeistert werden. Den ganzen Sommer hindurch waren wir täglich beim Bau und freuten uns am Wachsen des Hauses, und wie glücklich waren wir dann, als wir am 16. Nov. abends im eigenen Haus beisammensaßen. Nach der Enge der letzten Jahre soviel Platz und Raum und Licht und Freiheit. Wie schnell waren wir heimisch. das erste Weihnachtsfest haben wir dann ganz besonders genossen und erlebt, in großem Dank und großer Freude. 2 Tage vor dem Fest kam eine köstliche Fuhre aus Balve; Franz- Jos. und Maria brachten mit dem Anhänger einen großen Weihnachtsbaum, das Weihnachtspaket und die Gans. Das ist in all´ den Jahren der Auftakt zum Fest geblieben,- wenn diese Fuhre kam, wurde es erst recht weihnachtlich. Aber auch die Adventszeit konnten wir im eigenen Hause stimmungsvoller gestalten. Von dem großen Adventskranz der im Dämmern in der Diele angezündet wird, geht doch ein ganz besonderer Zauber aus.

Am 6. Februar 1955 feierten wir die Einweihung des neuen Hauses[30]. Die ganze Sippe war dabei! Herr Dechant Steinbrück, der gute Freund unserer Familie, segnete das Haus ein. In der Diele waren wir alle versammelt, sangen und beteten und dann gingen wir durch alle Räume. "Singt dem König Freudenpsalmen." - unter dem Singen dieses Liedes, das uns vom Osterpälmen in Balve allen so vertraut ist, wurde auch unser Haus eingesegnet. Im Wohnzimmer saßen wir dann alle beisammen, die Kinder sagten ein Gedicht auf, wir sangen "Ein Danklied sei dem Herrn, für alle seine Gnade", und dann wurde ein sehr frohes Fest gefeiert, das erste mit der ganzen Sippe im neuen Hause, ein Fest, so lustig und schön, daß es allen in der Erinnerung geblieben ist.

Am 30. Oktober 1957 hat Herr Pastor Hülsmann das Bild unseres Hauspatrons, des hl. Josef, die schöne Holzplastik in der Diele, eingeweiht, im Beisein all´ unserer Kinder und des Herrn Vikar Rustemeyer. Daß wir den hl. Josef als Hauspatron wählten, hatte eine besondere Bewandtnis. Als Patron meines elterlichen Hauses habe ich ihn besonders verehrt und geliebt. In jenen furchtbaren Tagen aber, als Berni in Baltischport lag und die Truppen dort abgeschnitten waren, träumte ich eines nachts, der hl. Josef geleite Berni auf einem Schiff über See nach Deutschland. Der Traum gab mir in jenen Tagen soviel Kraft und Vertrauen, und einige Tage später kam dann ja auch das erlösende Telegramm von der Ankunft in Gotenhafen. Da habe ich es schriftlich niedergelegt, nach dem Kriege das Bild des hl. Josef aufzustellen und mit der Familie zu verehren. Berni u. ich haben lange nach einer Plastik gesucht, die uns zusagte und die die Art und das Wesen des hl. Josef zum Ausdruck brachte, bis wir dann diese schöne Plastik v. Wrabek, einem Schüler Barlachs, erwerben konnten. Nun steht er da in der Diele, der hl. Josef, als Schützer und Wächter unseres Hauses und unserer Familie.

29. Juli 1961.

Morgen fahre ich nach Körbeke, um Heini für einen Tag zu vertreten und unseren Georg wieder nach Hause zu holen. Sonntag waren wir in Balve. Am Husenberg waren die Kinder nachmittags mit den Pferden, Fuchs und dem Körbeker Pony. Georg versuchte da auch seine Reitkünste. Maria, Berni u. ich machten dann einen weiten Spaziergang durch die Ewigkeit, und auf dem Rückweg sehen wir auf einmal 2 Reiter auf dem Waldweg am Schieberg traben. Bald darauf führten sie die Pferde über die Langenholthauser Chaussee, saßen dann wieder auf, ritten Galopp und dann zum Wachloh herauf. Wer war es? Der kleine Heinrich aus Körbeke und unser Georg! Ganz unbekümmert u. sorglos hatten sie sich selbständig gemacht und einen weiten Ritt gewagt, zum Entsetzen einiger besorgter Tanten. Um ihm aber noch einige Tage solcher Reiterfreuden, natürlich jetzt unter Aufsicht, zu gönnen, haben wir ihn in Balve gelassen. So war er immer, unser kleiner Draufgänger und Ausreißer. Wie oft hat er uns als kleiner Junge in Ängste versetzt! Eines morgens brachte ihn schon kurz nach 7 ein Polizist ins Haus. Da hatte er mit einem kl. Köfferchen im Bahnhof an der Sperre gestanden. Er war ja früh auf, und die Mädchen hatten beim Putzen nicht so auf ihn geachtet. An einem Dienstag, als ich um 6 Uhr aus der Praxis kam, im Dunkel des Winterabends, war Georg fort. Welche Aufregung. Alles lief und suchte, die Mädchen, die Kinder (Karin u. Bernd waren gleich zur Polizei gelaufen u. hatten es da gemeldet) Berni mit dem Auto. Schließlich fand ihn Mechthild, als er an der Hand einer Frau über die Brücke an der Klusestr. ging, in seinem Trachtenanzug, das Hütchen auf dem Kopfe. Die Frau wollte ihn zur Polizei bringen. Ein anderes Mal hatte er aus Burgers Garten einen Kinderwagen, in dem ein kl. Kind lag, herausgeholt und war damit spazieren gefahren. Große Aufregung, als man den "Kinderraub" entdeckte. 2 Stunden lang Suchen und Angst, bis auf einmal unser Georg mit dem Kinderwagen wieder auf der Wilhelmstr. erschien. „Es hatte so deweint." Die größte Sorge erlebten wir aber am 2. Ostertag 1952 od. 53. Schwager Wilhelm war mit den Kindern hinter der 3. Kapelle spazieren gegangen u. kam ohne Georg zurück. Er hatte ihn plötzlich verloren u. nahm an, daß Georg schon zum Husenberg gelaufen sei. Stundenlang waren alle unterwegs, die Brüder u. Berni mit d. Autos, die nähergelegenen Ortschaften wurden von der Polizei benachrichtigt, die größeren Kinder aus d. Wachloh geholt und zum Suchen ausgeschickt, nichts - keine Spur. Meine Sorge war furchtbar. Endlich, gegen Abend, sahen wir ihn an der Hand eines Ehepaares oben auf dem Weg bei der Piuskapelle. Die Leute hatten ihn in Tiefental weinend gefunden, wie er gerade durch d. Buchenwald herunter kam und ihn als einen von "Allhoffs" erkannt. Georg war von der Piuskapelle aus zurückgelaufen in d. Wald herein u. von da den steilen Berg zum Tiefental heruntergestiegen. "Habe immer geweint u.z. Schutzengel gebetet", meinte er. War das eine Freude, als wir den kleinen Jungen nach soviel Ängsten endlich wieder bei uns hatten! --Mit seinem Roller fuhr er überall herum, in die Schwerpunktsiedlung, eben in d. Norden und sogar bis Esbeck. Wenn er mittags zu Tisch nicht da war, machte ich mir gleich Sorgen, aber Berni meinte einmal: "Halt, es kommt ein Zirkus nach Lippstadt, da soll er wohl beim Ausladen helfen." Und richtig! Den Laufsteg für die wilden Tiere hatte er herrichten helfen. Hans Dampf in allen Gassen! Und ein Frechdachs! "Hautse, haut se, haut se in de Plautze, an de Schnauze" eines seiner Lieder.- Ostern 1956 kam er dann zur Schule, unser Jüngster und seit Ostern 1960 ist er in Wadersloh bei den Franziskanern auf dem Gymnasium und im Internat. Das war nicht leicht für uns, den Kleinen aus dem Hause zu geben, aber wir haben es reiflich überlegt und diese Lösung als die für den Jungen selbst am besten gehalten. Er fühlt sich dort auch sehr wohl unter gleichaltrigen Jungen und der liebevollen Obhut der Patres, aber uns blutet doch oft das Herz und sind glücklich, wenn wir ihn in den Ferien wieder bei uns haben.

Ja, unser Haus ist leer geworden. Nur Ulrich ist noch da, und seit Ostern ist auch Hildegard Allhoff, die hier zur Schule geht, bei uns. Aber fünf Kinder sind draußen! Mechthild und Karin sind in Münster, Gertrud in

Paderborn, Bernd in Berlin. Wie froh und lebhaft war es doch immer in all´ den vergangenen Jahren, und nun diese Stille!

Balve, d. 26. August 1961.

Samstag Morgen. Ich bin allein auf dem Husenberg, genieße die Stille und den Frieden in der Natur. Seit Mittwoch bin ich hier mit Georg, Ulrich ist unten im Elternhaus bei Allhoffs. Da Bathen in Holland sind, hatten sich Gertrud, Roswitha und später auch noch Mechthild mit einem Kollegen hier einquartiert, um in aller Ruhe studieren zu können, und sie alle haben die Tage sehr genossen u. fleißig gelernt. Mechthild hat am 3. August mit dem Staatsexamen begonnen und nun schon 2 Fächer hinter sich. Da beginnt nun für sie ein neuer Lebensabschnitt; nach den frohen und unbeschwerten Studienjahren geht es nun hinein in die Fron und Pflicht, aber auch in´s volle und reiche Menschenleben. Am 29. Februar 1956 machte Mechthild ihr Abitur. Schon um 11 Uhr kam sie nach Hause gelaufen und berichtete, daß es bestanden sei. Sie war nur in Deutsch geprüft worden, hatte eine 1 bekommen und war dann fertig. Während des 1. Semesters in Münster besuchte sie eine Haushaltsschule, ging im 3. Semester nach Freiburg, wo sie auch ihr Physikum mit sehr schönem Erfolg bestand.

Berni und ich besuchten sie dort und verlebten frohe Stunden in Mechthilds Freundeskreis. Dann studierte M. in Wien, in Kiel, in München, und die letzten Semester wieder in Münster. Immer, aus all´ den Semestern, kam sie beglückt und dankbar ob all des Schönen, das sie erlebt hatte, nach Hause und ließ uns teilhaben an allem Erleben.

Das tun sie alle; in ihrer offenen und vertrauenden Art erzählen sie von ihren Freuden und Bedrückungen. wir wissen von all´ ihren Erlebnissen, kenne ihre Freunde und Bekannten, die sie auch mit zu uns ins Haus bringen, und sie sind dankbar und glücklich über diese Verbundenheit zwischen uns und den Kindern. Gewiß, es ist still geworden im Hause, jetzt, da 5 draußen sind. Aber in den Ferien oder an den Tagen, da sie zum Wochenende nach Hause kommen, ist doch immer wieder alles wie früher und die Freude des Beisammenseins bei allen spürbar. Wie schön waren auch unsere gemeinsamen Leseabende, wenn wir mit verteilten Rollen den Ödipus, die Antigone, die Iphigenie, Don Carlos, die Braut v. Mersina u.s.w. lasen. ein schönes, harmonisches Familienleben, das haben wir immer gehabt u. haben es auch heute, und wenn wir, Berni u, ich, auch dazu den Grund gelegt haben, so tragen aber auch die Kinder durch ihre Art dazu bei. (Hä, wie drücke ich mich doch manchmal schwerfällig aus, aber ich muß mich ja so sputen, um wenigstens Einiges aus den vergangenen Jahren noch nachzutragen.)

Da ich eben bei der Rückschau in's Jahr 1956 gelangt war, will ich auch eben noch Einiges aus der Zeit berichten, das ich in kurzen Notizen festgelegt hatte. - Am 1. Mai 1955 fuhren wir, Berni u. ich, mit Trude und Erich Baumeister zum Bodensee, in die Schweiz und später für 8 Tage in die Stille des Spessarts. Das waren herrliche und erlebnisfrohe Tage. Bezaubernd war der Bodensee; am deutschen Ufer ein Meer von Blüten, blühende Bäume und blühende Wiesen, ganz zauberhaft schön! 2 Tage lang sind Berni u. ich auf einem Dampfer über d. See gefahren, trunken von der Schönheit. Im Spessart erlebten wir dann den Zauber des deutschen Waldes. Uralte Eichen- und Buchenwälder, in denen man stundenlang wandern konnte, ohne auch nur einem Menschen zu begegnen, nur ein Rudel Hirsche sah man bisweilen. Leider erkrankte dort Erich Baumeister; wir mußten ihn nach der Rückkehr gleich ins Krankenhaus bringen, wo er dann lange Wochen gelegen hat. Das war ein betrübender Abschluß unserer so froh begonnenen Fahrt, der ersten, die Baumeisters nach schweren Jahren gemeinsam machten. Im Januar 1956 ist dann unser lieber, guter Freund gestorben; ein heroisches Sterben war es, das er ganz bewußt auf sich genommen und tapfer erlebt hat. Am letzten Morgen hat er sich auf dringenden, eigenen Wunsch die Sterbesakramente geben lassen und kurz vor dem Tode von seiner Frau Abschied genommen. Auf dem Waldfriedhof in Syke haben wir ihn zu Grabe geleitet, tief erschüttert,- war er doch der gute u. liebe Freund und Vertraute langer, langer Jahre, froher und dunkler Jahre.

Am 2. Okt. 1955 feierten wir ein sehr frohes und lustiges Fest, daran wieder die ganze Sippe teilnahm: Bernis 50. Geburtstag.

Am 28. Februar 1956 wurde die alte, ehrwürdige Kastanie, die vielgeliebte, vielbesungene, die Wächterin unseres lb. Elternhauses gefällt. Es mußte leider sein, da sie innen morsch geworden war und die Gefahr bestand, daß dieser mächtige Baum stürzen könne. Uns allen aber war es doch ein tiefer Schmerz. Mit ihr waren so viele Erinnerungen an das Elternhaus und die Heimat verbunden, sie war unser Stolz und unsere Freude.

Am 6. März 1956 feierten wir dann meinen 50. Geburtstag. Ostern 1956 kam Georg zur Schule, unser Jüngster. Im Mai brachten wir Mechthild nach Münster in ihr 1. Semester - der erste Schritt aus dem Elternhaus heraus in's eigene Leben!

Sommerferien 1956! Treck der Kinder nach Balve. Von Salzkotten aus schon fuhr Georg mit auf dieser lustigen Fahrt mit Kutschwagen, Pferden und Eseln. In Körbeke wurde nachts gezeltet, dort schlossen sich dann die Körbeker Kinder mit Pony an, und die Balver kamen ihnen mit Pferden und Pony entgegen. Solch' frohe Tage werden den Kindern unvergeßlich bleiben!

Im Herbst 1956 fuhren wir mit unseren drei Großen in's schöne Südtiroler Land; im vorigen Jahre, 1960, nahmen wir Karin u. Ulrich dorthin mit. Diese Reisen mit den

Kindern durch deutsche Lande und Städte, Fulda, Bamberg, Staffelstein, Creglingen, Rothenburg u. Dinkelsbühl und der Aufenthalt in Dorf Tirol, unsere Picknicks auf den Almen, die Tage am Garda-See, unsere Wanderungen in dem herrlichen Lande haben uns viel Freude und Bereicherung geschenkt.

Sylvester waren wir, wie immer, wieder alle in Balve beisammen. Die größeren Kinder sollten zur Gestaltung des Sylvesterabends etwas beitragen, und sie haben das großartig gemacht. Rückblenden auf alle Ereignisse des vergangenen Jahres in allen Familien wurden humorvoll, teils in Prosa, teils in Liedern und Gedichten vorgetragen und lösten viel Heiterkeit aus. Das ist schon Tradition geworden, daß die "junge Generation" zum Sylvesterabend ihren Beitrag zur Gestaltung gibt; ich hoffe, daß sich die Texte noch zusammenstellen lassen, da sie einen solch´ köstlichen Einblick in die Ereignisse der vergangenen Jahre geben.

Am 16. März 1957 feierten wir auf dem kleinen Saal Franz-Josefs 50. Geburtstag. Dazu hatten wir uns etwas Besonderes ausgedacht. Einige Wochen vorher kamen wir alle bei Bruder Heini zusammen, sprachen und sangen auf Tonband, davon wurden Platten angefertigt, (die ja erhalten sind) und das war dann eine große Überraschung, als wir diese Platten mit unserem Glückwunsch am Festabend ablaufen ließen. Den meisten Spaß hatten wir aber, als wir auf Tonband sprechen od. singen mußten. Das waren ganz köstliche Stunden mit viel, viel Lachen u. Spaß.

So haben wir nun alle 50. Geburtstag gefeiert im Kreise der Sippe, und jedes Fest war so originell und lustig. Bei Adalberts Feier wurde das beste Sängerpaar von dem humorvollen Schiedsrichter "Berni" ermittelt, bei Ernst so vergnügt getanzt, und bei Maria, deren Geburtstag wir Ostern auf dem Husenberg auch mit der Neffen- und Nichtenschar feierten, lebten in der Erinnerung auch all'die frohen Feste, die sie uns im Elternhause gestaltet hatte, in den Liedern wieder auf. Mechthild hielt die "Festansprache",- der ganze Abend ist auf Tonband festgehalten, das läßt die Heiterkeit dieser Stunden wieder in Erinnerung bringen. Solch' frohe Stunden lassen sich ja gar nicht schildern, aber unsere Familienfeste waren immer so harmonisch und froh und ich wünsche, daß auch unsere Kinder sich später immer wieder so einträchtig und fröhlich zusammenfinden mögen.

Vom Jahre 1957 habe ich noch ein kleines Zettelchen, auf dem steht:

"Herrliche Ostertage mit viel Sonne

Georg gutes Zeugnis

Erstkommunion i. Wattenscheid (Georg) u. Salzkotten (Ulrike).

1. Mai: froher Tag i. Wald bei Körbeke

2. Mai: Mechthild fährt nach Freiburg."

Ich wollte wohl danach über all´ dieses etwas schreiben, aber das geht nun heute nicht mehr. Von Aug. 1956 fand ich noch eine kurze Notiz über d. Tod v. Dechant Steinbrück, dem guten Freunde unserer Familie.

Das waren nun nur so kurze Rückblicke auf einige Ereignisse der vergangenen Jahre. Dazu muß ich aber noch, als Wichtigstes, von unseren Kindern berichten.

Am 10. März 1959 bestand Gertrud ihr Abitur. Sie wollte dann nach Münster zur P.A. , konnte dort aber nicht ankommen, da gerade in dem einen Jahr wegen der Überfüllung die Studenten aus dem Reg. Bez. Arnsberg nicht genommen wurden. So ist sie nach Paderborn gegangen und hat sich dort gleich sehr wohl gefühlt und einen lieben und frohen Freundeskreis gefunden. Sie war zunächst traurig, daß ihr Münster, die Univ. Stadt mit ihren vielen Möglichkeiten, versperrt war. Heute möchte sie es nicht anders haben. Das habe ich so oft erfahren, daß Dinge, die zunächst bedrückend scheinen, viel später als richtig - oder wie soll ich sagen - sich zum Guten wendeten. (Schlicht ausgedrückt!!) - Gottes Wege?

Georgs Erstkommunionstag feierten wir am 5. April 1959. Daß dieses "Hochfest" unseres Jüngsten uns besonders innig berührte und ergriff, war auch mit dadurch bedingt, daß wir in der eigenen Familie Abschied nehmen mußten vom Erleben des schönsten und tiefsten, innerlich beglückenden Familienfestes.

Ostern 1960 verließ Karin nach Abschluß der Untersekunda die Marienschule und kam nach Münster auf die höhere Handelsschule, deren Abschlußprüfung sie Ostern 1961 mit gutem Erfolg bestand. Sie ist jetzt auf der Berlitz- Schule, wo sie Englisch und Spanisch betreibt. Im Studentenwohnheim hat sie ein reizendes Zimmer; bis vor einigen Monaten wohnte auch Mechthild dort, und da haben die Beiden eine schöne, gemeinsame Zeit verlebt. Neben dem Lernen, das sie nun doch recht eifrig betreibt, weiß Karin aber auch die Freuden des Lebens recht zu kosten. Im letzten Wintersemester war sie Senorita bei der "Saxonia"; sie hat dort und in ihrem Freundeskreis viel frohe Stunden verlebt, uns wir freuen uns immer an ihren Berichten, wenn sie sonntags nach Hause kommt.

Lippstadt, d. 27. März 1965.

Uta-Elisabeth, unser erstes Enkelkind, ist da - am vorigen Sonntag, dem 21. März glücklich zur Welt gekommen! In großer Freude greife ich nach Jahren wieder zur Chronik, um dieses große Ereignis unserer Familie festzuhalten. War das ein Jubel, als Mechthild am vorigen Sonntag abends selbst in's Telefon hereinrief: "Wir haben ein kleines Mädchen, 8 1/2 Pfund schwer." Wir waren alle hier beisammen, Berni u. ich, Gertrud, Karin, Bernd, Ulrich u. Georg, und ein Jeder sprach mit Mechthild u.

Klaus u. gratulierte. Solch´ eine Freude, solch ein Glück! In Dankbarkeit haben wir dann gemeinsam gebetet und gesungen "Lobet den Herren" und "Du mein Schutzgeist, Gottes Engel" und dem lieben Gott und dem Schutzengel unser kleines Mädchen innig anvertraut. Lange saßen wir noch fröhlich beisammen und ließen auch Onkel und Tanten an unserer Freude teilnehmen, sangen in´s Telefon herein "Lobet d. Herren" Am nächsten Tage sind dann Berni, Gertrud, Ulrich und ich gleich nach Dorsten gefahren, um unser Kindchen zu begrüßen und die glücklichen Eltern zu besuchen. Wir waren sehr bewegt, als wir das Enkelkindchen sahen, ein reizendes, kleines Ding. Ich hätte es am liebsten gleich mitgenommen u. Berni meinte, er hätte auch keinen Einspruch erhoben. Mechthild freute sich sehr, als wir zur Tür hereinkamen, Mittwoch waren Karin und Bernd in Dorsten, alle wollten doch bald ihr Nichtchen sehen. Morgen feiern wir die Taufe der kleinen Uta. - Nun wächst schon die neue Generation in´s Leben herein; der Kreis wird größer, wird weiter. Größer und tiefer werden auch Freude und Glück und Dankbarkeit gegen Gott, der uns so reich beschenkt hat.

Da ich nun einmal über der Chronik sitze, will ich ganz kurz die wichtigsten Ereignisse unserer Familie aus den vergangenen Jahren nachtragen.

Mechthild: Staatsexamen am 5. Dez. 1961 beendet.

                  Verlobung mit Klaus Hessbrüggen im Okt. 1962 i. Lippstadt.

Hochzeit am 2. Mai 1964 in Lippstadt.

Gertrud: Staatsexamen März 1962

Verlobung am 5. Jan 1964 in Lippstadt

mit Wolfgang   Raffelt

standesamtl. Trauung am 6. Jan. 1965 in

Lippstadt

2. Lehrerprüfung am 16. März 1965

Bernd: Abitur   1962

Ulrich: Abitur   März 1964

Karin: Abschluß der Berlitz-Schule in Münster

Juli 1962

Aufenthalt in England von Okt. 1962 bis

April 1963

Aufenthalt und Studium in Spanien v.

Jan. bis Dez.   1964.

All diese Ereignisse, die hier nur in Daten festgehalten sind, brachten viel Freude, viel Glück und frohe Stunden in's Haus. Einiges davon ist in Bildern, in Gedichten und Liedern aufgezeigt und schenkt uns schöne Stunden der Erinnerung.

Am 8. September 1961 feierten wir das Fest unserer Silberhochzeit. Im engsten Familienkreise waren wir beisammen in der hl. Messe, die Heribert Schmitz im Klösterchen celebrierte. (Er war früher unser Nachbar, studierte am Germanicum in Rom; zu seiner Priesterweihe waren mit Mitgliedern der Pfarrei auch

Gertrud u. ich, Tante Maria, Tante Grete, Tante Agatha u. Tante Maria-Körbeke nach Rom gefahren)

Da wir ganz unter uns waren, konnten wir auch die Feier der hl. Messe mitgestalten. Bernd u. Ulrich dienten am Altare, Karin spielte d. Harmonium, und wir sangen all die Lieder, die wir an unserem Hochzeitstag in Balve gesungen hatten. H. Schmitz schenkte uns in seiner Ansprache tiefe und feine Worte - ich habe sie festgehalten- weiß aber nicht, wo. Nach dem festlichen Morgenkaffee hatten wir im Wohnzimmer eine Feierstunde, Lieder, eine Ansprache von Mechthild, von Vater, das alles auf Tonband aufgenommen ist. Dann kamen Gratulanten, eine Abordnung der Pfarrei und liebe Freunde. Es war ein festliches, ein von Dank und Glück erfüllter Morgen. Am Nachmittag fanden sich dann alle Geschwister ein, Addi u. Bernd und die ganze Sippe der Allhoffs - und da lebte die Fröhlichkeit wieder auf wie in alten Tagen. Auch unsere Kinder hatten sich sehr bemüht, uns das Fest froh zu gestalten, hatten gedichtet, Solos und Duette geübt und köstlich vorgetragen. Wie gut, daß doch all´ das (wenn auch schlecht) auf Tonband aufgenommen ist - da ja unsere Photographen total versagt haben. Wißt Ihr noch, wie wir uns alle aufgebaut hatten mit d. vielen, vielen Blumen? Alles für nichts! Aber das Tonband ist da, und da lebt dann auch die Erinnerung wieder auf an diesen einzig schönen, beglückenden und von Freude erfüllten Tag. es war ein Fest, ein Fest der engsten Familie und ein

Fest der Sippe, aber auch ein Fest des Dankes gegen Gott "für alle seine Gnaden".

Theodor Pröpper 1896- 1979, Kirchenmusiker, Komponist und Heimatdichter in Balve, Gründer der Balver Heimwacht und Mitbegründer des Sauerländer Heimatbundes, Mitbegründer und Organisator der Balver Höhlenfestspiele, Ehrenbürger der Stadt Balve (1964), Träger des Bundesverdienstkreuzes 1. Klasse (1966) und der Orlando di Lasso Medaille (1974)

[3] Stephan Lochner 1400-1451, bedeutendster Maler der Kölner Malerschule, schuf u.a. den Flügelaltar der Kölner Stadtpatrone

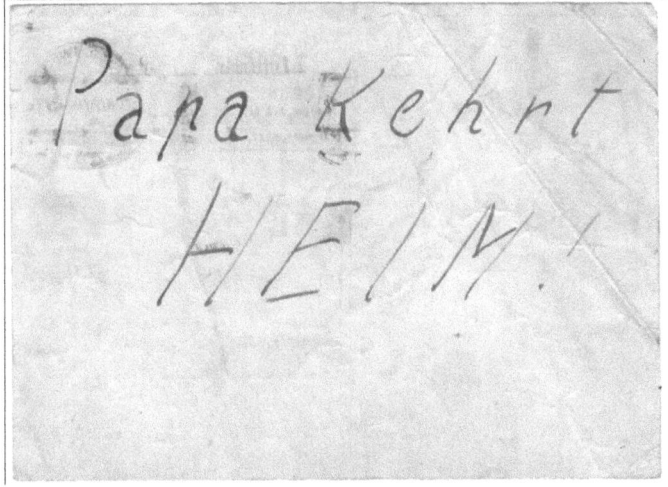

[5] Bergisel, Hügel im Süden der Stadt Innsbruck

[6] Annette von Droste-Hülshoff

[7] Joseph Victor von Scheffel (1826-1886) , im 19. Jahrhundert viel gelesener deutscher Schriftsteller

[8] Analeptika

[9] Wäldchen bei Balve, im Familienbesitz

[10] See bei Nowgorod im Nordwesten Rußlands zwischen Moskau u. St. Petersburg, bei dem 1942 die Befreiung aus einem Kessel gelang

[12]Staraja Russa, mittelgroße Stadt am Südufer des Ilmensees

[13]Großstadt, knapp 300kw südwestlich von Sankt Petersburg, nahe der Grenze zu Estland; wichtiger Verkehrsknotenpunkt

[14] Dnister, 1300km langer Fluß, der in den ukrainischen Waldkarparten entspringt und im schwarzen Meer mündet.

[15] *[der Teil fehlt, daher aus dem Internet:*

Beim einem Einsatz am 20. März 1944 in der Nähe von Nikolayev, der das Ziel hatte, einen russischen Brückenkopf über den Dniester abzuschneiden, wurde eine Maschine aus Rudels Kampfgeschwader zu Boden gezwungen. Rudel landete, um die Besatzung zu retten, wie er es vorher auch schon 6 Mal getan hatte. Diesmal konnte er aber auf dem morastigen Boden nicht wieder starten. Auf der Flucht vor den russischen Soldaten liefen die Männer mehrere Kilometer in voller Montur, Dann zogen sie die Fliegeranzüge und Stiefel aus und rutschten die steilen Klippen zum Dniester hinunter ins Wasser. Der Fluß führte Hochwasser, war etwa 600m breit und vereist. Als Rudel das andere Ufer erreichte, warf etwa 70m hinter ihm sein Bordschütze Erwin Hentschel die Arme hoch und ging unter. Rudel schwamm zurück, konnte seinen Kameraden aber nicht mehr finden. Die anderen wurden bald gefangen genommen, aber Rudel, der wusste, daß ein Kopfgeld auf ihn ausgesetzt war, lief weiter und schaffte es bis hinter die deutschen Linien, obwohl er barfuß, völlig durchnäßt und mit einer Schußwunde in der Schulter zu Fuß vor mehreren Hundert Soldaten mit Hundestaffeln floh.
Bis dahin hatten Rudel und Hentschel über 1400 Einsätze zusammen geflogen.

Rudel und Hentschel]

[16] Paldiski

[17] Jelgava im Kurländer Kessel

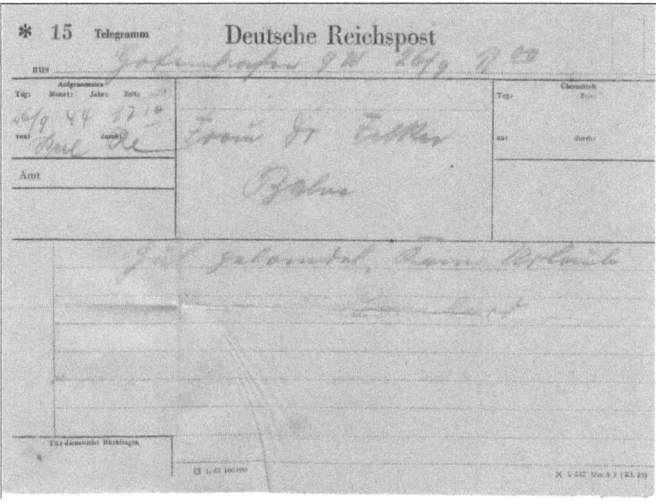

[19] Hermann Schulte Vennbur

[20] 1925 übernahm Dr. h.c. Josef Könn das Amt des Pfarrers bis zu seinem Tod 1960.

Was für ein Mensch er war, beschreibt Könns Nachfolger Dr. Th. Schnitzler mit folgenden Worten:

"Könn ging neue Wege; seine Gemeinschaftsmesse war ein Wagnis. Sein Volksaltar, der Gemeinde zugewandt, war eine Neuerung. Seine Schriftlesungen galten fast als andersgläubig. Seine Seelsorge durch das Laienapostostolat war unerhört neu."

21

22 *Lohgerberei*, eine Form der Gerberei die Rinderhäute zu strapazierfähigen, kräftigen Ledern verarbeitete, beispielsweise für Schuhsohlen, Sättel oder Ranzen. Lohgares Leder ist kaum elastisch, dafür gewinnt es beim Gerben auf Kosten der Fläche an Dicke und wird sehr widerstandsfähig gegen Wasser und schwache Säuren.

23 Stadt in den südl. Niederlanden, Provinz Limburg

24 Tante Elisabeth

Balver Höhle soll gesprengt werden

Eine der bedeutendsten prähistorischen Kulturstätten Europas

FS Arnsberg, 28. Aug. (Eig. Meldg.)

Am Mittwoch wurde in Balve durch Mitglieder der Besatzungsmacht bekanntgegeben, daß im Zuge der Demobilisierung auch die bekannte Balver Höhle gesprengt werden soll, in der die NS-Machthaber während des Krieges einen Rüstungsbetrieb untergebracht hatten. Der Eingang der Höhle ist seit Kriegsende zugemauert.

Die Mitteilung von der beabsichtigten Sprengung dieser geräumigen Höhle, die seit Jahrzehnten auch als Festhalle bei Schützenfesten und anderen Veranstaltungen diente, hat in der Bevölkerung des Kreises Arnsberg größte Unruhe verursacht und die Kreisverwaltung veranlaßt, bei der Militärregierung eindringlichen Protest zu erheben. Der Abgeordnete des Kreises, Minister Lübke, der Landeskonservator, der Westfälische Heimatbund und andere Behörden und Verwaltungen werden sich dem Protest der Bevölkerung anschließen.

Die Balver Höhle ist die bedeutendste und vielleicht einzige Kulturstätte der Steinzeit in Europa und darum von unersetzlichem Wert. Seit mehr als hundert Jahren werden die Ausgrabungen in der Höhle betrieben; sie förderten besonders in den letzten Jahrzehnten unter Dr. Andree und B. Bahnschulte überraschende Ergebnisse zutage. Erst seit 1939 ruht mit dem Ausbruch des Krieges die Spatenforschung. Mehr als zwei Waggons Knochen (Ueberreste eiszeitlicher Tiere: Mammut, Bär, Löwe, Hyäne, Wolf usw.) wurden dabei gefunden.

Beispiellos ist, daß die Balver Höhle rund 50 000 steinzeitliche Geräte und Absplisse, darunter 50 prachtvolle Faustkeile, den Forschern in die Hände gab. Unter ihnen herrscht einmütig die Ansicht, daß diese Höhle eine Industriewerkstätte der Steinzeitmenschen gewesen sein muß. Die letzten Funde (Herdstelle mit Schlagplatz, Werkzeuggriffe aus Geweihstangen, schwere beilartige Schlagwerkzeuge,) die bisher ganz unbekannt waren und die ältesten und einzigartigen ihrer Art sind, lassen nach Meinung der Fachforschung den Schluß zu, daß die Balver Höhle, wie B. Bahnschulte erst kürzlich in einem Vortrag des Landesmuseums für Früh- und Vorgeschichte darlegte, zu Beginn der letzten Eiszeit die bedeutendste alteinzeitliche Kulturstätte Nordwesteuropas gewesen ist und die wichtigste Verbindungsstation der Neandertaler zwischen Zentral- und Südwesteuropa darstellte.

Die Geschichte hat bekanntlich über die Vernichtung von Kulturwerten immer ein unbestechliches Urteil gefällt. Wir dürfen erwarten, daß die zuständigen Stellen ihre Entscheidung so treffen, daß sie auch vor dem Urteil der Nachwelt bestehen kann.

Immer nur lächeln . . .

„...er muß gute Beziehungen haben!"

[27] *Ganz Balve vor Entsetzen schrie! Der Tommy hatte Dampf vor Balves Rüstungsindustrie zu einem neuen Kampf. In grauer*

Vorzeit spitzt´ man dort in einem Höhlenloch viel Steinchen an zu Massenmord! Und dieses Werk steht noch.

……..Da kam der Demontagestop, es war auch so das Best. Er rettete das Höhlenrund und uns dies Hochzeitsfest.

Ein Eismensch kam zum Schützenfest aus Russland hergereist. Er war, wie so ein Eismensch ist, auch durch und durch vereist. Doch in der Höhle ward er dann ganz langsam aufgetaut. Er sprach sein allererstes Wort, und schon hatt er ´ne Braut.

Hätt nun das Militärgericht die Höhle demontiert, sie hätte keinen Kuß gekriegt und Wilm kein Wort riskier. Behaglich, wie das Höhlenrund und fest, wie ihr Gestein soll dieser junge Ehebund für alle Zeiten sein.

[28]   Adler Trumpf Junior

[29] Cordhose

Durch den Fliegerangriff am 29. Juni wurde meine liebe Gattin, Tochter, Schwiegertochter, Schwester und Schwägerin Frau

Else Ziegelmayer

geb. Lehser
im Alter von 32 Jahren, nebst meinen lieben Kindern

Dieter
geb. 26. 11. 1932

Karl-Heinz
geb. 4. 4. 1934

Marlis
geb. 6. 9. 1936

Wolfgang
geb. 26. 12. 1937

Anna-Magdalena
geb. 4. 12. 1939

Lisbeth
geb. 4. 10. 1941

Rosalie
geb. 16. 5. 1943

entrissen.

In tiefem Schmerz: **Julius Ziegelmayer** als Gatte, Fam. Karl Ziegelmayer, Fam. August Lehser und die übrigen Anverwandten.

Köln, z. Z. Luxemburger Str. 62.

Beerdigung: Donnerstag, 8. 7., 10 Uhr, Südfriedhof.

"Eilnachricht" an "Frau Johanna Felker b. Allhoff in 21 Balve Kr. Arnsberg von Tante "Fine"

Weihnachten 1949

Mechthild, Gertrud, Bernd, Karin, Ulrich, 1949